Daniel Schulz

**ICH HÖRE
KEINE
SIRENEN
MEHR**

Daniel Schulz

# ICH HÖRE KEINE SIRENEN MEHR

## Krieg und Alltag in der Ukraine

Siedler

Sollte diese Publikation Links auf Webseiten Dritter enthalten, so übernehmen wir für deren Inhalte keine Haftung, da wir uns diese nicht zu eigen machen, sondern lediglich auf deren Stand zum Zeitpunkt der Erstveröffentlichung verweisen.

Penguin Random House Verlagsgruppe FSC® N001967

1. Auflage
Copyright © 2023 Siedler Verlag, München,
in der Penguin Random House Verlagsgruppe GmbH,
Neumarkter Str. 28, 81673 München

Karte: Peter Palm, Berlin
Umschlaggestaltung: Favoritbuero, München
Satz: Leingärtner, Nabburg
Druck und Bindung: GGP Media GmbH, Pößneck
Printed in Germany
ISBN 978-3-8275-0167-7
www.siedler-verlag.de

*Für Darik*
*Oh yeah!*

# Inhalt

Wie es zu diesem Buch kommt … 11

Zu den Begriffen im Buch … 17

**Anarchistische Bienen** … 21
Tscherniwzi, März 2022

**Ankunft** … 37
Lwiw, Mai 2022

**Alltag und Ausnahmezustand** … 41
Lwiw, Mai 2022

**Theater spielen** … 57
Mykolajiwka/Nikolajewka, April 2015

**Glas** … 73
Kyjiw, Mai 2022

**Nummer Eins** 77
Kyjiw, Mai 2022; Herbst und Winter 2018

**Narbe** 93
Kyjiw, Mai 2022

**Wellblechkonfetti** 99
Trasse Kyjiw – Schytomyr, Mai 2022; Herbst und Winter 2018

**Krank im Krieg** 105
Schytomyr, Mai 2022; Herbst und Winter 2018

**Fett** 117
Schytomyr/Kyjiw, Mai 2022

**Geburtstag** 119
Kyjiw, Mai 2022

**Nach Osten** 129
Straße Kyjiw – Dnipro – Saporischschja, Mai 2022

**Andriy bleibt hier** 141
Saporischschja, Mai 2022

**Vielleicht ist Angst kein Hund, sondern ein Vogel** 161
Saporischschja, Mai 2022

**Der Parkplatz** 167
Saporischschja, Mai 2022

**Taubenstadt** 171
Borodjanka, Mai 2022

| | |
|---|---|
| **Nach Norden**<br>Straße Kyjiw-Slawutytsch und Kyjiw-Jahidne, Juni 2022 | 175 |
| **Tote an der Wand**<br>Jahidne, Juni 2022 | 179 |
| **Ein Tag im Leben einer Sucherin**<br>Slawutytsch und Jahidne, andere Dörfer<br>im Gebiet Tschernihiw, Juni 2022 | 189 |
| **Rückkehr der Fliegerin, Teil 1**<br>Kyjiw, Juni 2022 | 209 |
| **Drohnen fliegen im Donbas**<br>Kyjiw/Awdijiwka, Juli 2016 | 221 |
| **Rückkehr einer Fliegerin, Teil 2**<br>Kyjiw, Mai 2022 | 239 |
| **Erleichterung**<br>Charkiw, Juni 2022 | 247 |
| **A & O**<br>Charkiw, Juni 2022 | 251 |
| **Eine halbe Geschichte**<br>Ternopil 2022, und Cherson, 2018 | 261 |
| **Zehn Dinge, die einem sofort auffallen,<br>nachdem man die Ukraine verlassen hat**<br>Przemyśl – Krakau – Berlin, Polen und Deutschland, Juni 2022 | 269 |
| **Danksagung** | 271 |

# Wie es zu diesem Buch kommt

**Eine Fünfzehnjährige sitzt** in meiner Küche, die Schwester einer sehr guten Freundin. Ihre Familie hat es geschafft, dass sie ein paar Wochen außerhalb der Ukraine Urlaub machen kann. Es ist Sommer, ich bin gerade einen Monat in der Ukraine gewesen und suche nach einem Gesprächsthema, das nichts mit Krieg zu tun hat. Nach etwas Einfachem, Banalem, etwas für Small Talk. Ich frage, ob sie später lieber in ihrer Heimatstadt Odesa leben möchte oder in der Hauptstadt, in Kyjiw, wo es mehr Arbeit gibt und wo ihre große Schwester lebt. Sie lächelt, dreht Spaghetti auf eine Gabel und sagt: »Über so etwas denke ich nicht nach. Erst einmal will ich den Krieg überleben.«

Im Sommer 2013 bin ich das erste Mal in die Ukraine gefahren. Und nur im ersten Jahr meiner Bekanntschaft mit diesem Land habe ich es im Frieden erlebt.

Dieses erste Mal ist ein Urlaub. Zusammen mit zwei Freund:innen geht es per Nachtzug zu den Standardzielen der Ukraine:

Kyjiw, Odesa, die Halbinsel Krim. 14 Tage sind wir unterwegs. Diese Tour soll ein Test sein, denn eigentlich träumen wir drei von einer Fahrt mit der Transsibirischen Eisenbahn. Einer Reise durch Russland. In Sewastopol, dem Hafen der russländischen Schwarzmeerflotte, sehen wir eine Parade an uns vorbeiziehen. Zehn alte Männer, dünne Beine haben sie alle, dicke Bäuche nur manche, in einem wackligen Stechschritt auf ein Denkmal für Katharina die Große zu. Der Anführer des Trupps trägt eine Fahne in den russländischen Farben Weiß, Blau und Rot. Wir fragen zwei Frauen auf einer Bank, was wir da beobachteten. Sie lachen und sagen, das wären nur ein paar Trottel, die glauben, die Krim würde eigentlich Russland gehören.

Als ich im Frühjahr 2015 das zweite Mal in die Ukraine reise, sind die Trottel die Sieger. Russländische Truppen haben die Krim besetzt und zusammen mit von Moskau unterstützten Miliz-Einheiten aus den Gebieten Donezk und Luhansk einen Krieg im Osten der Ukraine angefangen. Für meine Zeitung, die *taz*, berichte ich über Schüler:innen, die 60 Kilometer hinter der Front ein Theaterstück aufführen. Sie erzählen von Verwandten und Freund:innen, die getötet wurden. Von Vätern, die in Russland arbeiten und die Geschichten der Moskauer Regierung glauben, laut denen ukrainische Faschisten kleine Kinder an die Bäume nageln. »Ich habe sogar meinen Laptop aus dem Fenster gehalten und mit der Kamera gefilmt, um meinem Vater zu zeigen, dass es bei uns ruhig ist«, sagt eine Schülerin. »Aber er hat gesagt, auch wenn die Faschisten im Moment nichts tun, geht es sicher wieder los, sobald ich den Laptop ausmache.«

Der Krieg Russlands gegen die Ukraine und die ihn begleitende Propaganda hat nicht erst im Februar 2022 begonnen, sondern mindestens acht Jahre vorher. In diesen acht Jahren, in denen Soldat:innen nur im Osten kämpfen, scheint der Krieg eingehegt, festgehalten entlang der Schützengräben im Donbas, eingefroren, wie Politiker:innen hierzulande gerne sagen. Nicht nur in Deutschland und Frankreich und anderswo in Westeuropa, auch in Kyjiw, Odesa und Lwiw versuchen viele Menschen lange, sich von diesem Krieg abzuschirmen. Sie wollen so wenig wie möglich daran denken, dass es ihn gibt.

In der Nacht vom 23. auf den 24. Februar 2022 sitze ich mit einem Kollegen vor dem Computer, wir sehen uns in den ukrainischen Nachrichten, auf Twitter, auf Telegram-Kanälen alles an, was auf einen Angriff hindeuten könnte, wir prüfen Staumeldungen auf der Krim via Google Maps und schauen Überwachungsvideos von überfallenen Grenzposten, bei denen nicht klar ist, ob sie echt sind. Bis Vladimir Putin um vier Uhr morgens im Fernsehen eine »besondere Militäroperation« ankündigt, will ich nicht an einen weiteren oder vielmehr größeren Krieg glauben.

Über Telegram und Signal schreibe ich mit zwei meiner engsten Freundinnen in der Ukraine. Die eine Freundin sieht am 24. Februar eine Rakete dicht über ihren Wohnblock in einer Kleinstadt bei Kyjiw hinwegfliegen, packt Mann und Kind ins Auto und fährt nach Westen. Sie fragt mich, ob ich mich um ihren Sohn kümmern werde, wenn ihr etwas passiert. In einer Stadt 270 Kilometer südwestlich von Kyjiw findet sie einen Notar und unterzeichnet die entsprechenden Dokumente. Die andere Freundin entscheidet sich, in der Hauptstadt zu bleiben und schickt mir Fotos, wie sie zwischen anderen Menschen in einem Bahnhof der Metro auf einem Schlafsack sitzt.

In den Wochen und Monaten nach den ersten Angriffen fühle ich mich gelähmt und zugleich ständig wie unter einen leichten Strom gesetzt, der mich nur vier oder fünf Stunden pro Nacht schlafen lässt. Ich scanne Twitter und Telegram nach Nachrichten aus der Ukraine, nach Berichten von Augenzeug:innen, nach etwas Neuem, ich retweete, was mir als gesichert erscheint, nur um das Gefühl zu haben, etwas Nützliches zu tun. Ich installiere die ukrainische App Trivoga auf meinem Handy, um zu sehen, wann es Raketenalarm in den Orten gibt, in denen Freund:innen wohnen. Das passiert so gut wie jede Nacht.

Über Netzwerke von Freund:innen helfe ich nachts dabei, Menschen aus der Ukraine zu holen, über Lwiw, über Košice, über Siret. Ich sammle Geld für Funkgeräte für Sanitäter:innen und suche nach Schutzwesten für Journalist:innen in der Ukraine. Dabei geht es vor allem um Organisation und Absprachen. Zu dieser Zeit leite ich noch das Rechercheressort der *taz* und kann nicht so einfach wegfahren.

Neben der Ohnmacht setzt mir die Ungewissheit am meisten zu. Alle Menschen, die ich in der Ukraine kenne, schweben in Gefahr. Aber wie groß ist die wirklich? Wird Kyjiw doch noch erobert? Bedeutet jeder Alarm auch einen tatsächlichen Angriff, eine möglicherweise tödliche Explosion?

Anfang März fahre ich das erste Mal mit meinem Freund und Kollegen Marco Zschieck in die Ukraine. Das Auto haben wir mit der Hilfe und dem Geld von Freund:innen innerhalb von Tagen besorgt. Es ist voll mit Schlafsäcken, Medikamenten, Festplatten, Kabeln und anderem elektronischem Zubehör. Viele Menschen, die Marco und ich in der Ukraine kennen, sind Kamerafrauen, Produzent:innen, Regisseur:innen. Sie brauchen die Technik, sie wollen den Krieg filmen, festhalten, was sie können, auch wenn das für sie ständige Lebensgefahr bedeutet. Wir fahren nur wenige Tage, über Tschechien, Ungarn und Rumänien. Wir fahren gerade einmal 40 Kilometer in die Ukraine hinein, nach Tscherniwzi, einer Großstadt im Südwesten des Landes.

Diese Reise hilft, sich einen ersten Eindruck zu verschaffen. Aber sie dauert nicht lange, und Tscherniwzi liegt zu sehr am Rand der Ukraine, zu sicher, um dort zu begreifen, was dieser Krieg anstellt mit dem Land und den Menschen, die dort leben. Also fahre ich im Mai noch einmal, dieses Mal mit dem Zug. Einen Monat lang möchte ich bleiben, ich habe die grobe Vorstellung, die Ukraine einmal zu durchqueren, von Lwiw im Westen bis Charkiw und Saporischschja im Osten.

Eine kugelsichere Weste der Schutzklasse vier habe ich mir per Telegram im slowenischen Lubljana gekauft, dazu noch Helm, Tourniquet und Medikit. Macht etwas mehr als 1 800 Euro. Weil ich Mitglied bei Reporter ohne Grenzen bin, kostet mich die Versicherung für Verletzungen im Kriegsfall für vier Wochen nur knapp über 200 Euro. Die Weste ist ein sehr schwerer Talisman. Ich werde sie überall mit hinschleppen, man weiß ja nie, für den Fall der Fälle. Aber ich ahne vor der Reise schon, dass ich sie nie tragen werde. Vor den Einschlägen der russländischen Raketen können mich Helm und Weste nicht bewahren, und direkt an die Front möchte ich dieses Mal nicht. Mein letztes medizinisches Training liegt zu lange zurück, und außerdem interessiert mich etwas anderes viel mehr: der Alltag des Krieges abseits der Kämpfe.

# Zu den Begriffen im Buch

**In den Texten verwende ich** oft das Adjektiv »russländisch« statt »russisch«. Das tue ich dann, wenn es beispielsweise um Aktionen des russländischen Staates und seine Institutionen geht. Russ:innen sind nur eine von etwa 160 Ethnien in der Russländischen Föderation, Russisch ist nur eine von circa 135 Sprachen. Adjektive wie das deutsche »russisch« und das englische »Russian« machen diese Tatsache unsichtbar. Sie tragen außerdem dazu bei, die koloniale und imperiale Geschichte Russlands zu verwischen, das nur deshalb der größte Staat der Erde werden konnte, weil es sich die Gebiete vieler Völker durch Eroberung und Verträge angeeignet hat. Zudem ist die russländische Armee, das wird in diesem Krieg wieder deutlich, eben keine »russische« Armee. An der Front lässt die Regierung in Moskau viele Marginalisierte kämpfen. Arme Männer vom Land, aber eben auch Angehörige der im Laufe der russländischen Geschichte kolonisierten Minderheiten, wie zum Beispiel Menschen aus Burjatien und Tuwa.

Diese Unterscheidung kommt aus Russland selbst: »Russkije«

bezeichnet Russ:innen als Ethnie, »Rossijskije« dagegen wird in administrativen oder geografischen Zusammenhängen genutzt.

Wenn ich Gruppen von Menschen bezeichne, gendere ich üblicherweise mit Doppelpunkt, es sei denn, diese Gruppe besteht nach meinem Wissensstand zum Beispiel ausschließlich aus Männern.

Für die Namen ukrainischer Orte benutze ich die ukrainische Schreibweise in deutscher Umschrift und nicht die hierzulande noch oft gebräuchliche russische. An Kyjiw statt Kiew haben sich viele deutsche Leser:innen inzwischen gewöhnt, bei Donbas statt Donbass und Odesa statt Odessa ist das nicht so. Ein scharfes »S« wird im Deutschen üblicherweise nun einmal mit »ss« ausgedrückt. Ich habe mich dennoch für die Variante mit dem einen »s« entschieden, um es einheitlich zu halten.

Bei Namen von Personen verwende ich die englische Umschrift, weil die Menschen sie so in ihren Dokumenten wie dem Reisepass und als Selbstbezeichnung benutzen. Das heißt zum Beispiel, dass ich »Ivan« schreibe statt »Iwan« und »Andriy« statt »Andrij«. Bei der Entscheidung, ob ich die ukrainische oder die russische Variante ihres Namens verwende, richte ich mich nach dem, was mir meine Gesprächspartner:innen gesagt haben. Oder danach, wie eine prominente Person in der Öffentlichkeit auftritt. Dabei kann es übrigens manchmal ziemlich bunt zugehen:

Auf den Webseiten der ukrainischen Regierung nennen sie den Präsidenten Volodymyr Zelenskyy. Englischsprachige Medien des Landes wie die *Ukrainska Prawda* verwenden dagegen meist die Namensvariante mit einem »Y«, also Zelensky. Manchmal tauchen in Texten der *UP* allerdings auch beide Möglichkeiten auf.

Noch variantenreicher wird es oft bei der Übertragung der Namen ins Deutsche. Der im Oktober 2022 mit dem Friedenspreis des deutschen Buchhandels ausgezeichnete Schriftsteller Serhij Zhadan würde in deutscher Umschrift mit Nachnamen eigentlich Schadan heißen, so steht er auch bei Wikipedia. Nach rein englischer Umschrift hieße er Serhiy mit Vornamen. Hier hat sich eine Mischvariante durchgesetzt, die sein Verlag auch auf seine Bücher druckt.

Während meines zweiten Besuchs in der Ukraine 2015 hat eine der Freiwilligen, die Schüler:innen im Donbas Schattentheater beigebracht hat, einen Scherz gemacht. Sie sagte, so wie Katzen sieben Leben haben, hätten alle Ukrainer:innen sieben Namen. Vorname in Ukrainisch, Vorname in Russisch, Vatersname, Familienname, englische Umschrift, die Umschrift, in der die Ausländer:innen schreiben, mit denen sie gerade zu tun haben, und die zum Anreden unter Freund:innen gebräuchliche abgekürzte Variante des Vornamens, zum Beispiel Nastya für Anastasiia.

Ich habe diese Vielfalt immer gemocht. Sie erscheint mir nicht als Durcheinander, sondern als weniger fest und begrenzt als die oft nur in einem Vor- und Nachnamen kategorisierte Identität in Westeuropa.

# Anarchistische Bienen

Tscherniwzi, März 2022

**Abends um kurz nach halb neun** heulen die Alarme los. Ein durchdringender Ton, erst tief, dann hoch, und wieder zurück. Einmal, zweimal, achtmal, zwanzigmal – etwa die Hälfte der Menschen in der riesigen Halle schaut auf ihre Mobiltelefone, die sich in Sirenen verwandelt haben. Es ist Montag, der 7. März, Tag zwölf des Krieges. Hier in der Ukraine kommt der Luftalarm auch per App. Raketen könnten die Stadt treffen, Flugzeuge mit Bomben auf dem Weg sein. Aber niemand rennt los. Alle bleiben, wo sie sind, räumen weiter Kartons von links nach rechts, kramen zwischen kurzen Hosen und Faltenröcken nach warmen Mänteln, rauchen an den großen Eingangstüren Zigaretten.

»Sollten wir nicht in den Bunker?«, frage ich. Sasha schaut zu mir hoch, das Licht der Neonlampen legt einen dunklen Ring um die graublaue Iris ihrer Augen. »Hier gibt es keinen«, sagt sie und zuckt mit den Schultern, ihre riesige schwarze Jacke hebt und senkt sich leicht. »Willst du etwas essen?« Sie dreht sich um und läuft los.

So reagiert man in Tscherniwzi ganz im Westen der Ukraine also auf einen möglichen Angriff Russlands. Dabei wissen hier doch alle von den Raketen, die das ostukrainische Charkiw treffen, sie kennen die Bilder von brennenden Häusern in Mariupol und von den zerstörten Kleinstädten rund um Kyjiw. Wie viele Tote der Krieg bis zum heutigen Tag gefordert hat, ist schwer zu sagen, weil nur die ukrainische Regierung regelmäßig Zahlen nennt und sich die wiederum nicht unabhängig überprüfen lassen. Sie hat allein schon 1200 Tote als Folge des Beschusses und der Belagerung der Hafenstadt Mariupol angegeben. Die Vereinten Nationen zählten bis zum 8. März über 500 tote Zivilist:innen. Klar ist, dass viele Raketen, Granaten und Bomben Wohnhäuser treffen, Kindergärten und Kliniken.

Der Westen der Ukraine bleibt vom russländischen Überfall bisher weitgehend verschont. Der Flughafen der knapp 140 Kilometer weiter nordwestlich gelegenen Stadt Ivano-Frankiwsk wurde in den ersten Kriegstagen mit Raketen attackiert, in Lwiw haben sie Statuen in der ganzen Stadt mit feuerfesten Materialien eingewickelt, falls Raketen auch hier einschlagen. Vier Nächte zuvor gab es Explosionen in Luzk.

Hier in Tscherniwzi, knapp 40 Kilometer vor der Grenze zu Rumänien und damit auch der Grenze zur Europäischen Union, ist es bisher noch völlig ruhig. Aber wenn die Stadt tatsächlich einmal angegriffen wird, wäre die große Sporthalle, durch die Sasha gerade läuft, ein strategisch wichtiges Ziel. Diese Halle ist zum zentralen Verteilungszentrum für Hilfsgüter in Tscherniwzi geworden. Von hier aus wird die Hilfe für Zivilist:innen ebenso organisiert wie der Nachschub für die ukrainische Armee, die gegen die an Feuerkraft weit überlegenen russländischen Truppen kämpft. Waffen oder Munition sehe ich keine, aber Thermounterwäsche, Stiefel, Medikamente und Konservendosen mit

Suppen, Tomaten, Fleisch. Sasha ist eine der vielen Menschen, die hier Pakete packen und ins ganze Land verschicken.

Oleksandra Tsvetkova heißt sie mit vollem Namen, Sasha ist die in der Ukraine übliche kurze Variante für die Namen Oleksandra und Oleksandr. Sie lebt eigentlich in Ukrainka, einer Kleinstadt in der Nähe von Kyjiw, ist aber gleich am ersten Tag des Krieges von dort mit dem Auto Richtung Westen geflohen. Dabei wollte sie gar nicht weg, sie würde lieber zu Hause helfen, sagt sie. Aber die Frau ihres Bruders hat sie zur gemeinsamen Flucht überredet, nachdem eine Rakete in ihrer Stadt explodiert ist, vielleicht sollte sie das Elektrizitätswerk in der Nähe treffen. Sasha ist dann vor allem wegen ihres jüngeren, 15 Jahre alten Sohnes gegangen, der noch bei ihr lebt.

Sie ist Buchhalterin oder war es, in einem früheren Leben, das gerade einmal knapp zwei Wochen her ist. Ein Leben, das sie führte, bevor der russländische Diktator Vladimir Putin die Ukraine am 24. Februar mit seiner Armee überfiel.

Sasha hat früher bei einem Baukonzern sehr gut verdient. Dann wollte sie etwas Sinnvolles für die Gesellschaft tun und arbeitet seither für Nichtregierungsorganisationen, kleine Firmen von Künstler:innen, Regisseur:innen und Produzent:innen. Ihre Schwägerin Lizza ist eine dieser Regisseur:innen, sie läuft hier auch irgendwo in der Halle herum, sie sucht nach Klebeband für die nächsten Pakete.

Am Tor zur Straße stehen Männer in Tarnuniformen und mit umgehängten Kalaschnikows. Durch dieses Tor kommen Lkw und Minibusse, Menschen mit Paketen auf dem Arm, Spenden aus dem In- und Ausland. Teekannen, kugelsichere Westen, Schmerztabletten und Holzlatten.

Kommt eine neue Ladung, brüllt irgendjemand irgendwas, und Männer mit Arbeitshandschuhen reißen die Kartons von den Ladeflächen, bilden Ketten, reichen Helfer:innen Kisten oder Beutel, sortieren alles, stapeln es auf Paletten, stopfen es in Beutel und tragen es dann raus in den Schneegriesel; minus 4 Grad an diesem Montagabend, kalt genug, dass einem die Finger beim Wischen auf dem Smartphone festkleben und sich der Akku so schnell leert, als würde ihn der Winter aussaugen.

Weiße Minibusse fahren vor, in die Männer mit den Arbeitshandschuhen so viel Zeug stopfen, dass kaum noch der Fahrer Platz hat, und dann geht es los Richtung Kyjiw, Schytomyr, Koselez – in große und kleine Städte überall im Land. Der Inhalt der Autos ist für Krankenhäuser bestimmt und für Kindergärten, aber auch für einzelne Personen. Auf Paletten voller Konserven steht mit schwarzem Edding »Armiya«, also »Armee«, auf kleineren Paketen auch Masha Soundso und Volodymyr Diesunddas, dann eine Adresse.

Gibt es ein System, wer wann etwas anfasst, wegträgt, aufreißt oder hinstellt?

»Es gibt keins«, sagt Sasha und läuft durch eine Doppeltür, einen langen Gang hinunter, »aber es funktioniert trotzdem, das ist ukrainische Anarchie.« Sie biegt nach links ab, in noch einen langen Gang und dann stehen wir in einer Cafeteria. Auf einem Tresen stapeln sich auf verschiedenen Tellern Wurstbrote, Klopse aus gebratenem Hackfleisch und Teigtaschen, in denen ebenso Marmelade sein könnte wie mit Schmalz versetztes Fleisch. Es riecht nach Kaffee.

An runden Tischen und auf langen, an den Wänden aufgestellten Bänken sitzen Männer in den gleichen Tarnjacken wie draußen vor dem Tor und Frauen, die wie Sasha in ihren Mänteln fast verschwinden. Der Fernseher an der Wand gegenüber dem Tresen mit dem Essen zeigt Panzer, die durch Schlamm fahren, abgefeuerte Raketen, die blau-gelbe ukrainische Fahne weht, die Nationalhymne wird gespielt. Sasha nickt zu den Bergen von Essen hinüber: »Du kannst dir alles nehmen, was du willst.« Da gehen die Sirenen auf den Telefonen wieder los. Wieder Luftalarm. Wieder rührt sich niemand. »Wenn was passiert, sind wir hier am sichersten«, sagt Sasha, und ein Lächeln zuckt kurz über ihr schmales Gesicht, dessen Blässe von ihren hellblonden Haaren noch verstärkt wird. Es ist nicht klar, was sie meint, was an den dünnen Wänden hier sicherer sein soll als in der Weite der Halle eben, aber auf meine Rückfrage antwortet sie nicht. Sie holt sich einen Kaffee. Sasha ist ständig müde. »Wir haben keine Zeit zu schlafen«, sagt sie, als sie zurückkommt, »wir müssen noch etwas schaffen.« Eine Armee-Einheit hat dringend um Medikamente gebeten, die sollen heute noch raus, Richtung Osten.

Solche Bitten kommen auf zwei Arten zu den freiwilligen Helfer:innen wie Sasha: per offiziellem Schreiben inklusive Briefkopf und Stempel, wenn staatliche Stellen involviert sind. Oder aber von Zivilist:innen und Soldat:innen, die per Telegram, Facebook, WhatsApp oder Signal-Messenger um Unterstützung bitten. Oft schicken sie Google Spreadsheets, also Tabellen, in denen steht, was sie suchen und in welcher Menge. Meist mit der Bitte, diese Spreadsheets in den Netzwerken der freiwilligen Helfer:innen weiterzuverbreiten.

Ein Freund und ich sind mit dem Auto hierhergefahren, und wir hatten die Grenze von Rumänien in die Ukraine noch nicht überquert, da klebte schon ein solches Spreadsheet in meinem Facebook-Messenger. Geschickt hatte es mir ein ehemaliger Schauspieler, den ich von früheren Reisen kenne. Jetzt arbeitet er als Freiwilliger für ein Hilfszentrum in Lwiw, das sich neun Tage nach dem Februarüberfall gegründet hat.

Er suchte unter anderem 50 Packungen Windeln und einhundert Helme. Und wer etwas davon hat, wird sich jetzt also eventuell bei diesem Schauspieler melden. Der wiederum sucht dann nach Fahrer:innen, die den Transport übernehmen oder zumindest einen Teil der Strecke. Auch das sind oft Freiwillige, sie lassen sich nur den Sprit bezahlen, trotz der Gefahr für ihr Leben – russländische Soldaten haben laut Medienberichten schon mehrfach nicht-militärische Fahrzeuge beschossen und die Menschen darin getötet.

Wie die Pakete, die Sasha und die anderen Helfer:innen packen, durchs Land bewegt werden, lässt sich am besten an einem Küchentisch beobachten. Bevor sie an diesem Montagabend, kurz vor sieben Uhr, in das Hilfszentrum von Tscherniwzi aufbricht, verbringt Sasha den ganzen Tag an so einem Tisch. Er steht in einer hellen Küche in einem großen Haus nahe des Stadtzentrums. Von dort bis zu der Sporthalle fährt man mit dem Auto etwa 15 Minuten.

Sasha sitzt an diesem Tisch, auf dem Laptop vor sich tippend und das Smartphone zwischen Schulter und Ohr geklemmt. Wenn das Ding mal nicht klingelt oder sie selbst jemanden anruft, scheppern die dunklen Stimmen von Männern und Nachrichten von müde klingenden Frauen blechern verzerrt aus dem Lautsprecher ihres Computers.

»Sollen wir diese Gasmasken kaufen?«

Ein Anrufer aus Deutschland, er durchforstet Internetseiten nach günstigen Angeboten, Sasha hat ihm vorher ein Spreadsheet geschickt mit Dingen, um die jemand im Hilfszentrum sie gebeten hat.

»Sind das die richtigen Schuhe?«

Gute wetterfeste Stiefel sind immer bei allen begehrt, bei Soldat:innen natürlich, aber bei Zivilist:innen auch.

Um 11 Uhr fragt wieder jemand, dieses Mal aus der Ukraine:

»Kriegen wir ein Problem mit der Steuerbehörde, wenn wir das kaufen?«

Sasha antwortet. »Nein, im Krieg doch nicht.«

Ihr gegenüber sitzt Lizza Smith, große braune Augen, schwarze Locken und auf der Haut ein Anflug von Sommerurlaub, obwohl ihre Reise nach Kreta nun auch schon wieder Monate her ist. Sie ist die Frau von Sashas Bruder, die Frau, die Sasha zur Flucht nach Tschwerniwzi überredet hat. Lizza war mal mit einem Mann aus den USA verheiratet, und benutzt oft noch seinen Nachnamen, gerade wenn sie in ihrem Beruf als Regisseurin auftritt. Sie starrt aus der dunklen Höhle ihrer Kapuze so gebannt auf ihren Bildschirm, dass man neben ihrem Ohr mit dem Fingern schnipsen muss, um sie ins Hier zurückzuholen.

»Wie ist gerade der Kurs Dollar zu Złoty?« Lizza dreht den Kopf nach rechts zu Sasha.

»1 zu 4,55«, sagt die nach kurzem Tippen.

»Das sind 450 Dollar pro Stück für die kugelsicheren Westen.« Lizza starrt wieder auf den Computer.

Sie und ich kennen uns schon lange, heute ist es fast sieben Jahre her, dass wir uns zum ersten Mal getroffen haben. Damals war sie auch schon eine Freiwillige. Sie kam mit einer Gruppe von Künstler:innen aus Kyjiw in eine Kleinstadt im Donbas, nachdem ukrainische Regierungstruppen diese wieder zurückerobert hatten. Lizza hat Schüler:innen dabei geholfen, ein Theaterstück über ihren Umgang mit dem Krieg zu entwickeln. Über dieses Stück habe ich für die *taz* geschrieben.

Die ukrainische Freiwilligenbewegung geht auf diese erste Zeit des russländischen Krieges gegen die Ukraine zurück. Seit 2014 haben die sogenannten Volontär:innen das getan, was der damals durch Korruption und Misswirtschaft geschwächte ukrainische Staat und sein Militär nicht leisten konnten: Tarnnetze für die Armee flechten, Autos für Soldat:innen kaufen, Essen für Bedürftige kochen, zerstörte Schulen wiederaufbauen.

Diese Volontär:innen sind nicht zu verwechseln mit den ebenfalls zahlreichen Kriegsfreiwilligen, die sich damals zur Armee meldeten oder in eigenen Bataillonen kämpften.

Später machte Lizza zusammen mit einem deutschen Regisseur aus dem Theaterstück einen Dokumentarfilm. Der Freund, der jetzt mit mir mit dem Auto nach Tscherniwzi gefahren ist, und ich haben Geld dafür gesammelt. 2017 hat »Shkola Nomer 3« auf der Berlinale den Großen Preis der Kategorie 14plus gewonnen.

450 Dollar für eine kugelsichere Weste ist übrigens gerade ein wirklich guter Preis. In Deutschland würde man für diese Variante schon in normalen Zeiten fast das Doppelte zahlen. Und die Zeiten sind nicht normal. Schutzkleidung ist schwer zu kriegen. Sowohl die in Schwarz oder Blau für Journalist:innen und Filmemacher:innen, die Lizza und Sasha gerade suchen, als auch die in Tarnfarben für das Militär.

Die Parteien im russländisch-ukrainischen Krieg räumen den Markt leer. Das treibt die Preise nach oben.

»Für uns ist es so billig, weil wir so viele kaufen«, sagt Lizza.

Ein bisschen Solidarität mit der Ukraine würden die Verkäufer aber wohl auch empfinden. 83 Westen und 57 Helme stehen auf Lizzas Spreadsheet, die will sie für Männer und Frauen besorgen, die in den Einheiten der ukrainischen Territorialverteidigung kämpfen.

Das Geld dafür kommt von verschiedenen Spendern, unter anderem aus den USA. Lizza sorgt dafür, dass es an eine polnische Stiftung geht, die wiederum die Westen und Helme kauft.

Küchentische, wie der an dem wir hier sitzen, das sind neben den vom Staat und von Nichtregierungsorganisationen geführten Zentren die anderen wichtigen Orte, an denen ukrainische Freiwillige Nachschub und Hilfe organisieren. An solchen Tischen telefonieren Menschen wie Lizza und Sasha Apotheken im Süden nach Medikamenten ab, die im Norden des Landes gebraucht werden, hier lesen sie von Freund:innen im Telegram-Chat, dass jemand Windeln zu einer pflegebedürftigen Frau in die Stadt Saporischschja bringen muss. Außerdem hat sich eine Ewgenija aus Bayern gemeldet, sie hat es geschafft, nach Deutschland zu fliehen, aber ihre Tochter sitzt mitsamt Hund noch in einer Metro-Station in Kyjiw fest.

»Kannst du die Tochter mitnehmen, auf dem Rückweg?«, fragt Lizza ins Telefon. 3 000 Grywna lassen sich die Fahrer:innen üblicherweise für die Tour ins gefährliche Kyjiw und zurück nach Tscherniwzi bezahlen, das sind knapp 93 Euro, die sollen die Kosten für das Benzin abdecken. Der Fahrer will aber schon eine andere Frau mitnehmen, die hat ebenfalls einen Hund und das sind ihm zu viele Tiere. Lizza sagt: »Wir reden heute Abend nochmal« und legt auf.

Neben dem Tisch, an dem Lizza und Sasha sitzen, stapelt sich auf einer braunen Anrichte benutztes Geschirr. In einer Schale trocknet übrig gebliebene Kascha, eine Speise aus Buchweizen, die in Deutschland oft als Brei bezeichnet wird, obwohl sie dafür zu fest ist. Ab und an kommen Menschen in die Küche, kochen sich einen Tee, machen sich etwas zu essen, selten wäscht mal jemand ab.

Das Haus, zu dem die Küche gehört, hat zwei Etagen, zwei Bäder und viele große Zimmer, es gehört wohlhabenden Freund:innen von Lizzas Eltern. Im Flur hinter der Küchentür stapeln sich Kartons mit Antibiotika und Schlafsäcken, manchmal übernachten Menschen hier für ein, zwei Tage, auf der Flucht vor dem Krieg im Osten und Süden, Freund:innen von Sasha und Lizza kommen regelmäßig, um hier zu arbeiten und zu helfen. »Jede ukrainische Küche ist ein Krisenzentrum«, sagt Darya Bassel. Sie ist heute die dritte Frau am Tisch. Darya hat ein ovales Gesicht mit hohen Wangenknochen. Sie lacht oft, laut und tief, dabei biegt sie ihren schmalen Körper nach hinten über die Lehne des Stuhls und das Licht der Küchenlampe lässt silberne Strähnen in ihren langen dunkelblonden Locken aufblitzen.

Auch sie kommt wie Lizza aus der Filmbranche, sie ist Produzentin und organisiert unter anderem ein bekanntes Festival. Darya wohnt hier nicht, aber sie arbeitet gern hier, dann kann der Sohn ihres Partners mit dem Sohn von Lizza spielen. Wenn die beiden ein Stockwerk höher über das Parkett rennen, klingt es, als würde dort eine Herde Pferde traben. Sashas fünfzehnjähriger Sohn passt auf die beiden auf. Darya sagt, sie kenne ein paar solcher Hilfsgruppen wie die von Sasha und Lizza. »In meiner Bubble machen das viele.«

Ihre Bubble, das sind die Leute vom Film. Die müssen auch in Friedenszeiten oft mit wenig Geld und Ressourcen auskommen, Ausrüstung teilen, Fahrer kennen, die möglichst wenig Bezahlung verlangen.

Sie arbeiten seit acht Jahren im Kriegsgebiet, im Donbas, und kennen Händler:innen in Osteuropa, die ihnen auch dann noch Schutzwesten und -helme verkaufen, wenn die Regale anderswo bereits leer sind. Durch die Arbeit beim Film haben sie viele Kontakte ins Ausland, zu Künstler:innen, zu Menschen, die ähnlich gut organisieren können wie sie. Nun setzen sie ihr Wissen und ihre Verbindungen im Krieg ein.

Wie viele gibt es von ihnen, wie viele Küchentische? Lizza und Sasha zählen 21 Kontakte in ihrem Telegram-Chat, der »Größerer Stab« heißt, dort koordinieren sich verschiedene Gruppen aus der ganzen Ukraine. Die Gruppe »Kleinerer Stab« kümmert sich vor allem um Tscherniwzi und umfasst zehn Leute. In »Kaufen im Ausland« machen 14 Menschen mit.

Ende Juni wird die auf das Untersuchen von humanitärer Hilfe spezialisierte britische Gruppe Humanitarian Outcomes mit einem Report bestätigen, was sich hier am Küchentisch bereits abzeichnet: Obwohl internationale Organisationen etwa 85 Prozent der bis dahin gesammelten 2,5 Milliarden Euro an Spendengeldern für die Ukraine bekommen, machen ukrainische Organisationen in den ersten Monaten des Krieges fast die ganze Arbeit. Viele sind klein, helfen lokal begrenzt und sind nirgendwo registriert. An sie gehen gerade mal 6,3 Millionen Euro, also 0,24 Prozent der gespendeten finanziellen Mittel.

Dass die großen internationalen Organisationen so lange brauchen, um zu reagieren, hat mehrere Gründe. Sie tun vieles, um Korruption zu vermeiden und das verlangsamt finanzielle Entscheidungen. Viele dieser großen Organisationen, wie zum Beispiel das Rote Kreuz, müssen zudem Neutralität wahren, um eine Chance auf Zugang in russländische Gefangenenlager zu haben. Das wiederum macht das Zusammenarbeiten mit den kleinen ukrainischen Organisationen schwierig, denn die sind parteilich. Und sie trennen wie hier in Tscherniwzi nicht zwischen humanitärer und militärischer Hilfe.

»Mein Vater ist im Hafen von Odesa eingesetzt, unsere Freunde sind an der Front, da kämpfen meistens keine Berufssoldat:innen, sondern Lehrer, Künstler und Anwälte«, sagt Lizza während einer Zigarettenpause auf dem kleinen Hof des großen

Hauses. »Wie sollen wir denen nicht helfen?« Außerdem, da sind sich die Frauen hier einig, sei alle Hilfe für die ukrainischen Zivilist:innen umsonst, wenn die Armee diese nicht schützen könne. »Die Russen wollen alles Ukrainische töten«, sagt Lizza, »die sind verrückt.«

Wie viele solcher Gruppen insgesamt in der Ukraine existieren, weiß niemand genau. Lizza, Sasha und Darya glauben, es müssen inzwischen mehr sein als nach dem russländischen Angriff 2014, weil die Bedrohung dieses Mal existenzieller sei. Auch hier wird ihre Einschätzung durch das bestätigt werden, was Humanitarian Outcomes Ende Juni herausfindet: Vor Putins Invasion habe es etwa 150 Nichtregierungsorganisationen und kirchliche Gruppen gegeben, danach wären 1700 neue Gruppen gegründet worden. Daneben gibt es vielleicht Tausende, die nirgendwo registriert sind, die nur kurz bestehen, die nicht einmal einen Namen haben.

Es gibt keine landesweite Koordination, keine Dachorganisation, die meisten dieser kleinen Gruppen wissen gar nichts voneinander. Manchmal versuchen sie tagelang, dasselbe zu besorgen oder schicken Fahrer an dieselben Orte. Ukrainische Anarchie. »Russland wird uns niemals besiegen«, sagt Lizza, die wieder hinter ihrem Laptop sitzt, »wenn eine Gruppe ausfällt, machen die anderen einfach weiter.«

Die ukrainische Anarchie, das ist eine Geschichte, die Ukrainer:innen gern über sich selbst erzählen, es gibt sie als gesellschaftliche Erklärung, mit der man begründen will, warum vor der Invasion so vieles nicht funktioniert hat im Land. Sie existiert aber auch als individuelle Ausschmückung der eigenen Unlust, auf die Anweisungen seines Chefs zu hören.

Wie bei allen solchen Selbsterzählungen ist es schwer zu sagen, was da wirklich dran ist. Aber das Narrativ der speziellen

Anarchie der Ukrainer:innen entfaltet gerade jetzt im Krieg seine Wirkung als Erklärung und Motivation für das eigene Handeln. »Sie ist deshalb so besonders, weil wir im Notfall auch in der Lage sind, zusammenzuarbeiten wie ein Bienenschwarm«, sagt Sasha. »Aber ohne Königin.«

Für sie und die beiden anderen Frauen hier am Tisch spielt die gerade in Westeuropa viel diskutierte Frage, wie entscheidend Präsident Volodymyr Zelenskyy für den ukrainischen Widerstand gegen Russland ist, keine so große Rolle. »Er macht das, was er kann, gerade sehr gut«, sagt Darya. »Aber in Friedenszeiten war er kein besonders guter Politiker, ich hoffe, wir bekommen nach dem Krieg einen anderen Präsidenten.«

Die Anarchie-Erzählung dient auch dazu, sich von den Angreifern abzugrenzen, von Russland, dessen Präsident den Ukrainer:innen ihre Identität und Eigenständigkeit abspricht. »Uns verbindet gar nichts mit den Russen«, sagt Lizza. »Wenn ich die sehe, wie sie diesen Krieg führen – wie ferngesteuerte Zombies! Die ducken sich nur vor Angst, die sind gar nicht in der Lage, sich selbst so zu organisieren wie wir.«

Da ertönt von irgendwoher über der Küche ein lautes Schreien und Weinen. Lizza springt so schnell vom Tisch auf, dass sie sich stößt. Sie reibt sich die Hüfte und sagt zu Sasha: »Wir brauchen die Geheimwaffe, die Überraschungseier, dann weint er nicht mehr.« Mit den Süßigkeiten in der Hand poltert sie die Treppe nach oben.

Es ist schon nach sechs Uhr abends, da fahren Sasha und Lizza mit dem Auto in das Hilfszentrum in der Sporthalle. Beide sagen, sie würden lieber ins Bett gehen. Hinten im Auto haben sie Kartons mit Festplatten, Kabeln und Batterien für Journalist:innen und Filmemacher:innen in Kyjiw, die dort den Krieg dokumentieren wollen.

Bei eisigem Wind und Schnee schneiden sie mit der Klinge eines Tapetenmessers lange Stücke Klebeband ab und befestigen selbst geschriebene Schilder mit Adressen auf ihren Paketen. Ein weißer Minivan hält hinter ihrem Auto, den fährt der Mann, der vorhin am Telefon gesagt hat, dass er nicht so viele Tiere mitnehmen will.

Nachdem sie geholfen hat, die Ladung in sein Auto zu quetschen, überredet Lizza ihn doch noch, die Frau aus der Kyjiwer U-Bahn-Station mitzunehmen, und zwar mit ihrem Hund. Sie gibt ihm dafür etwas mehr als die üblichen 3 000 Grywna Spritgeld.

Dann heulen die Smartphones wieder auf. Noch ein Luftalarm. Wieder nimmt ihn niemand ernst.

Fast niemand. Ausgerechnet der Mann, der alle Lieferungen, die aus dem Hilfszentrum rausgehen, am Ende noch einmal genehmigen muss, ist nach dem Alarm verschwunden. Er ist der Abgesandte des Staates in diesem Chaos aus Freiwilligen, und ohne ihn passiert hier gar nichts, ukrainische Anarchie hin oder her. Sasha und Lizza wollten eigentlich unbedingt noch die Medizin an die Armee-Einheit verschicken, die sie heute Nachmittag dringend darum gebeten hat. Aber so sehr sie auch suchen, sie finden den Mann nicht, der ihr Paket absegnen muss. Also fahren die beiden wieder nach Hause.

In der Küche brennt noch Licht. Das ist eigentlich verboten, alle Lampen in der Stadt müssen in den Abendstunden ausgeschaltet werden. Falls doch einmal russländische Flugzeuge kommen, sollen sie nicht so leicht ein Ziel finden. Aber die Fenster der Küche gehen in den Hof, die Patrouillen der Territorialverteidgung können sie von der Straße aus nicht sehen, und Putins Piloten von oben hoffentlich auch nicht. Sasha und Lizza setzen sich wieder vor ihre Computer. Ab und an geht Lizza hinaus auf den Hof und raucht eine Zigarette.

Um drei Uhr nachts geht auch das Licht in der Küche aus.

# Ankunft

Lwiw, Mai 2022

**Noch nie bin ich zu spät gekommen,** wenn ich mit der Bahn in der Ukraine unterwegs war, aber auch diese kleine Normalität hat vor dem Krieg keinen Bestand. Die ukrainischen Grenzer:innen kontrollieren sehr viel gründlicher und länger als vor der russländischen Invasion, und mein Zug kommt mit über einer Stunde Verspätung im Bahnhof von Lwiw an, also nach Beginn der Ausgangssperre um 23 Uhr.

Während der Reise habe ich Andriy kennengelernt, einen schmalen Siebzehnjährigen aus der Industriestadt Krywyj Rih, der internationales Recht studiert und später entweder im ukrainischen Geheimdienst SBU oder bei der militärischen Aufklärung arbeiten möchte. Seit Kriegsbeginn im Ausland, wie seine ganze Familie, kehrt er jetzt zurück, weil er für sein Studium Papierkram erledigen muss. Er will danach in Krywyj Rih bleiben.

Wir steigen zusammen aus, unter der hohen Kuppel der Bahnhofshalle kommen uns die ersten freiwilligen Helferinnen entgegen, zwei Frauen fragen uns, ob wir etwas brauchen, eine Unterkunft vielleicht. Um uns herum stehen viele Menschen, manche sitzen auf dem Boden, die Köpfe auf Koffer und Taschen gelegt, manche haben Schlafsäcke dabei. Die beiden Helferinnen sagen, in etwa 20 Minuten käme ein Bus, der könnte uns zu einem Haus bringen, zu einer Gemeinschaftsunterkunft, in der auch andere Menschen schlafen, vor allem solche, die aus dem Osten des Landes geflohen sind.

Draußen in der Nacht warten schon andere Spätankömmlinge wie wir an einem Stand mit noch mehr Helfer:innen. Es fahren keine Autos. Mich wundert das. Nach meinen Erfahrungen damit, wie Ukrainer:innen Regeln einhalten, habe ich erwartet, dass die meisten die Ausgangssperre einfach ignorieren.

Andriy und ich schauen beide auf Google Maps, ob wir nicht doch noch ein Hotel in der Nähe des Bahnhofs finden, eine eigene Dusche, ein eigenes Bett. Ich bin inzwischen fast 24 Stunden unterwegs, und die Aussicht, eine Nacht lang mit fremdem Schnarchen in einen Raum gesperrt zu sein, erscheint mir nicht verlockend. Außerdem habe ich Angst vor Corona. Schon morgen werde ich diese Angst vergessen, ich werde sie eintauschen gegen andere Ängste. Aber heute habe ich selbst auf der Fahrt durch Polen als Einziger im Waggon noch Maske getragen.

Es gibt ein Hostel, das noch aufhat, 800 Meter weit weg. Mit lautem Gescheppere zieht Andrij seinen Rollkoffer über Bahnsteig und Kopfsteinpflaster, über eine Brücke tragen wir ihn zusammen, und natürlich ist dann da, wo Google es behauptet, kein Hostel, sondern nur dunkle Fenster und ein leerer Hof, fahl beleuchtet von einer Straßenlaterne.

Uns kommt das einzige Auto des Abends entgegen, als wir zurück zum Bahnhof poltern, und ich denke, dass uns jetzt die ukrainische Polizei erwischen wird, und ich bin so müde, dass ich es mir sogar ein bisschen wünsche, einfach irgendwohin mitgenommen zu werden und sei es in eine Zelle. Aber es sind dann wieder Freiwillige, dieses Mal zwei Männer. Sie patrouillieren die Straßen, um Verlorene wie Andriy und mich einzusammeln, dafür haben sie eine Genehmigung, die vorn auf dem Armaturenbrett liegt.

Zehn Minuten später sitzen wir im Foyer eines Hauses, das vor dem Krieg ein Kulturzentrum war. Im zweiten Stock liegen alte Fotoapparate hinter den Glasscheiben dunkler Schrankwände. An den Wänden kleben aus Comics geschnittene Seiten, sie zeigen, wie ukrainische Einheiten den Flughafen von Donezk von Ende September 2014 bis Mitte Januar 2015 gegen russische Kämpfer und mit ihnen verbündete Milizen verteidigen. Der Kampf um das Stahlwerk in Mariupol ist nicht die erste Verteidigung eines symbolträchtigen Ortes, die in der Ukraine als Heldengeschichte erzählt wird. Die Soldaten, die den Flughafen so lange gehalten haben, werden hier im Land Cyborgs genannt, der Film »Kyborgi«, für den die Dramatikerin Natasha Vorozhbyt das Drehbuch geschrieben hat, gehört zu den erfolgreichsten Filmen, seit die Ukraine 1991 wieder unabhängig geworden ist.

Die Fenster sind verhangen, damit kein Licht herausdringt, hier drinnen scheint auch am Tag keine Sonne. Zwei Helferinnen machen uns Nudeln in der Mikrowelle warm und schenken über einen aus roten Steinen gemauerten Tresen reichlich Tee mit Zucker aus. Für eine der beiden Frauen ist es die erste Schicht, sie hat bis letzte Woche noch Management-Lehrgänge in Polen gegeben. Am nächsten Morgen wird ein älterer hagerer Mann an ihrer Stelle stehen und Gemüsereis mit Würstchen zum Frühstück reichen. Das Essen liefern Restaurants aus der Stadt.

Und so verbringe ich diese Nacht doch in einem Raum mit vielen Menschen, mit Schnarchen, Stöhnen, Husten und Gedanken an Corona. Es ist eher ein Dösen als ein Schlafen, aber wenigstens gibt es keinen Bombenalarm.

# Alltag und Ausnahmezustand

Lwiw, Mai 2022

**Die Stimme der Polizistin** mit dem blonden Pferdeschwanz geht die Tonleiter einmal rauf und wieder runter, als sie mit Oleksandr Babakov schimpft. Ob er glaube, dass es in der Ukraine keine Gesetze gäbe? Oder ob die nur für ihn nicht gelten würden? Oleksandr macht sich so klein und schmal wie möglich, er steht gebeugt und lässt die Schultern hängen, die Arme eng an den Körper gepresst, die Hände in den Hosentaschen. Er knautscht die hohe Stirn zu einem Dackelgesicht, sagt, dass er ein freiwilliger Helfer sei und dass er hier am Bahnhof etwas Wichtiges abliefern müsse, für die Front.

»Interessiert mich nicht«, sagt die Polizistin. »Das hier ist ein Behindertenparkplatz!«

Hinter ihr steht ein Kollege, drei Köpfe größer als sie und doppelt so breit. Er hat ein rundes Pfannkuchengesicht und fragt, ob Oleksandr eine Strafe bekommen soll.

»Warum muss ich das immer entscheiden?« Die Polizistin tritt zwei Schritte zurück und schaut die beiden Männer abwechselnd an, ihr spitzes Kinn kampflustig nach oben gereckt.

»Okay«, brummt ihr Kollege, »dann bekommt er eben eine.« Und so bezahlt Oleksandr Babakov im dritten Monat dieses Krieges, der bis zu diesem Tag im Mai schon Tausende Menschen das Leben gekostet und Städte als verbrannte Mondlandschaften zurückgelassen hat, 1000 Hrywnja für das Benutzen eines Behindertenparkplatzes vor dem Hauptbahnhof in Lwiw. Das ist viel Geld für einen, der keinen bezahlten Job hat, zu dieser Zeit etwa 30 Euro. Und er hat nicht gelogen, er ist wirklich ein freiwilliger Helfer, und er hat tatsächlich etwas Wichtiges hierhergebracht: Ein schwarzes rechteckiges Paket, da drin sind Wärmebildkameras für Soldat:innen im Donbas. Sie warten darauf bereits seit einem Monat.

Ist das nicht wichtiger als eine Ordnungswidrigkeit? Vor sechs Wochen erst ist der russländische Plan für einen schnellen Sieg gescheitert, sind die Soldaten von Putins Armee aus den kleinen Städten Butscha und Irpin in der Nähe der Hauptstadt abgezogen. Seitdem findet die Polizei dort immer wieder Leichen und identifiziert Tote. Dass sie sich in Lwiw darum kümmert, wer wo sein Auto abstellt, fühlt sich falsch an, als läge die Stadt in einem anderen Land, als gäbe es hier gar keinen Krieg, als hätten nicht mehrere Raketen auch hier eingeschlagen, zuletzt Mitte April. Sieben Tote, elf Verletzte. Wieso halten sich die Menschen in so einer Lage überhaupt an Parkregeln?

»Kurz nachdem Russland uns angegriffen hat, war das noch anders«, sagt Sofia Doroschenko, die mit Oleksandr hierhergekommen ist. »Zwei Wochen lang haben die Leute gemacht, was sie wollten.« Sie sitzt auf der Rückbank hinter Oleksandr, als der den silbernen eiförmigen Peugeot ausparkt. »Aber dann kam der Verstand zurück«, sagt Sofia und tippt sich mit dem Finger einmal gegen die Stirn. »Jedenfalls bei manchen.«

Sie ist sauer, weil Oleksandr nicht auf sie gehört hat, sie hat ihn gebeten, die zwanzig Hrywnja für den normalen Parkplatz zu bezahlen, und er hat geantwortet, das wäre seine Sache und nicht ihre. Oleksandr verdreht die Augen, reibt sich mit der linken Hand am Kinn und gibt mehr Gas.

Krieg und Normalität, Alltag und Ausnahmezustand, sie sind nicht so trennscharf geschieden, wie es in westeuropäischen Filmen vom Sturm auf die Normandie oder den Kämpfen um Berlin oft erscheint, diese Zustände fließen ineinander. Die russischen Raketen, die Sirenen des Luftalarms, das Sterben der ukrainischen Soldat:innen und Zivilist:innen, sie reißen Lücken ins Gewebe der Gewohnheiten, aber da, wo nicht unmittelbar gekämpft wird, versuchen die Menschen sich zurückzuholen, was sie kennen und was Ordnung verspricht: Es fahren Taxis in Lwiw, Cafés haben bis neun Uhr abends geöffnet, und es gelten Parkregeln.

Oleksandr fährt durch die abendliche Stadt, verwunschene Erker, griechisch anmutende Säulen, geschwungen geschmiedete Balkongitter, Lwiw ist alt und schön, es gibt noch Kirchen aus der Zeit der Rus, wenig Gotik wegen des Brandes Anfang des 16. Jahrhunderts, aber umso mehr Barock, Klassizismus, Jugendstil, und viele Häuser, deren Fassaden die Architekten eklektisch aus verschiedenen Baustilen zusammengemischt haben. Viele Reiche schmückten sich mit dieser Pracht, nannten sie Lemberg, Lwów und Lwiw, bis die Ukraine im August 1991 wieder unabhängig wurde.

Das Haus, in dem Sofia wohnt, hat weder Zierrat noch Zinnober, fünf Stockwerke aus weißen Steinen, manche verwittern ins Grau, manche ins Gelb, ein Block neben anderen Blöcken, dazwischen Bäume und Wäscheleinen. Sofia lebt hier, weil sie ihr eigenes Apartment einer Familie vermietet hat, die aus Cherson geflohen ist, aus dem von Russland kurz nach dem Einmarsch besetzten Süden des Landes.

Alles in diesen Räumen wirkt hell und aufgeräumt, die Wände und Türen sind weiß gestrichen, das Parkett schimmert in leichtem Grau, die wenigen Möbel scheinen alle aus Birke gezimmert. Der Traum eines minimalistischen Ikea-Designers. Wenn zwischen Betten und Kommoden nur nicht so viele Kartons stehen würden. In denen liegen Funkgeräte, Wärmebildkameras und Medikits. Sofia und Oleksandr sorgen dafür, dass diese Sachen zu Sanitäter:innen gelangen, zu Evakuierungshelfer:innen und zu Soldat:innen.

Ihre Aufgaben sind klar verteilt: Sie ist die Organisatorin, sie lagert die Kartons, die andere Helfer:innen meistens aus Deutschland und Frankreich bringen, packt, was darin ist, wenn nötig in andere Kartons und telefoniert und chattet so lange, bis klar ist, welche Kamera und welche Medizintasche auf welchem Weg wohin geht. Oleksandr ist der Fahrer, er holt Kisten ab und bringt sie weg, zu von Helfer:innen betriebenen Speditionen, zum Bahnhof und seltener zu Nova Poschta, einem privaten Lieferdienst, der auch im Krieg vielen als zuverlässiger gilt als die staatliche Post.

Sofia arbeitet wie Oleksandr in keinem normalen Job mehr, seit die russische Invasion begonnen hat. Sie sortiert, verpackt und verteilt den ganzen Tag Ausrüstung: »Ich kenne nur noch zwei Arten von Gegenständen. Welche, die Ukrainer heilen, und welche, die Russen töten.«

Fragt man sie, was ihr lieber ist, zuckt sie mit den Achseln. »Das eine bedingt das andere.«

Sofia und Oleksandr hätten sich sehr gut niemals begegnen können. Sie wuchs in der Westukraine auf, in Luzk, von dort bis hierher nach Lwiw sind es nur 150 Kilometer. Zu Hause sprachen sie Ukrainisch mit Einsprengseln aus polnischen und belarussischen Wörtern. Er ist in Mykolajiwka, groß geworden, einer kleinen Stadt im Osten des Landes, 1200 Kilometer weit weg von hier. Ukrainisch hatte er natürlich in der Schule, aber mit seiner Mutter und Schwester hat er immer Russisch gesprochen, mit seinen Freund:innen auch. Sie ist in den chaotischen Neunzigern aufgewachsen, nach der Schule traf sie ihre Lehrer:innen auf einem der Luzker Basare als Verkäufer:innen für Tapeten oder T-Shirts wieder. Sie verdienten nicht genug Geld in ihrem Job. Oleksandr hat in Mykolajiwka den Krieg erlebt, drei Tage kämpfte die ukrainische Armee mit Russen und Donezker Milizen im Sommer 2014 um seine Stadt. Seine Schule bekam einen Treffer ab, und ein Wohnblock am Eingang der Stadt wurde wie von einer riesigen Hand entzweigerissen. Sie arbeitet eigentlich als Kostümbildnerin, er hat Ende Dezember 2021 sein Chemiestudium abgeschlossen.

Sie trägt Extravagantes, so wie heute das khakifarbene Oberteil mit den breit ausgeschnittenen Schultern, die David Bowie ebenso gut stehen würden wie Ming, dem Grausamen aus den Flash-Gordon-Filmen. Er läuft in T-Shirts und engen Jeans herum. Sie albert ständig, verzieht das schmale ovale Gesicht zu Grimassen, tänzelt über Straßen und durch Räume. Er benutzt vor allem zwei Gesichtsausdrücke: das traurige Dackelgesicht, mit dem er vorhin die Polizist:innen nicht davon abhalten konnte, ihm eine Geldbuße zu verpassen, und ein Gangstergrinsen im rechten Mundwinkel, das er schon in der zehnten Klasse hatte.

Oleksandr sitzt in der Küche auf einem der hellen Stühle, er hibbelt mit den Beinen, auf und ab, auf und ab. Er war den ganzen Tag in Sofias Auto unterwegs und kann nicht aufhören, sich zu bewegen, auch in diesem Moment der Ruhe nicht. Eigentlich gehört das Auto gar nicht Sofia, sondern einer belarussischen Frau, die in Lwiw gewohnt hat und mit ihren beiden Töchtern jetzt in Polen ist. Du kannst das benutzen, hat die Frau gesagt, bis ich wieder zurückkomme. Aber Sofia hat keine Fahrerlaubnis, also fährt Oleksandr. Okay, er hat eigentlich auch keine, aber er fährt trotzdem.

Sofia öffnet das Küchenfenster, der sanfte Luftzug trägt noch etwas von den 20 Grad Mittagswärme in sich, sie schaltet den Gasherd ein, blau züngeln die Flammen, sie reißt eine Packung Spaghetti auf und schüttet die Nudeln in einen Topf, macht nebenher Tee. »Wann fährt der nächste Zug?«, fragt Oleksandr, und Sofia sagt, sie müssen in zwei Stunden wieder los.

Sie werden dieses Paket, wegen dem sie Strafe bezahlt haben, das schwarze, rechteckige, das mit den Wärmebildkameras, noch einmal zum Bahnhof bringen, denn die Schaffner wollten es nicht mitnehmen in ihrem Zug. Sofia ist eine halbe Stunde lang von Waggon zu Waggon gerannt, vorbei an alten Frauen mit riesigen Koffern in der einen und kleinen Kindern an der anderen Hand. Sie wollen nicht raus aus der Ukraine, sondern zurück nach Hause. Sofia lief vorbei an Soldat:innen in Uniformen und mit Kalaschnikows über der Schulter, von einem grauhaarigen Mann im weißen Hemd zum nächsten, sie haben alle mit dem Kopf geschüttelt, bis sie schließlich vor einem in blauer Uniformjacke stand, dem Zugchef, der das Paket dann auch nicht mitnehmen wollte.

So wie Sofia ihn verstanden hat, gibt es neue Regeln bei der ukrainischen Bahn, Regeln gegen die Korruption, und die Zugbesatzung wollte bei einer Kontrolle nicht mit einem Paket erwischt werden, für das sie kein Papier mit einem Stempel vorzeigen kann. Und die Passagiere hatten selbst genug zu schleppen, auch die Soldat:innen, die Sofia gefragt hat. Sie findet das mit dem Kampf gegen die Korruption gut, sie will es aber beim nächsten Zug trotzdem nochmal probieren.

Obwohl die Freiwilligen dem ukrainischen Staat im Kampf gegen den russländischen Angriff beistehen, ist das Verhältnis zwischen Volontär:innen und der Regierung nebst ihren Behörden ambivalent. Ja, die Freiwilligen helfen, aber sie zeigen zugleich auch, dass sie des Öfteren schneller und effizienter sind als der Staat, dass es eine Alternative gibt, bisweilen auch Konkurrenz und offenes Infragestellen.

Mitarbeiter:innen in Behörden wiederum wollen Regeln durchsetzen, Stempel und Dokumente sehen, auch und gerade in Kriegszeiten, denn auch da gibt es Schmuggel und Korruption. Manchmal wollen sie auch einfach nur ihre Macht ausnutzen, um sich was dazuzuverdienen.

Oleksandr und Sofia fahren ein zweites Mal zum Bahnhof. Die Polizistin mit dem spitzen Kinn und ihr Kollege mit dem Pfannkuchengesicht stehen wieder dort, aber dieses Mal verlässt das schwarze Paket die Stadt in einem Zug Richtung Osten. Als sie das Ding endlich losgeworden sind, treibt Oleksandr den Peugot so krachend durch die Schlaglöcher, dass es sich anhört, als würde gleich die Hinterachse brechen. Ab elf Uhr gilt die Ausgangssperre, dann will er zu Hause sein, eine Strafe reicht ihm für heute.

Es ist halb zwölf am nächsten Tag, da sitzt er schon wieder im Auto. Sofia hat angerufen. Oleksandr flucht: »Was mache ich hier eigentlich mit meinem Leben?« Es ist ja nicht so, dass er nichts anderes zu tun hätte, den Morgen über lag er auf dem breiten Bett aus dunkelbraunem Holz, das er sich mit seiner Freundin teilt, versuchte, auf seinem Smartphone ein paar Aufgaben in der Programmiersprache Java zu lösen.

Gut, er hat auch in einer russischen Ausgabe von *Tanz mit dem Schafsmann* gelesen, er liebt Haruki Murakami. In diesem Buch rät ein für die meisten Menschen unsichtbares Wesen dem Protagonisten, wie er sein Leben führen soll: »*Versuche nicht, einen Sinn darin zu finden. Es gibt nämlich keinen. Sobald du nachdenkst, versagen dir die Beine.*« Aber eigentlich schult Oleksandr um. Vor dem Krieg schon hat er mit Online-Kursen für Java angefangen, im Sommer des vergangenen Jahres, noch im Studium. Das hat er auch nur begonnen, weil Chemie etwas war, das er kannte und konnte. Seine Mutter ist studierte Chemikerin, sie hat in dem Kohlekraftwerk gearbeitet, das mit seinen sieben riesigen Schornsteinen Mykolajiwka überragt und fast allen Erwachsenen dort einmal Arbeit gegeben hat. Sie floh mit seiner Schwester nach Deutschland, wo sie sich ein Zimmer unter dem Dach teilen. Ein Mann und dessen alte Mutter haben sie in ihrem Haus aufgenommen.

Oleksandr möchte nicht wie seine Mutter früher am Montag, Dienstag, Mittwoch und so weiter in das immer gleiche Kraftwerk laufen, über Jahre. Oder in ein Labor. Er hat das schon ausprobiert, als er noch studiert hat, er hat Kosmetik gekocht, um sein Leben zu finanzieren, aus dem Fenster sah er nur die Füße der Passant:innen draußen auf den Straßen von Kyjiw. »Als Programmierer kannst du von überall in der Welt arbeiten«, sagt er, als er den Peugeot startet, »du kannst reisen, andere Länder sehen.«

Sofia sitzt auf dem hellen Parkettboden neben ihrem Bett und klebt graues Paketband um Kartons aus Frankreich, aus Montpellier. »Ready-spready«, sagt sie, sobald einer fertig ist, und wendet sich dem nächsten zu. In den Kisten sind Medikits, Taschen mit sterilen Verbänden, Sicherheitsnadeln, Dreieckstüchern. Sie gehen zu Soldat:innen und Hilfsorganisationen,

Sofia scrollt auf ihrem Smartphone und sucht den Chat, in dem sie sich mit anderen in ihrer Gruppe abspricht. Sie und Oleksandr sind der westlichste Ausläufer eines Hilfsnetzwerks, das sich über die gesamte Ukraine erstreckt. In dem Netzwerk sind vor allem Künstler:innen, auch die Regisseurin Lizza Smith gehört dazu, sie ist inzwischen aus Tscherniwzi in ihre kleine Stadt nahe Kyjiw zurückgekehrt. Auch Oleksandr war mal Schauspieler, er hat 2015 in Mykolajiwka bei dem Theaterstück mitgespielt, in dem ein deutscher Regisseur Schüler:innen ihre Erlebnisse im Krieg verarbeiten ließ. Aus diesem Stück haben Lizza und der Regisseur aus Deutschland den Film »Shkola Nomer 3« gemacht. Oleksandr hat mit diesem Theaterstück das erste Mal Lwiw gesehen, im Sommer 2015. Danach war er in Konstanz am Bodensee und 2017 mit dem Film sogar bei der Berlinale. Er ist weit gereist für jemanden aus seiner Stadt und seiner Klasse.

»Zwei Boxen müssen nach Tscherkassy«, sagt Sofia, die wird Oleksandr zum nächsten Büro von Nowa Poschta bringen, 100 Hrywnja pro Paket, also etwas mehr als drei Euro. Andere gehen nach Kyjiw und weiter Richtung Osten. Sofia arbeitet schnell, bewegt sich schnell, redet schnell, aber immer wieder lehnt sie sich mit ihrem Rücken gegen die Wand. »Ich bin so müde.«

Sie reißt den Mund auf, verzieht das Gesicht zu einer übertriebenen Gähn-Grimasse: »In den ersten Wochen war es leichter, da haben wir unter Adrenalin gearbeitet.« Sie hat natürlich gewusst, dass der Krieg nicht in ein paar Wochen vorbei sein würde. Aber wissen und verstehen sind zwei verschiedene Dinge. Jetzt ruht sie sich manchmal aus, macht auch Tage frei, aber sie hat ein schlechtes Gewissen. »Jeden Tag, den ich hier länger brauche, kommen die Medikits später an«, sagt sie, »und es sterben mehr von unseren Leuten.«

Der Transport dauert auch so schon lange. Die schwarze kleine Kiste von gestern zum Beispiel – die Wärmekameras haben deutsche Helfer:innen vor zwei Wochen gekauft. Den Transport haben Freiwillige übernommen, die standen drei Tage in Polen vor der Grenze im Stau, weil sich so viele Ukrainer:innen Autos in Westeuropa gekauft haben; die Regierung hat die Steuer für die Einfuhr aufgehoben. Zwei Tage lag das Paket in Lwiw bei Sofia, heute ist es vielleicht schon in Odesa und auf dem Weg in die von Russland belagerte Stadt Mykolajiw.

Bevor Oleksandr die Pakete mit den Medikits rausträgt und in seinen Kofferraum steckt, fotografiert Sofia die Kartons und stellt die Bilder in den Telegram-Chat. Das machen alle im Netzwerk so, an jeder Station, die ein Paket durchläuft. So können sie nachweisen, dass die Ladung bei ihnen vollzählig war.

»Es sind schon Sachen verschwunden«, sagt Sofia, »und dann war das Misstrauen groß.« Andere Volontär:innen nannten sie eine Diebin. Das hat sie getroffen, aber noch härter war es, als Polizist:innen von ihr einen Anteil wollten. Bestechung. »Der Krieg hatte gerade begonnen, und wir wussten noch nicht, welche Dokumente wir an der Grenze brauchten«, erzählt sie. »Die regionale Polizei hat uns geholfen.« Und dann wollte sie zehn Prozent der Hilfsgüter. Zum Glück kannte jemand aus dem Netzwerk eine Frau, die in einem Ministerium arbeitet, die haben sie angerufen. »Die hat einem wirklich hohen Politiker unsere Situation geschildert«, sagt Sofia, »und auf einmal durfte unser Transporter weiterfahren.«

Sie und Oleksandr sind davon überzeugt, dass der Krieg Menschen nicht grundlegend ändert. »Wer davor ein Arschloch war, ist auch jetzt eins«, sagt Sofia. Oleksandr nickt und grinst sein Gangsterlächeln. »Bei uns sagen wir: Für die einen ist es Krieg, für den anderen ist es eine Mutter.«

Beide haben nicht die Illusion von der Ukraine als perfektem Staat, aber Oleksandr ist in seiner Kritik härter. Er hat schon in der Schulzeit negative Erfahrungen mit der Polizei gemacht, mit Milizionären, die ihn geschlagen haben, weil er Marihuana angebaut hatte.

Oleksandr nimmt es den Menschen in Lwiw übel, dass sie vor dem Februarüberfall so weit weg waren vom Krieg im Osten, in seiner Heimat. Er findet, sie haben das Kämpfen und Sterben dort zu oft ignoriert. Er findet es ungerecht, dass Mitglieder der Werchowna Rada, des Parlaments in Kyjiw, per Gesetz nicht zum Krieg eingezogen werden können. Politiker in den Regionen müssen sich lediglich bescheinigen lassen, dass sie von einer Behörde, einem Stadtrat oder einer ähnlichen Institution gebraucht werden. Er fragt, wo denn die Oligarch:innen des Landes mit ihrer Macht und ihrem Geld helfen würden. »Aber ich soll für einen Staat alles geben, der sich für mich überhaupt nicht interessiert«, sagt er, als er wieder am Steuer sitzt, die Pakete im Kofferraum, und die Räder des Peugeot übers Kopfsteinpflaster rattern. Vor der Invasion im Februar konnte er teilweise auch noch die Leute verstehen, die sich gewünscht haben, Russland würde den Donbas erobern.

»Viele wollten einfach nur, dass sich irgendetwas an dem ungerechten System hier ändert, irgendwas.« Er selbst sieht das allerdings anders. »Unter den Russen wird hier nichts besser.«

»Aber die wollen dich doch befreien«, sage ich. »Das behaupten sie jedenfalls im russländischen Fernsehen.«

»Danke, ich bin lieber ohne sie frei«, sagt Oleksandr.

Er redet nur noch Ukrainisch mit Menschen, die nicht zum engsten Familienkreis gehören. Als er das erste Mal in Lwiw war, mit dem Theater, im Sommer 2015, hat er in der Diskussion mit dem Publikum noch darauf bestanden, Russisch zu sprechen. »Aber wenn Russland diese Sprache als Waffe benutzt, dann spreche ich sie eben nicht mehr.« Das führt zu der Paradoxie, die mir auch noch bei anderen Ukrainer:innen begegnen wird, die vor dieser Invasion Russisch als Erstsprache benutzt haben. Sie reden Ukrainisch in der Öffentlichkeit, mit Behörden, Verkäufer:innen, Bekannten, um ihre Unterstützung für ihr Land, ihre Leute zu zeigen. Aber das Privateste, Intimste, die Gespräche mit ihren engsten Menschen finden weiterhin in der Sprache statt, die die Angreifer zu einem Hauptgrund für diesen Krieg erklärt haben.

Solche Unterhaltungen über die russische Sprache kenne ich außerhalb der Ukraine auch aus Reisen durch das Baltikum. Und 2004 habe ich ein Gespräch dieser Art in Irland geführt, in einer Kneipe auf Árainn Mhór, einer Insel im Nordwesten vor der Küste der Grafschaft Donegal. Obwohl die Insel zu einer Gaeltacht gehört, also zu einem der wenigen Gebiete, in denen das Irische offiziell die vorherrschende Sprache ist, unterhielten sich die Menschen in dieser Kneipe und auch sonst meist auf Englisch miteinander. Zugleich gab es Sympathie für die IRA, Brit:innen wurden vor allem als arrogant beschrieben.

Auf meine Frage, wie die Verachtung für die Nachbarn und das Sprechen ihrer Sprache zusammenging, antwortete mir ein junger Mann mit Basecap und grauem Hoodie, das sei das Schicksal der Eroberten. Er war aus Dublin und hatte mich und den Freund, mit dem ich eine Wanderung um Irland machte, an seinen Tisch eingeladen. Er sagte, man könne sich irgendwann gar nicht mehr vorstellen, anders zu reden, als in der Sprache des Imperiums, das die eigenen Vorfahren umgebracht hat. Ich fand dieses Gespräch damals so seltsam, dass ich mir ein paar Notizen dazu gemacht habe, obwohl ich normalerweise zu faul bin fürs Tagebuchschreiben.

Hier in Lwiw stellt sich Oleksandr jetzt nur noch mit seinem ukrainischen Namen vor, nicht mehr wie früher mit dem russischen »Alexander«. Beide Namen kürzen sie hier, ebenso wie deren weibliche Formen, mit »Sasha« ab, und so rufen ihn auch viele. Auf diesen Seiten soll er trotzdem Oleksandr bleiben, denn sonst würde es im Buch von Sashas nur so wimmeln.

Um 13 Uhr 30 hebt sich ein Schlagbaum in einem Gewerbegebiet am Rande von Lwiw, und Oleksandr fährt auf ein elfstöckiges Bürogebäude zu. Hinter dessen vielen Fenstern gibt es keine Gardinen, keine Bewegung, kein Anzeichen, dass hier jemand arbeitet. Ein Teil des Hauses ruht auf dünnen Betonsäulen, im Halbdunkel zwischen ihnen stapeln sich Kartons, Säcke und Paletten mit Wasserflaschen aus blauem Plastik. Ringsum parken weiße Kleinlastwagen, alle tragen den Schriftzug »Patriot«. Drei Männer in schwarzen T-Shirts nicken Oleksandr zu, als er aus dem Auto steigt. Er holt sechs Kisten aus dem Kofferraum und einer der Männer zeigt ihm, wo er sie hinstellen soll. Mit seinem Smartphone macht er ein Foto von seinem Stapel, sagt: »Auf Wiedersehen«, und nach nicht einmal einer Minute rast er wieder über die Straße. Er braucht Benzin.

Das ist gerade knapp. Gas bekommt man sehr viel einfacher, Diesel auch, aber Benzin ist wirklich schwierig, denn damit laufen die meisten Motoren im Land. Die Preisanzeigen vieler Tankstellen sind ausgeschaltet, was heißt, dass es hier gar nichts gibt. Wenn dort Nullen leuchten, in weiß oder gelb oder grün, dann kann man mal nachfragen, dann gibt es vielleicht noch etwas. Oder bald wieder. Aber Oleksandr will das nicht. »Wenn die mir sagen, sie haben in einer halben Stunde Benzin, dann kann das auch eine Stunde heißen oder morgen«, sagt er, als er versucht, an einer Tankstelle wenigstens die Reifen des Peugeot aufzupumpen. Aber der Apparat ist kaputt. Oleksandr kaut auf seiner Unterlippe und fährt an langen Autoschlangen vorbei, er hofft auf eine, die kürzer ist.

Erst am Nachmittag um 15 Uhr 10 reiht er sich in die Schlange vor einer Mustang-Tankstelle ein. 39,57 Hrywnja soll hier der Liter kosten. Das ist erstaunlich wenig, nur etwa sieben Hrywnja mehr als vor dem Krieg. »Direkt nach dem Einmarsch waren es 50 Hrywnja«, sagt Oleksandr, »aber nicht der Preis ist das Problem, sondern die Menge.« Kraftstoff ist rationiert, oft darf man nur eine bestimmte Menge tanken. Er zählt die Autos vor dem Peugeot, es sind 25. Er stöhnt, lehnt den Kopf ans Seitenfenster und sagt: »Ich hasse es, zu warten.«

Oleksandr bewegt sich in Lwiw die ganze Zeit und doch fühlt er sich hier festgebacken wie eine Mücke an einem dieser Klebestreifen, mit denen man Insekten fängt – ihre Flügel finden keine Ruhe und sie kommt trotzdem nicht vom Fleck. Man merkt es ihm an, dieses ständige Hibbeln mit den Beinen beim Sitzen, das Rasen mit dem Auto, aber er sagt es auch, gestern Abend erst wieder, nachdem er vom Bahnhof nach Hause kam, in die Dreiraumwohnung, die er sich mit seiner Freundin und deren Eltern teilt. Er fragt: »Was mache ich hier?« Und: »Was soll ich tun?«

Wer schon mal näher mit dem Krieg zu tun hatte, der weiß, dass er zu einem großen Teil aus Warten besteht, das sagen viele Soldat:innen. Sie warten darauf, dass der Beschuss durch die feindliche Artillerie aufhört, warten bis zum nächsten Angriff, auf die nächste Zigarette. Aber auch hinter den Frontlinien warten sie. Oleksandr wartet darauf, etwas aus seinem Leben machen zu können. Das war vor dem Einmarsch schon schwierig für einen, der aus keiner wohlhabenden Familie kommt. Seine Mutter wollte, dass er in der Nähe von Mykolajiwka studiert, in Kramatorsk. Nah bei ihr und ihrem Leben, einem Leben, das in seiner Heimatstadt vor allem von den Rhythmen des Elektrizitätswerkes bestimmt wird. Doch er hat sich durchgesetzt, ist nach Kyjiw gegangen.

Er wäre bereit, jetzt noch viel weiter weg zu gehen, aber seitdem Russland angegriffen hat, dürfen Männer zwischen 18 und 60 das Land nur noch mit Ausnahmegenehmigung verlassen. Der Krieg hat laut einem Bericht der Internationalen Arbeitsorganisation aus dem Mai 2022 bereits fast 5 Millionen Jobs in der Ukraine vernichtet, 30 Prozent aller Arbeitsplätze. Im November bestätigt die stellvertretende ukrainische Wirtschaftsministerin diese Zahlen noch einmal. Oleksandr Babakov hat in ein paar Tagen ein Vorstellungsgespräch bei einem ausländischen IT-Unternehmen, aber die werden ihn nicht nehmen, weil er nicht genug praktische Erfahrung hat. Er kommt hier in Lwiw gerade keinen Schritt weiter, aber woanders darf er es auch nicht versuchen.

Dieses Gefühl des Wartens, des langen Luftholens vor etwas Großem, das passieren wird, etwas Schrecklichem ziemlich sicher, ist überall spürbar in diesem Spätfrühling 2022. Die russländische Armee hat den Kampf um Kyjiw verloren, aber sie hat viele tote Zivilist:innen hinterlassen, und den Schock dieser Massaker verarbeiten viele Ukrainer:innen hier erst noch. Mariupol wurde noch nicht erobert, aber es wird passieren. In sechs Tagen. Die russländische Führung konzentriert ihre Armee im Osten, da wo sie in den letzten acht Jahren schon Krieg geführt hat. Ihre Artillerie, Kern- und Prunkstück der Truppen, kommt nur langsam voran auf ihrem Weg nach Westen, aber sie vernichtet dabei gründlich alles auf ihrer Route. Zwischen Ausnahmezustand und Alltag vergeht die Zeit und scheint doch stillzustehen.

»Butscha hat meine Gefühle weggenommen.« Das hat Sofia vorhin zwischen ihren Kartons gesagt, kurz bevor Oleksandr losgefahren ist, um Sprit zu suchen. Ihre Seele fühle sich angesichts der Entdeckung von immer neuen toten Ukrainer:innen an wie in Bernstein eingeschlossen. Sie habe immer gewusst, dass der Krieg nicht nach zwei Wochen zu Ende sein würde, aber erst die Grausamkeiten von Butscha haben sie das wirklich fühlen lassen. »Das hat mich innerlich konserviert«, hat Sofia gesagt. »Kleine Entscheidungen treffe ich schneller als früher, da sage ich Ja oder Nein, aber ich kann jetzt nichts Großes entscheiden, ich muss meine Probleme später lösen, wenn das hier alles vorbei ist.«

Um dreiviertel vier, nach dreißig Minuten Stehen, sind noch sieben Autos vor Oleksandr. Seine Finger trommeln einen Takt auf dem Lenkrad. Mit der linken Wange klebt er an der Seitenscheibe, sein Mund steht offen wie bei einem ans Ufer gespültem Fisch. Um zehn nach vier darf Oleksandr Babakov endlich 20 Liter tanken.

Er fährt wieder los.

# Theater spielen

Mykolajiwka/Nikolajewka, April 2015

**Während einer frostigen Woche** im April, etwa 100 Kilometer hinter der Front, bastelt sich Viktoria Gorodynska den Jungen, der ihr das Herz brechen wird. Sie schneidet seine Silhouette aus Pappe aus, sie befestigt mit Klebeband einen weißen Plastikstiel daran. Viktoria, die 13 Jahre alt ist und deren rotes Haar hell leuchtet, sie wird die Geschichte erzählen, wie ihr Freund sie verlassen hat, weil er glaubt, sie stünde auf der falschen Seite.

Wie immer weckt sie an diesem Donnerstagmorgen das Vibrieren ihres Handys, sie liegt auf der roten Schlafcouch in ihrem Zimmer. Von der Wand grinst eine Stoffblume ein Smileylächeln. Heute wird sie wieder den Deutschen sehen, den Regisseur. Sie freut sich darauf.

In der Schule werden sie ein Theaterstück aufführen. Es soll vom Kampf um Mykolajiwka, um ihre Stadt, handeln. Erst haben von Russland kontrollierte Milizen aus Donezk sie besetzt. Russländische Soldaten seien auch dabei gewesen, sagen hier viele. Dann wurde Mykolajiwka von der ukrainischen Armee zurückerobert. Das Stück soll zeigen, wie sie alle damit fertig werden, was hier im Sommer 2014 geschah.

Fast alle Menschen hier nennen die Stadt bei ihrem russischen Namen: Nikolajewka. So wie die meisten die russische Variante ihrer eigenen Namen benutzen, wenn sie die Wahl haben. Die große russländische Invasion vom Februar 2022, sie ist noch sieben Jahre weit weg.

Eine Woche haben die Schüler:innen, um herauszufinden, was genau sie machen wollen. Von Donnerstag bis Donnerstag, bis zur Aufführung. Eine Woche, um sich ein Stück auszudenken und es einzuüben.

Viktoriya Gorodynska wird eine Geschichte über ihre Liebe zu Russland erzählen und zu einem Jungen aus der 11. Klasse, der sagt, er sei für die Russen. Es ist die Geschichte eines Armbandes, das sie ihm genäht hat. Ein Armband in Weiß-Blau-Rot, den Farben der russländischen Flagge.

Keine einfache Geschichte in dieser Stadt.

Viktoriya Gorodynska frühstückt in der hellen Küche der kleinen Wohnung, die sie sich mit ihrer Mutter teilt. Sie nimmt die dicke blaue Jacke vom Haken, Blau ist ihre Lieblingsfarbe, weil es beruhigt und weil sie findet, dass es zu ihrem Teint passt, zu ihrem Haar.

Wenn sie aus der Tür tritt, zieht sich rechts ihr Wohnblock weiter, fünf Stockwerke hoch, eine kleine Lücke für eine Straße aus Betonplatten, dann wieder Wohnblocks. Die Häuser umschließen grünen Rasen, auf dem Wäschestangen und Klettergerüste rosten. Wenn Sonnenstrahlen darauf fallen, leuchten sie noch grün, gelb und blau. Sie kann ihre Schule von der Haustür sehen, dort, hinter ein paar Bäumen. Sie ist aus denselben weißgrauen Steinen gebaut wie das Haus, in dem sie wohnt, wie viele Häuser in Nikolajewka, sie sehen aus, als hätte man ein Badezimmer mit seinen Kacheln nach außen gestülpt.

Die Schule Nummer 3 hatte 330 Schüler:innen vor dem Krieg und 260 danach. Viktoriya Gorodynska läuft eine Minute, dann ist sie da. Sie geht kerzengerade, ernst. Sie lächelt nicht oft, und wenn sie es doch tut, versickert die Freude meist auf dem Weg vom Mund zu den Augen.

Drei Tage lang, vom 3. bis zum 5. Juli 2014, kämpfte die ukrainische Armee, um die Stadt von den russländischen Soldaten und den mit ihnen verbündeten Milizen zurückzuerobern. Nach offiziellen Angaben sind dabei 20 Menschen gestorben, in der Stadt sprechen sie von mindestens doppelt so vielen Opfern. Eine Fliegerbombe soll die Schule Nummer 3 getroffen haben, sagen die einen, ein Artilleriegeschoss der Donezker, sagen die anderen. Es war Raketenbeschuss, behaupten sie in der Stadtverwaltung, wer weiß das schon so genau, das Hinterland des Krieges ist das Land der Gerüchte und Vermutungen. Etwas jedenfalls hat die Schule in Nikolajewka getroffen, zu sehen auf Fotos, eine Druckwelle presste alle Fenster aus den Rahmen. Eingestürzte Wände, Löcher im Dach, als hätten sich riesige Klauen daran vergangen.

Die Lehrerinnen sind Frauen in grauen Kostümen, die Lippen präzise in kräftigem Rot geschminkt, der Gang gestreng, die Direktorin eine Königin unter Königinnen, sie sagen, sie hätten geweint, als sie ihre Schule nach dem Angriff wiedersahen.

Heute kann man die Löcher und Brüche meist nur mehr ahnen, unter manchen Fenstern quillt aus unverputztem Stein noch Bauschaum hervor. Die neuen Türen aus hellem Holz wirken in den alten Wänden grell und fremd, als führten sie in Räume jenseits dieser Wirklichkeit.

Die Schule ist geflickt.

»Der Krieg ist eine Prüfung«, sagt Viktoriya Gorodynska. »In manchen Menschen bringt er das Gute hervor, in anderen das Schlechte.«

Menschen kann man nicht flicken.

Oder?

Georg Genoux sagt, er versuche genau das. Theater, sagt der deutsche Regisseur – 38 Jahre alt, Studium in Russland, seit 18 Jahren arbeitet er in Osteuropa –, habe die Möglichkeit, auch in solchen Konfliktgebieten zu helfen, Seelen zu reparieren oder doch wenigstens Geschichten zu teilen. Deshalb ist er in die Schule Nummer 3 gekommen. »Der Schmerz vergeht auch dadurch nie«, sagt er, »aber Menschen können so irgendwann lernen, mit ihren Erlebnissen umzugehen.«

Mit dem Krieg.

Genoux ist für die Gruppe »Neuer Donbas« hier, Künstler aus Kyjiw, die im August geholfen haben, die Schule wieder aufzubauen und seither immer wieder kommen, unbezahlt. Das Geld für den Wiederaufbau, 30 000 Euro, gab eine Investmentfirma.

Viktoriya Gorodynska trägt schwarze Turnschuhe mit hohen weißen Sohlen, sie halten die Kälte des Bodens fern, die sonst schon nach wenigen Minuten in die Füße kriecht, über die Beine in die Arme, die nach spätestens zwei Stunden anfangen zu zittern. Es wird in den kommenden Tagen nicht wärmer werden als 14 Grad Celsius. In der Schule sagen sie, der Staat habe die Heizperiode am 15. April für beendet erklärt, es fehlt das Geld.

In einem kleinen, viel zu hohen Raum im zweiten Stock des Schulgebäudes sitzt sie neben Georg Genoux. Sie hat die blaue Jacke ausgezogen und ihren grünen Pullover mit den goldenen

Sternen anbehalten. An drei Holztischen haben sich dreizehn Schülerinnen und Schüler versammelt. Eine Woche werden sie hier proben. Danach, am letzten Tag, ist die Aufführung.

Sie üben das Erzählen an der Grenze. Auf der Linie zwischen dem Land, das die ukrainische Regierung tatsächlich kontrolliert, und dem Teil, der nur noch auf offiziellen Karten dazugehört. Der Intercity aus Kyjiw fährt vom Bahnhof in Slowjansk knapp 50 Kilometer weiter, dann: Endstation. Früher führte die Strecke weiter bis Donezk, aber irgendwo verläuft jetzt eine Grenze, eine Waffenstillstandslinie, eine Front. Zwischen der Ukraine und dem Gebiet, das die Machthaber dort »Volksrepublik« nennen. Zwischen Krieg und Frieden.

Und für sie alle auch: zwischen der Kindheit und dem, was danach kommt.

Dokumentarisches Theater, Georg Genoux macht das seit vielen Jahren. Die Schüler:innen sollen erzählen, was sie erlebt haben. Im Krieg. Im Leben abseits des Krieges.

Kateryna Zaviyalova, genannt Katya, 10. Klasse, 16 Jahre alt. Als sie neun war, hat sie einen Obdachlosen im Keller ihres Hauses entdeckt und ihn mit Suppe gefüttert, aus ihrem Puppengeschirr. Das ist ihre erste Geschichte. Ihre zweite ist die eines Vogels an einer silbernen Kette. Das Geschenk eines guten Freundes, der sagte, sie seien ab jetzt für immer zusammen. Er ging in die ukrainische Armee und fiel im Krieg.

Anatoliy Skatkov, 9. Klasse, 15 Jahre alt. Als die Kämpfe in Nikolajewka heftiger wurden, wollte seine Familie fliehen. Er erzählt, wie er seinen Tennisball suchte und nicht fand und dass er seinen Vater in der Stadt lassen musste, Schweißer im Kraftwerk, versteh doch, ich kann den Job nicht riskieren, und einer muss auf die Großeltern aufpassen.

Sie erzählen ihre Geschichten mit Gegenständen, die ihnen

wichtig sind. Katja hat ihre Kette dabei. Anatolij knetet seinen Tennisball.

Viktoriya Gorodynska, genannt Vika, 8. Klasse, will von ihrem Armband erzählen.

Der Titel des Stückes lautet »Mein Nikolajewka«.

Nikolajewka, das ist: sieben Schornsteine, sieben hohe Säulen aus Stein, zu jeder Zeit unter Rauch, sie überragen die Stadt. Ohne das Kraftwerk, das Strom für das benachbarte Slowjansk erzeugt, sagen sie hier, gäbe es Nikolajewka gar nicht. Der Chef des Kraftwerks, das flüstern die einen, sei der Mann, der diese Stadt beherrsche, während andere laut lachen, wenn sie so etwas hören. Wer in Nikolajewka Arbeit hat, der arbeitet meist unter den Schornsteinen.

Wie ein Fleck aus Stein liegt die Stadt zwischen Hügeln und künstlich angelegten Seen. Wer die knapp 16 Kilometer aus Slowjansk mit dem Auto fährt, sieht am Ortseingang als Erstes einen Wohnblock, in der Mitte hat ihn eine große Kraft fast durchgerissen, teilte Zimmer und Flure, hoch oben hängen Schränke über Abgründen, die einmal Küchen waren, in manchen stehen noch die Teller. Links davon wohnen Menschen, rechts auch. Sie haben keinen anderen Platz.

»Mein Nikolajewka«, ein schlichter Titel, der Raum soll jetzt Viktoriya Gorodynska und den anderen gehören.

Meist gehört er Georg Genoux. Einen Meter vierundachtzig groß, 102 Kilogramm schwer, ein Bart um das runde Gesicht. Er steht immer breitbeinig, wie ein Kampfsportler. Wenn jemand zu viel redet, hebt er seine dunkle Stimme: »Sluschajte!« – »Hört zu!« Wenn er möchte, dass es schneller geht, ruft er »Ajde«, so wie es in Bulgarien üblich ist, dort leitet er ein Theater, noch, im Sommer geht er nach Kyjiw, um ein neues zu gründen.

»Das Wichtigste sind mir die Leute in Nikolajewka«, sagt

Genoux, »die müssen hier zu Wort kommen und trotz der Öffentlichkeit eines Theaterstücks einen Raum haben, der so behütet ist wie möglich.«

Er schützt die freiwilligen Helferinnen, drei Künstlerinnen aus Kyjiw, die mit ihm gekommen sind. Selbst in den Supermarkt um die Ecke lässt er sie nur zu zweit. »Das hier ist immer noch Kriegsgebiet, in der Stadt ist nicht jeder damit einverstanden, dass wir hier sind«, sagt er.

Nikolajewka sei gespalten. Allerdings würden sich die, die ihre Stadt lieber in der Hand der Kämpfer aus Donezk sähen, nicht mehr so laut zu Wort melden. Bevor die ukrainische Armee kam, hat man ihnen hier erzählt, die Faschisten aus Kyjiw würden Säuglinge an die Bäume nageln. Das ist nicht passiert, aber das Misstrauen bleibt: Wird die ukrainische Armee sich doch noch dafür rächen, dass einige die andere Seite unterstützt haben?

Vielleicht kommen aber auch die Besatzer zurück. In der letzten Aprilwoche hat Alexander Zakharchenko, der Chef der »Donezker Volksrepublik«, dem Magazin *Spiegel* gesagt, er beanspruche das gesamte Gebiet des früheren Bezirkes Donezk. Nikolajewka gehört dazu. Man wolle es sich zurückholen. Friedlich. Wenn möglich.

Vor einem Jahr schaute die Welt, oder zumindest ein größerer Teil von ihr als heute, auf das benachbarte Slowjansk. Die Donezker und russländische Soldaten hatten das Gebiet besetzt. Ab Mai griff die ukrainische Armee an. In Nikolajewka flohen viele, vor allem Frauen und Kinder, auch Viktoriya Gorodynska, 300 Kilometer in den Süden, ans Asowsche Meer. In einem Ferienlager kamen sie unter. Andere blieben. Unter der Schule Nummer 3 gibt es einen Heizungskeller. Auf Matratzen sollen dort mehr als 100 Menschen aus den umliegenden Wohnblöcken ausgeharrt haben.

In Nikolajewka fragen sie sich jetzt, ob das wieder passiert. Ob sie bald wieder vor der Wahl stehen, für welche Seite sie sich entscheiden.

Sieben Jahre wird es dauern, bis der Krieg wieder nach Nikolajewka kommt. Am 26. August 2022 trifft wieder etwas die Schule Nummer 3, wahrscheinlich eine russländische Rakete. Die Mutter eines Schülers, der im April 2015 für das Theater probt, wird im Sommer 2022 per Telegram die Bilder von den Folgen des Angriffs teilen. Den großen Krater auf dem Schulhof. Die erneut gesplitterten Fenster. Das zum zweiten Mal zerstörte Dach. Die noch einmal durchlöcherten Wände.

Der Einmarsch Russlands im ganzen Land klärt einiges, in Menschen und zwischen ihnen. Wer davor noch mit dem großen Nachbarn sympathisiert hat, zum Beispiel weil man dort mehr Geld verdienen konnte, tut das nach dem Februar 2022, nach Butscha und Borodjanka, oft nicht mehr. Aber in den Tagen des Theaterstücks, im Frühjahr 2015 ist diese Frage für viele dringlich: Gibt es sie überhaupt, die eine richtige Seite?

»Ja nje snaju – ich weiß es nicht«, sagt Ivan Schylo, genannt Vanya, 10. Klasse, 16 Jahre alt. Ein großer, schlaksiger Junge, der geht wie ein müder Storch, mit weiten, langsamen Schritten. Im Theaterstück spricht er darüber, wie er mit seiner zweijährigen Schwester spielt. Er trinkt nicht, sagt er. Er liest viel. Er geht oft hoch auf die Hügel über Nikolajewka. Unten Rechtecke in Weiß, Quadrate in Rot, das verwaschene Grau der Kachelsteine. Von hier oben ist Nikolajewka schön.

Ivan Schylos Schuhe sind rutschig vor Schlamm, der Weg führt über matschige Pfade, vorbei an dem Wellblech, dem verwitterten Holz kleiner Gartenhäuschen. Eine einzelne Birke überragt alles, ihr Weiß strahlt vor dem Braun von Erde und Wald. Ivan hat sie entdeckt, als er zwölf war, er ist gern hier. Wenn er Ärger mit seinen Eltern hat, die streng sind. »Sie lieben mich, aber ich muss das manchmal erst verstehen«, sagt er. Er klettert dann in die Äste und schaut in den Himmel.

»Gibt es eine richtige Seite in diesem Krieg, Ivan?«

»Ich weiß es nicht.«

»Aber bist du denn nicht für jemanden?«

»Ich weiß es nicht.« Jetzt werde Geschichte geschrieben und irgendwann werde feststehen, wer die richtige Seite gewesen sei.

Er würde gern mal auf die Krim fahren, sagt Ivan Schylo. Per Anhalter mit einem Freund. Sie seien hier auch schon mal mit dem Motorroller unterwegs gewesen, aber natürlich nicht allzu weit. Die Eltern.

Reisen ist eine Möglichkeit, mit dem Krieg umzugehen. Reisen in die Welt da draußen. In die Welt tief in einem selbst.

»Ivan, wer hat Schuld an diesem Krieg?«

Es gibt diesen einen Moment, da strafft sich der ganze Körper, die Stimme, sonst schwankend zwischen Kind und Mann, wird fest, mit Händen in schwarzen Handschuhen formt Ivan Schylo ein Land, das er dann wieder auseinanderfallen lässt. Seit dem Ende der Sowjetunion hätten die Regierungen darin versagt, einen starken Staat aufzubauen, sagt er. »Mehr als zwanzig Jahre lang. Kein Wunder, dass es dann so einfach war, die Ukraine auseinanderzunehmen.«

Die Erwachsenen, sie haben es nicht vermocht, das Land zu schützen. Ihn. Auf solche Schwäche kann man wütend werden.

Hat er Angst, dass der Krieg wiederkommt?

»Ich habe keine Angst«, sagt Ivan Schylo. »Als hier die ersten Granaten einschlugen, da saß ich im Hof unseres Hauses und habe gar nichts gefühlt.«

»Haben deine Eltern dich nicht ins Haus gerufen?«
»Die Einschläge, die Front, das war da ja noch weit weg.«
Die Front, mit den Panzern, Geschützen, den Raketenwerfern. Derzeit ist sie von Nikolajewka aus nicht zu sehen. Aber sie ist da, sie trennt Familien, Freunde.

Viktoriya Gorodynska weint. Sie will die Tränen zurückdrängen, sie reibt sich die Augen, sie faltet die Hände vor dem Mund, wenn sie spricht. Zwischen den Fingern kommen nur wenige Sätze hervor, wieder und wieder sagt sie dasselbe: »Ich will dieses Ding nicht anziehen.« Ihr am Tisch gegenüber sitzt Georg Genoux, links von ihr Natasha Vorozhbyt, die Drehbuchautorin aus Kyjiw. Es ist Sonnabend, 15 Uhr 30. Der zweite Tag der Proben. Einige der Schüler:innen kommen zu Einzelgesprächen, Genoux und Vorozhbyt wollen besprechen, wie sie ihre Monologe besser strukturieren können.

Kateryna Zaviyalova hat versprochen, für ihre Geschichte, wie sie den Obdachlosen füttert, einen Teller ihres Puppengeschirrs mitzubringen.

Und nun sagt Viktoriya Gorodynska, dass sie ihr Armband mit den Farben der russländischen Flagge nicht mehr tragen will.

»Warum nicht, Viktoriya?«, fragt Georg Genoux.

»Weil das hier die Ukraine ist, und das ist die russländische Flagge.«

»Ich verstehe nicht«, sagt Genoux. Bei seinem letzten Besuch hatte sie es doch selbst mitgebracht. Hat sie auf einmal Angst? Angst, ihre Meinung zu sagen? Er ist unsicher. Deshalb fängt jetzt er an zu erzählen, in immer längeren Sätzen. Wie er 16 Jahre lang in Moskau gelebt hat und Russland liebt, aber hasst, was der Kreml aus dem Land macht. Dass sich ein guter Freund von ihm abgewandt hat, weil er nicht damit einverstanden ist, wie sich Genoux in der Ukraine engagiert. Deshalb machten sie hier Theater, es sei wichtig, solche Dinge anzusprechen, auszusprechen.

Sie sei verletzt gewesen, als sie Viktorias Armband zum ersten Mal gesehen habe, sagt Natasha Vorozhbyt, die Drehbuchautorin. Sie trägt auch ein Schmuckstück, das ukrainische Wappen, den Dreizack, die Trisub, als Kette um den Hals. Für sie greift Russland ganz klar ihr Land an. Aber sie seien nicht hierhergekommen, um alles mit ukrainischen Farben zu übermalen. Sie wolle kein Theaterstück machen, in dem so getan werde, als sei alles gut.

Sie wolle das Armband nicht sehen, aber sie müsse. Jetzt weint auch sie. Natasha Vorozhbyt und die anderen Freiwilligen aus der Hauptstadt haben mit der Schule Nummer 3 einen Deal: Alle sagen, was sie denken. Oft ist das hart.

»Viktoriya, was denkst du?«, fragt Georg Genoux.

Und dann erzählt sie. Wie ihr Freund sich mit ihr gestritten hat, weil sie sich mit den Leuten aus Kyjiw abgibt. Gehörst du zu uns oder zu denen? Er hat sie verlassen, weil sie sich für die falsche Seite entschied. Er will noch seinen Abschluss machen an der Schule Nummer 3 und dann nach Donezk gehen und gegen die Ukraine kämpfen.

»Alles, was mit Russland zu tun hat, erinnert mich an diesen Menschen«, sagt Viktoriya Gorodynska, in deren Brust es manchmal sticht, ein Herzfehler.

Was sie nicht sagt, was ohnehin alle sehen, dass sie jemand Neuen hat. Auch aus der Elften, er will nach dem Abschluss nach Kyjiw. Sie weiß nicht, was für eine Zukunft die Beziehung hat. Das macht es nicht einfacher.

Sie einigen sich, dass Viktoriya Gorodynska das Armband bis

zur Aufführung in der Schule lässt. Ihre Geschichte wird sie ändern, irgendwie. Sie lacht jetzt.

Viktoriya, wie schaffst du es, mit dem Krieg umzugehen?

»Für die Erwachsenen ist es schwerer als für uns Teenager, denn in unseren Leben bewegt sich immer etwas, es geht irgendwohin«, sagt sie. Die Erwachsenen hingegen seien angekommen, hätten bereits etwas erreicht und fürchteten, das zu verlieren. »Seit den Kämpfen bewegen sich die Erwachsenen im Kreis«, sagt sie.

Aber du hast doch auch Freunde durch den Krieg verloren.

»Manche.« Sasha zum Beispiel. Seit der Trennung von ihrem Freund reden sie kaum noch.

Sasha, eigentlich Alexander Babakov, 10. Klasse, 16 Jahre alt.

Er spielt auch im Stück mit, er erzählt eine Geschichte über enttäuschte Liebe und wie er anfing, erst Drogen zu nehmen und dann zu verkaufen. Auf einem Stück dicken Papier stehen fünf Stichpunkte, die ihm helfen sollen, sich an seinen Monolog zu erinnern. Einer davon heißt: Wie ich frech wurde.

Wie wurdest du frech, Sasha?

Er erzählt, was er auch im Theater erzählt, erste Liebe mit zwölf, in den Ferien, es traf ihn schwer, dass es so bald vorbei war. Mit zwei anderen Mädchen lief es genauso. Dann Rauchen, Alkohol, Marihuana, Pillen.

Er hat dieses Grinsen, für das es im Englischen ein schönes Wort gibt: to smirk. Die Lippen ein unbewegter Strich, nur der rechte Mundwinkel geht nach oben. So grinst er auch in Lwiw im Mai 2022 noch, als er sich Oleksandr statt Alexander nennt.

Wenn eine der Künstlerinnen aus Kyjiw Licht braucht, leuchtet Sasha. Tür aufhalten, Stühle tragen, erledigt alles er.

Sasha Babakov hat Marihuana verkauft. Im Herbst und im

Winter vergangenen Jahres haben sie ihn zwei Mal erwischt. Die Miliz einmal und einmal wohl die Nationalgarde, das weiß er nicht genau, vermummte Gesichter, seltsame Uniformen, sie suchten in der Nähe eines Hauses, in dem er Gras zum Trocknen ausgelegt hatte, nach Minen. Er erinnert sich an die seltsamen Spielchen der Vermummten. Du bist doch ein guter Junge, willst du mal eine Granate in die Hand nehmen? Das Gewehr?

»Ich hatte einfach nur Angst«, sagt Alexander. Sein Mund ausgetrocknet, kein bisschen Spucke. Er erinnert sich auch gut an die Prügel der Miliz, den Schlag in den Magen, von dem er in der Wache zusammengeklappt ist. Da war er 15. Seine Mutter weinte, er versprach, mit den Drogen aufzuhören. Er sagt, er halte sich daran.

Der Sportplatz von Nikolajewka, ein grüner Fleck am Rand der Stadt, begrenzt von einem Erdwall, auf dem Rasen wächst. Darin eingelassen auf der linken und der rechten Seite Sitzreihen aus Stein. »Dort habe ich meine Geburtstage gefeiert«, sagt Sasha und zeigt nach links. »Und dort auf der Tribüne habe ich oft getrunken.«

Grüne, weiße, braune Glassplitter auf dem Boden. Der liebt die, die liebt den, in die Wände eingeritzt, mit Edding gemalt, zweimal auch DNR, das russische Kürzel für die international nicht anerkannte Donezker Volksrepublik. Sashas Vater kämpft dort. In Donezk. Manchmal ruft er die Mutter an. »Er meldet sich, wenn ich etwas angestellt habe«, sagt Sasha. Wenn was mit der Polizei ist.

Vermisst du ihn?

»Am liebsten wäre ich an seiner Seite. Aber ich kann nicht dorthin.«

Heißt das, du willst für die DNR kämpfen?

69

»Nein. Ich will nur mit meinem Vater zusammen sein. Er ist der Einzige, der aus mir wieder einen Menschen machen kann. Die einzige Autorität, die ich akzeptiere.« Dieser Wunsch steht auch auf seinem Zettel. Der letzte Punkt: Ich möchte wieder so leben wie vorher.

Sie entscheiden, dass der Raum, in dem sie spielen, dunkel sein soll. Sie sperren das Tageslicht mit schwarzen Plastiktüten aus, die sie übereinanderkleben, Bahn für Bahn. Die Schüler:innen sollen einander mit Taschenlampen anstrahlen, wenn sie ihre Geschichten erzählen. Georg Genoux malt einen Plan, wer wen beleuchtet. Sasha auf Katya. Sasha auf Anatoliy. Viktoriya Gorodynska wird die Geschichte ihrer Trennung als Schattentheater erzählen. Sasha Babakov und Ivan Schylo werden auf den Bänken der beiden Fenster sitzen. Einer hinten rechts, der andere hinten links.

Am Montag leuchtet Ivan Sasha mit seiner Lampe ins Gesicht. Sasha brummt ärgerlich. Dann leuchtet er zurück.

Am Dienstag redet Sasha doch einmal wieder mit Viktoria.

Am Mittwochmittag steht Georg Genoux im abgedunkelten Theaterraum, wie Revolver hält er zwei Taschenlampen. Er sucht nach einer stimmigen Reihenfolge, wie die Gegenstände der Kinder im Finale des Stücks angeleuchtet werden sollen. Sie hängen überall im Raum an der Wand.

Natasha Vorozhbyt, die Drehbuchautorin, nimmt von allen noch schnell einen Satz auf, der am Ende abgespielt werden soll. Wieder und wieder sprechen sie ihn ins Mikrofon.

Sasha Babakov sagt: »Als ich jung war, zerriss mich alles in Stücke.«

Ivan Schylo sagt: »Ich möchte die Welt verändern.«
Viktoriya Gorodynska sagt: »Ich kümmere mich nicht um Politik, ich wähle Menschen.«

Am Donnerstagmorgen geht sie wieder zur Schule. Zum Frühstück gibt es dunklen Käse auf weißem Brot.
Sie klebt ihren Ex-Freund zusammen.

Um 10 Uhr 16 kommen alle in den Theaterraum. Die letzte technische Probe. »Überprüft eure Lampen«, sagt Georg Genoux.

Um 11 Uhr 31 geht in einem kleinen Raum in der Schule Nummer 3 in Nikolajewka das Licht aus.

# Glas

Kyjiw, Mai 2022

**Luftalarm um halb eins.** Ich liege im Bett und höre die Sirene, die irgendwo im Dunkeln hinter der Fensterscheibe schon ein paar Augenblicke heult, da zieht auch die Trivoga-App auf meinem Handy nach, ein Echo des langgezogenen Warntons draußen. Ich nehme den Luftalarm nicht mit den Ohren wahr, sondern mit dem Bauch. Manchmal kitzelt das Heulen den Magen nur, manchmal bohrt es sich hinein, aber manchmal schlägt es auch zu, besonders in den Momenten, wenn der klagende Ton plötzlich abfällt, nachdem er sich minutenlang auf gleicher Höhe hielt.

So war es bisher jede Nacht in der Ukraine, außer in meiner ersten, in Lwiw, aber vielleicht habe ich es da wegen des Schnarchens in der Sammelunterkunft nicht gehört.

Ich überlege, ob ich ins Badezimmer gehe. Der Filmproduzent, der Bruder einer Freundin, der mir die Wohnung überlassen hat, weiß nicht, wo der nächste Schutzraum ist. Einen Keller hat die Wohnung, das ganze Gebäude, nicht. Und selbst wenn, würde ich da hingehen? Um mich von Trümmern begraben zu lassen, wenn das Haus von einer russländischen Rakete getroffen wird? Echte Luftschutzräume haben mehrere Ausgänge.

Zwei Wände, kein Glas – nach diesen Kriterien soll ich nach dem sichersten Raum in einer Wohnung suchen, hat Oleksandr mir in Lwiw geraten. Zwei Wände soll ich zwischen den möglichen Einschlagpunkt einer Rakete und mich bringen. In den meisten Wohnungen ist dieser Platz der Korridor. Doch dieses Apartment hier hat keinen. Dafür eine Menge Fenster mit Glasscheiben, die splittern können. Keine davon ist abgeklebt.

»Der sicherste Raum müsste doch das Bad sein?«, habe ich den eigentlichen Bewohner gestern gefragt, als ich hier angekommen bin. Das Bad hat nur Wände, keine Fenster. Er hat mit den Schultern gezuckt und gesagt: »Könnte sein.« Also habe ich den langen schmalen Raum auf die Nacht vorbereitet, alle Spiegel und Glasflaschen in den großen Raum gestellt, der Küche, Ess-, Wohn- und Gästezimmer zugleich ist. Der Filmproduzent sagt, er selbst bleibt hier bei Alarm einfach im Bett. So wie viele, die ich in Kyjiw und Lwiw getroffen habe.

Diese Menschen sind müde. Sie haben keine Lust und keine Kraft mehr, jedes Mal, wenn die Sirenen angehen und die Trivoga-App nervt, in einen Bunker zu hetzen, denn das müssten sie dann fast jede Nacht tun. Der Terror, den Russland mit seinen Raketen und Bomben erzeugt, die Drohung in fast jeder Nacht sterben zu können, erschreckt sie natürlich. Aber das Bedürfnis, einfach durchzuschlafen, das Verlangen nach Normalität ist groß. Die Warn-App mit ihrem Geheul haben die meisten, die ich bisher getroffen habe wieder deinstalliert. »Du wägst irgendwann ab«, hat mir Oleksandrs Freundin Anya in Lwiw gesagt. »Zwischen der Wahrscheinlichkeit getroffen zu werden und dem Komfort, also einem halbwegs normalen Leben.«

Andere schlafen nicht mehr zu Hause. Die Wohnung hier liegt in der Nähe einer Fabrik, die wohl kriegswichtige Dinge herstellt, angeblich irgendwelche Optiken. Die russländische Armee versucht sie immer wieder mit Raketen zu treffen. Die Wohnung meiner Freundin Khrystyna liegt noch näher an dieser Fabrik, fast daneben, deshalb verbringt sie die Nächte seit Langem nicht mehr in ihrem Zuhause, sondern bei Freund:innen.

Das letzte Mal bin ich 2016 in dem Bewusstsein eingeschlafen, dass ich nicht mehr aufwachen könnte, weil mich ein russländisches Geschoss trifft. Das war in Awdijiwka, einem der vordersten Posten der ukrainischen Armee im Donbas, etwas mehr als 10 Kilometer nordöstlich von Donezk. Die russländische Artillerie schießt mehr als 40 Kilometer weit, hatte mir einer der ukrainischen Soldat:innen gesagt, in deren Kaserne ich übernachtet habe. In einer Ecke mit stabilen Wänden sollte ich mich zusammenkauern, wenn ein Angriff kommt. Damals habe ich mich trotzdem sicherer gefühlt als jetzt, ironischerweise deshalb, weil ich auch in der Nähe einer Fabrik geschlafen habe. Aber das war eine Fabrik, die Kohle veredelt hat, und die wollten die Truppen der sogenannten Volksrepublik Donezk zu dieser Zeit möglichst unversehrt erobern. Hier ist das Gegenteil der Fall.

Ich falte zwei Decken, die man in besseren Zeiten vielleicht zum Picknicken benutzen würde, und lege sie längs neben die Badewanne. Darüber breite ich meinen Schlafsack aus. Das Kissen stopfe ich neben die Toilette. Die andere Möglichkeit wäre, meinen Kopf neben die Tür zu legen, aber ich habe Angst, dass er von Holzsplittern zerfetzt wird, wenn tatsächlich etwas einschlägt. Zumindest habe ich es nicht weit, wenn ich aufs Klo muss.

Ich lege mich hin, es riecht muffig, nach altem Wasser. Nach einer halben Stunde meldet die Trivoga-App wieder Entwarnung. Ich wanke zurück ins Bett.

Um 2 Uhr 50 heult die Sirene erneut.

## Nummer Eins

Kyjiw, Mai 2022; Herbst und Winter 2018

**Während ich an einem sonnigen** Donnerstagmorgen in einem Café auf Olga Rudenko warte, hat sie einen Autounfall. Als sie dann doch noch kommt, zeigt sie mir ein Foto einer silbernen Limousine mit zerquetschtem Kofferraum – das Werk ihres Taxifahrers. »Tja, heute habe ich wohl nur noch ein Radiogesicht«, sagt sie und tastet mit ihren Fingern, ob ihre Zahnspange gebrochen ist. Dann betupft sie mit einem Papiertaschentuch ihre Nase und die Lippen. Sie sind schmal und fein und leicht gerötet an den Stellen, wo sie gegen die Kopfstütze des Vordersitzes geknallt ist. Olga war nicht angeschnallt. Sie macht sich Sorgen, weil sie am Abend noch einen Auftritt per Videoschalte hat. Sie soll mal wieder einen Preis bekommen, dieses Mal beim Fernsehsender Deutsche Welle.

Olga Rudenko ist sehr gefragt, seit Russland die Ukraine angegriffen hat. Gerade hat sie das US-amerikanische Magazin *Time* auf seinem Cover abgedruckt. Sie ist die Chefredakteurin des *Kyiv Independent*, des weltweit bekanntesten Mediums aus der Ukraine. Oder wie die Kollegin in *Time* schreibt, der

»erstrangigen Quelle für vertrauenswürdigen englischsprachigen Journalismus über den Krieg«. Olga Rudenko bekommt Anfragen für Vorträge über Journalismus und Pressefreiheit in den USA und Europa.

Während sie mit der linken Hand noch immer ihr Gesicht nach Prellungen absucht, telefoniert sie mit der rechten. »Tak, tak, tak«, sagt sie auf Ukrainisch, »Ja, ja, ja.« Sie bestellt online noch ein paar Souvenirs für ihre nächste Reise, kleine ukrainische Flaggen zum Beispiel. Sechs Tage nach unserem Gespräch redet sie in der lettischen Hauptstadt Riga über die Zukunft des Journalismus, danach geht es in die Slowakei, nach Spanien und im Herbst auch nach Deutschland, da spricht sie in Potsdam.

Nicht lange ist es her, ein paar Monate erst, da hatte sie genug vom Journalismus. Sie wollte eine Pause. Im Herbst 2021 ging sie nach Chicago und besuchte an der Universität Seminare für angehende Geschäftsleute. Sie lernte den Unterschied zwischen Management und Führung und dass sie in beidem durchschnittlich gut ist. Zehn Jahre hatte Olga bis dahin für die Zeitung *Kyiv Post* gearbeitet, seit 2017 als stellvertretende Chefredakteurin. Die *Post* war bis kurz vor dem russländischen Angriff das bekannteste englischsprachige Medium der Ukraine. Bis Olga und ihre Kolleg:innen den *Kyiv Independent* gegründet haben und sie dessen Chefin wurde. Dabei wollte sie weder das eine noch das andere.

Als ich Olga Rudenko 2018 kennenlerne, arbeitet kaum jemand in der Redaktion der *Kyiv Post* so viel und so lang wie sie. Ich bin mit einem Austauschprogramm für Journalist:innen dort. Olga hält das Team zusammen, hört sich die Probleme ihrer Kolleg:innen an und löst sie. Der Chefredakteur, der US-Amerikaner Brian Bonner, wird von seinen viel jüngeren Mitarbeiter:innen verehrt und zuweilen gefürchtet, wie der Vater einer traditionellen Großfamilie. Er schwebt über den trivialen Erledigungen des Alltags. Olga kümmert sich um alle wie eine große Schwester. Damals frage ich sie, warum sie die *Kyiv Post* nicht selbst leitet. Sie sagt, der Chef einer englischen Zeitung müsse ein Muttersprachler sein.

Als wir uns an diesem Maimorgen in dem Café gegenübersitzen, gibt sie eine andere Antwort: »Es ist viel einfacher, ein gutes Verhältnis mit dem Team zu haben, wenn du die Nummer Zwei bist. Als Nummer Eins hast du niemand anderen, den du für Entscheidungen verantwortlich machen kannst.« Schon ihre Ernennung zur stellvertretenden Chefredakteurin bei der *Post* hat sie einmal abgelehnt. Sie traute sich den Job nicht zu. Ihre Ausbildung an der Universität ihrer Geburtsstadt Dnipro war mies, sagt sie selbst. 2011 hatte sie noch als Lifestyle-Reporterin bei der *Post* angefangen und schrieb über Eröffnungen von Clubs und darüber, wie die richtige Kyjiwer Torte gemacht wird, eine Spezialität der Stadt. Dieser Job war, ihre Worte, in der Nahrungskette eine Stufe über den Praktikant:innen. Dass sie jetzt doch Chefin beim *Kyiv Independent* ist, hat sie letztendlich einem Mann zu verdanken, einem sehr reichen Mann und seinem Versuch, seine Macht zu missbrauchen.

Die *Kyiv Post* gehörte nacheinander drei Männern, aktueller Eigentümer ist Adnan Kivan, ein Bauunternehmer, dessen Familie aus Syrien kommt und der in Odesa lebt. Die meisten ukrainischen Medien gehören Leuten wie ihm, Leuten mit viel Geld. Kivan macht der Redaktion immer wieder Ärger, weil ihm Olga und ihre Kolleg:innen zu kritisch über die Mächtigen in der Ukraine berichteten. Als Olga Rudenko in Chicago in Seminaren sitzt, stellt Kivan eine Redakteurin bei der *Post* ein. Viele Redakteur:innen vermuten, die Neue solle gefälliger berichten, und verweigern sich dieser Einmischung. Am

Anfang der zweiten Novemberwoche 2021 feuert Kivan die Belegschaft.

Olga Rudenko und ihre Kolleg:innen kämpfen in Gesprächen mit dem Unternehmer darum, dass er ihnen den Namen *Kyiv Post* überlässt. Sie wollen diese Redaktion, ihre Familie, nicht sterben lassen. »Ich habe geweint, als das nicht geklappt hat«, sagt Olga. »Andere auch, aber das würden sie wohl nicht zugeben.« Zwei Tage nach dem Rauswurf beschließen die Rausgeworfenen, zusammen etwas Neues zu machen. »Den Namen *Kyiv Independent* hatten wir noch nicht«, sagt Olga, »aber für uns ist der 11. November 2021 trotzdem sein Geburtstag.« Olga Rudenko kehrt aus den USA zurück, ihre Kolleg:innen wollen sie zur Chefin ernennen. Sie besteht auf einer Wahl.

Viele Ex-Redakteur:innen der *Post* bekommen in dieser Zeit Angebote anderer Medien, die meisten lehnen ab. In der Ukraine ist das eine noch riskantere Entscheidung, als sie es in Deutschland wäre. Ukrainer:innen sind es noch weniger gewohnt, für journalistische Arbeit zu bezahlen als Menschen in Deutschland, viele könnten sich das auch gar nicht leisten. Laut dem Finanzministerium des Landes lag der Durchschnittslohn im Januar 2022 bei etwa 390 Euro. Die meisten Medien gehören zu dieser Zeit Oligarchen, die oft auch politische Interessen verfolgen. Ohne ihr Geld sind die Zeitungen, Sender und Internetseiten nicht überlebensfähig. Die, die es anders versuchen, sind meist auf Fördergelder ausländischer Stiftungen oder anderer Institutionen angewiesen.

Olga Rudenko weiß also wie schwer das wird, wenn sie sagt, es wäre ihr am liebsten, wenn der *Kyiv Independent* allein von seinen Leser:innen leben könnte. Auf Spenden kann sie sich nicht verlassen. Die Bereitschaft, Geld zu geben, erlahmt im Westen. Ihre Redaktion muss nicht nur guten Journalismus machen, sondern sich Wege ausdenken, wie sich Geld verdienen lässt, ohne dabei an Integrität zu verlieren. Sie will jedenfalls keine Abhängigkeit von reichen Männern mehr.

Als Olga und ihre Kolleg:innen sich im November 2021 für das Abenteuer *Kyiv Independent* entscheiden, treten sie damit auch in einen Wettlauf mit der Zeit ein. Sie wissen es nur nicht. 14 Wochen sind es noch bis zur russländischen Invasion. Bekommt dieser Haufen zwar ehrgeiziger, aber junger und in vielerlei Hinsicht unerfahrener Journalist:innen es hin, mit ihrem neu geschaffenen Medium über einen Krieg zu berichten, der viel größer ist als der, den Russland und seine Stellvertretermilizen 2014 im Donbas begonnen haben? Die etwa 24 Redakteur:innen, die genaue Zahl kennt auch Olga nicht mehr, schreiben zuerst nur einen Newsletter, dann nehmen sie einen Podcast auf und nachdem sie ein paar Fördergelder und Geschäftspartner:innen auftreiben, gibt es eine Webseite mit Nachrichten. Am 8. Februar, 16 Tage vor Beginn der russländischen Invasion, mietet Olga Rudenko ein Büro.

Nachdem Olga ihren Kaffee ausgetrunken hat, laufen wir durch den Kyjiwer Bezirk Podil. In den Jahren vor der Invasion haben sich hier viele Bars, Clubs, Restaurants und Cafés angesiedelt. An diesem Vormittag sind wir fast allein auf den Straßen. Zwei Millionen Menschen sollen aus Kyjiw geflohen sein, hat Bürgermeister Vitali Klitschko im März dem britischen *Guardian* gesagt. Viele Einwohner:innen sind nach dem Abzug der russländischen Truppen zurückgekehrt, aber die ukrainische Hauptstadt wirkt noch immer leer. Das Büro des *Kyiv Independent* liegt in einem mehrstöckigen Gebäude, unten sitzt ein Wachmann, wir fahren mit dem Fahrstuhl nach oben. Gleich im Eingang des Büros, gegenüber der Tür, hängt das Bild von Olga, das die *Time* auf ihrem Titel abgedruckt hat. Es zeigt sie von vorn, die hohe Stirn, die kräftigen Augenbrauen, die geben ihrem Gesicht etwas Strenges. »Ich mag das Bild nicht«, sagt sie und lächelt vorsichtig, ihre Lippen tun weh, »im Profil sehe ich besser aus.«

Das Büro ist unspektakulär, wie die Räume der meisten Redaktionen auf der Welt: Tische, Stühle, Kaffeemaschine. Ungewöhnlicher sind allenfalls ein paar Sitzsäcke und ein Wandbild aus ineinanderverschachtelten englischen Wörtern in verschiedenen Schattierungen von Grün. Das größte ist »Teamwork«, etwas kleiner »People«, und noch kleiner »Goal«, »Vision« und »Respect«. Das Büro gehörte früher einem Start-up, sagt Olga Rudenko. Es klingt ein wenig wie eine Entschuldigung, dabei ist der *Independent* selbst eigentlich auch ein Start-up. Olga wollte dieses Büro unbedingt. Sie hasst Zoom und Onlinearbeit, sie möchte ihre Kolleg:innen sehen. Egal bei welchem Wetter und unter welchen Umständen. Als die russländische Armee im November 2022 Kyjiw und andere ukrainische Orte mit ihren Raketenangriffen auf Elektrizitätswerke in Stunden voller Dunkelheit bombardiert, postet Olga Rudenko bei Instagram, wie sie und ihre Kolleg:innen im Licht von Kerzen an ihren Laptops arbeiten. Die Bilder sehen heimelig aus. Fast wie Weihnachten.

Und hier in diesen Räumen sitzt sie auch am Morgen des 24. Februar. Am Tag der Invasion.

Vladimir Putin hat in seiner Rede am frühen Morgen den Angriff seiner Armee auf die Ukraine angekündigt. Olga hat diese Rede mitverfolgt, sie schreibt eine Meldung dazu. Wie andere Kolleg:innen auch, kann sie in dieser Nacht nicht schlafen, sie erwarten, dass etwas Schlimmes passieren wird. Aber sie rechnen mit neuen Angriffen im Osten, im Donbas, nicht mit einer Attacke auf Kyjiw.

Kurz nachdem Putin seine Rede beendet, hört Olga die ersten Explosionen. Sie weiß nicht, was Luftabwehr ist und was Raketen, sie weiß zu dieser Zeit nicht einmal, dass Kyjiw eine Luftabwehr hat. Olga sagt, für sie klang es so, als würde Russland die ganze Stadt beschießen. Sie liest viel, auch Bücher über die Bombardierung von London und Dresden waren dabei. »Aber beim Lesen denkst du nie darüber nach, was die Menschen damals gefühlt haben«, sagt sie. Und: »Ich dachte, das war es jetzt. Ich sterbe.«

Warum fährt sie danach dann wieder hierher, in diese Räume mit den Sitzsäcken und Slogans an der Wand? »Ich war nur eine Stunde hier«, sagt Olga Rudenko. »Bis ich gemerkt habe, dass ich die Einzige im Büro bin. Die einzige Person im ganzen Haus.« Sie glaubt, dass sei ihr letzter Versuch gewesen, nach einer Normalität zu greifen, die es da schon nicht mehr gibt.

Die Zeitung, bei der ihr Freund arbeitet, organisiert zu diesem Zeitpunkt bereits die Evakuierung ihrer Mitarbeiter:innen in den Westen der Ukraine. In der Nacht vom 24. auf den 25. Februar fährt sie mit ihm in eine kleine Stadt in der Nähe von Lwiw. Sie kommen in einem billigen, spartanisch eingerichteten Hotel unter. Um zu arbeiten, geht Olga am nächsten Tag in das mondäne Haus nebenan. »Als wäre ich von der dritten Klasse der Titanic in die erste gelaufen«, sagt sie. »Einem Mann hat der Geschmack seines Weines nicht gepasst, und er hat eine neue Flasche bestellt.« Die angemessene Kleidung für diese Parallelwelt hat sie. In ihrer Fluchttasche stecken nur Sachen für feine Anlässe. Als ihr Freund sie drängte, endlich zu packen, hat sie wirr irgendwas zusammengesucht.

Sechs Wochen lang geht Olga fast jeden Tag in das Nobelhotel eines kleinen Kurortes, um zu arbeiten. In dieser Zeit gewinnt der *Kyiv Independent* weltweit rasend schnell an Bekanntheit. Aus etwa 30 000 Twitter-Followern vor dem Einmarsch werden in drei Tagen danach eine Million. Olgas Account folgt unter anderem die prominente und in den USA als sehr links geltende demokratische Abgeordnete Alexandria Ocasio-Cortez. Sie guckt extra nochmal nach, als wir uns unterhalten. »Yeah, sie folgt mir noch, yeah, cool.« Fast zwei Millionen Dollar spenden Menschen weltweit bei einer Crowdfunding-Kampagne für den *Kyiv Independent*. Dabei berichten Olga und ihre Kolleg:innen eigentlich ziemlich langweilig. Oder wie sie es ausdrückt: »Wir erlauben es uns selten, emotional zu werden.«

Aktivismus, Durchhalteparolen, Anfeuerungen wie beim Sport, all das, wofür Accounts auf Social Media beim Thema Krieg in der Ukraine bis heute Aufmerksamkeit bekommen, findet man beim *Independent* kaum. Stattdessen veröffentlicht er Meldungen nach dem klassischen journalistischen Schema: Wer hat was wann warum und wie getan und welche Quelle gibt es dafür? Der *Independent* zitiert auch nicht alle ukrainischen Offiziellen. Solche, die wiederholt Unsinn verbreiten, um damit Aufmerksamkeit zu generieren, finden in den Texten und Tweets nicht statt.

Und die Redaktion des *Independent* recherchiert auch gegen das eigene Militär und dessen Unterstützer:innen. Im August wird ihr Investigativteam eine erste Geschichte über Korruption, sexuelle Belästigung, Aufforderung zum Diebstahl, Handel mit aus dem Westen gelieferten Waffen und andere Vergehen bei der Internationalen Legion publizieren. Diese Einheit für ausländische Soldat:innen, die der ukrainischen Armee bei der Verteidigung des Landes helfen wollen, wurde drei Tage nach Kriegsbeginn auf Ersuchen von Präsident Volodymyr Zelenskyy aufgestellt. Im November legen die Journalist:innen mit einem zweiten Bericht nach und zeigen, dass das Fehlverhalten noch viel größere Dimensionen hat.

»Wir wollen natürlich, dass die Ukraine gewinnt«, sagt Olga. »Aber wenn wir Propaganda verbreiten, wenn wir Missstände nicht aufdecken, dann würde die Ukraine wie Russland werden. Und dann wäre ein Sieg kein Sieg.« Sie steckt sich weiße Stöpsel in die Ohren und verschwindet in einem Nebenraum. Bewerbungsgespräch. Eine junge Frau hat sich als Praktikantin beworben. Durch eines der offenen Fenster weht Dudelsackmusik herein. In der Nähe hat ein Pub geöffnet.

»Ich erinnere meine Journalist:innen beim Zitieren immer an zwei Fragen«, sagt Olga, nachdem sie von ihrem Gespräch zurückgekommen ist. »Erstens: Kann diese Person tatsächlich Zugang zu diesen Informationen haben? Und zweitens: Wenn ja, wie im Fall von Arestovich, wie vertrauenswürdig war diese Person in der Vergangenheit?« So eine Nüchternheit ist schon im friedlichen Deutschland schwierig durchzuhalten, wo es eine Topnachricht sein kann, wenn Fußballer des VfL Wolfsburg im Zug ihre Masken nicht aufgesetzt haben. In diesem Krieg aber kämpfen sowohl die russländische als auch die ukrainische Regierung um die Deutungshoheit.

Nicht mit gleichen Mitteln allerdings. Das Lügen russländischer Offizieller zu den Massakern ihrer Armee an Zivilist:innen in Irpin und Butscha, zu Folter in den besetzten Gebieten, gibt es von ukrainischer Seite nicht. Allein schon deswegen nicht, weil deren Armee solche Verbrechen, Stand heute, nicht begangen hat. Bisher gelten nur einzelne Kriegsverbrechen ukrainischer Soldat:innen gegen russländische Kriegsgefangene als bewiesen oder sehr wahrscheinlich. Dazu zählen beispielsweise die Schüsse in die Beine von Kriegsgefangenen im Dorf Mala Rohan, östlich von Charkiw. Videos mit entsprechenden Aufnahmen tauchten im März im Internet auf. Ort und Umstände der Taten wurden unter anderem durch Erich Auerbach, einen Spezialisten für das Auswerten öffentlicher Quellen, und die *Washington Post* verifiziert.

Das ukrainische Fernsehen strahlt auch nichts aus, was mit den als Talkshows getarnten Hetzveranstaltungen aus Moskau vergleichbar wäre, in denen Gäste immer wieder die Vernichtung des Nachbarlandes fordern. Eine mit hohen Strafen verbundene Zensur, laut der zum Beispiel das Wort »Krieg« in Russland verboten ist, gibt es in der Ukraine ebenfalls nicht.

Aber oft sind ukrainische Regierung und Behörden die einzige Quelle für Behauptungen, die sie selbst aufstellen. Überprüfen lässt sich vieles nicht oder nur unter schwierigen Bedingungen. Das ukrainische Militär verhängt bisweilen Nachrichtensperren, beispielsweise während seiner Offensive auf das im November 2022 erfolgreich von Russland zurückeroberte Cherson, Hauptstadt der gleichnamigen Region. Bürgermeister, Gouverneure und Regierungsvertreter schreiben Falsches in ihren Telegram-Kanälen, und nicht immer ist klar, ob es Absicht ist oder Versehen, Taktik im Informationskrieg oder Wichtigtuerei.

Die Deutsche Welle hat nachgewiesen, dass der Twitter-Account @ArmedForcesUkr, der als ein offizieller Kanal der ukrainischen Streitkräfte auftritt, ein Video mit 16 Kampfszenen zeigt, von denen sechs nicht aus der Zeit der russländischen Invasion stammen. Und dem Journalisten Yurii Butusov, dem Präsident Volodymyr Zelenskyy im November vor der Invasion vorgeworfen hat, Kriegsgeheimnisse zu verraten, wurde wegen seiner Berichterstattung zeitweise verboten, die Frontlinie aufzusuchen. Eine systematische Zensur lässt sich hinter diesen Vorfällen bislang allerdings nicht erkennen.

Olga Rudenko sagt, bisher habe es keine Versuche seitens der ukrainischen Regierung gegeben, auf den *Kyiv Independent* Einfluss zu nehmen. Aber das kennt sie auch anders.

Der Grund, aus dem Adnan Kivan die Redakteur:innen damals so unter Druck gesetzt hat, war politischer Druck. Von der

Regierung von Volodymyr Zelenskyy oder aus deren Umfeld. Es sollen Anklagen gegen Kivan vorbereitet worden sein, ihm war das bekannt. Die Person, die Olga für verantwortlich hält, ist inzwischen nicht mehr im Amt, aus anderen Gründen. »Zelenskyy ist ein guter Präsident im Krieg«, sagt Olga. »Wie er vor der Invasion war, habe ich trotzdem nicht vergessen. Er selbst mag nicht korrupt gewesen sein. Aber er hat Korruption in seinem Umfeld geduldet.«

Im April 2022 kehrt Olga nach Kyjiw zurück, nachdem die russländische Armee beim Angriff auf die Hauptstadt gescheitert ist. Sie fühlt sich schuldig, gegangen zu sein. Als hätte sie ihre Stadt im Stich gelassen, und die, die hier ausgeharrt haben. Luftalarm gibt es auch an ihrem Zufluchtsort im Westen des Landes, Explosionen aber nie. Zurück in Kyjiw muss sie entscheiden, welche ihrer Leute sie in den Krieg im Osten schickt. Dort zieht Russland seine Truppen zusammen, dort zerstören seine Soldat:innen mit ihrer überlegenen Artillerie Stadt um Stadt.

Viele von Olgas Kolleg:innen wollen an die Front. Nur manche haben Erfahrungen aus dem Donbas, sie selbst gehört dazu, aber das war ein anderer Krieg mit einer ziemlich stabilen Frontlinie. Um vier Uhr nachmittags kommt Alexander ins Büro, ein schlanker Kollege aus Frankreich mit dunkelblondem Seitenscheitel. Er möchte nach Charkiw. Die zweitgrößte Stadt der Ukraine wird zu dieser Zeit regelmäßig von russländischen Truppen beschossen.

Der Schriftsteller Serhiy Zhadan lebt dort und hat über die Angriffe das Buch »Himmel über Charkiw« geschrieben. Im Oktober 2022 bekommt er unter anderem dafür den Friedenspreis des deutschen Buchhandels. Ausgerechnet dorthin also möchte Alexander. Drei Tage lang. Kriegsreporter ist er nicht, bei der *Kyiv Post* war er Wirtschaftsredakteur. Olga macht aus drei Tagen zwei. Zeit ist ein kritischer Faktor. Je länger sich ihre Kolleg:innen in Schussdistanz der russländischen Artillerie aufhalten, desto größer wird die Wahrscheinlichkeit, dass ein Geschoss sie umbringt. Egal wie gut die Schutzweste ist, wie genau die Sicherheitsabsprachen.

»Ich bin mit einer sehr bildhaften Fantasie verflucht«, sagt Olga Rudenko. »Ich stelle mir vor, wie ich den Familien meiner Leute sagen muss, dass sie vermisst werden, gefangen genommen wurden oder Schlimmeres.« Ein anderes Team ist gerade in Slowjansk, einer Stadt im Donbas. Die ukrainische Armee hat den Journalist:innen erlaubt, ihre Schützengräben zu besuchen. »Pfffhhhh«, Olga stößt die Luft mit einem pfeifenden Ton zwischen den Lippen hervor. »Das ist auch in Reichweite der Artillerie.«

Eine Dreiviertelstunde nach Alex, dem Franzosen, kommt ein anderer Kollege ins Büro, Oleksiy. Spätestens jetzt fällt auf, wie jung Olgas Team ist, sie ist 33, viele sind kaum älter.

»Ich bin nur hier, um zu sehen wie du nach dem Unfall aussiehst«, sagt Oleksiy. Sie lacht und verzieht das Gesicht vor Schmerz: »Es gibt keinen Respekt in diesem Raum. Zwölf Jahre im Journalismus, und das ist das Ergebnis.«

»Kein gutes«, sagt Oleksiy.

»Du bist auch nur der erste Entwurf«, sagt Olga. Ihre Stimme bekommt etwas Raues wenn sie Contra gibt.

Diese herben Scherze, deren Ziel des Öfteren auch Olga wird, sind mir schon bei einem zwei Tage zurückliegenden Besuch in der Redaktion aufgefallen. »In der *Kyiv Post* war die Atmosphäre familiär«, sagt sie dazu, »und wir wollen eine solche Atmosphäre wieder schaffen.« Durch den Krieg seien sie alle ohnehin mehr zusammengewachsen. Mit Oleksiy verbindet sie ein spezielles Verhältnis, sie nennt ihn im Gespräch mit mir einmal »mein Baby«. Sie hat ihn zur *Post* geholt und gefördert.

Diese Idee, eine Redaktion als Familie zu organisieren, halten nicht alle für klug. Ehemalige Mitarbeiter:innen von Olga Rudenko sagen, in der *Kyiv-Post*-Familie gab es Lieblingskinder und solche, die nicht gesehen wurden, weniger Möglichkeiten hatten. Allerdings war damals auch nicht Olga die Chefin.

Ob Frauen Macht anders ausüben als Männer, darüber sind ganze Bücherregale verfasst worden. Olga Rudenko gesellt sich jedenfalls zu einer Reihe von weiblichen Chefredakteurinnen in der Ukraine. Sevgil Musaieva leitet die Online-Seite der *Ukrainska Prawda*, Yevhenya Motorevska das Portal *Hromadske*, Katerina Sergatskova führt *Zaborona*, Alya Shandra *Euromaidan Press*. Olga Rudenko glaubt, ebenso wie Katerina Sergatskova, das liegt schlicht daran, dass in der Ukraine sehr viel mehr Frauen Journalismus studieren als Männer. Das ist allerdings auch in Deutschland so, die Redaktionsleitungen sind trotzdem zumeist männlich besetzt.

Eine andere mögliche Umwälzung, zu der Olga Rudenko vielleicht beiträgt, betrifft das Verhältnis zwischen Ost und West. In der Ukraine bewunderten viele Kolleg:innen den Journalismus Westeuropas und Nordamerikas lange Zeit ziemlich vorbehaltlos. Andersherum war das kaum einmal der Fall. Journalist:innen aus den USA, Großbritannien oder Deutschland nahmen ukrainische Kolleg:innen oft nur als sogenannte Fixer war, als Helfer:innen beim Beschaffen und Recherchieren von Geschichten, die dann in westlichen Medien erschienen sind. Sie wurden häufig schlecht bezahlt, und selten waren sie gleichberechtigte Partner:innen. Lehrer:innen schon gar nicht. Möglicherweise ändert sich das seit der russländischen Invasion im Februar. Im März 2022 hat Alik Sardarian, einer dieser Fixer, einen offenen Brief für das Portal *Opendemocracy.net* verfasst, in dem er internationalen Medien vorwirft, sie würden den Mut ukrainischer Journalist:innen missbrauchen.

Einige Kolleg:innen wie Olga Rudenko werden zu Vorträgen über Pressefreiheit auf der ganzen Welt eingeladen und bekommen Preise für ihre Arbeit. Auch heute Abend, nach ihrem Unfall und einem Tag im Büro hat Olga noch einen Auftritt. Die Deutsche Welle in Kyjiw hat sie eingeladen.

Um kurz nach fünf ist sie dorthin unterwegs. Sie sitzt das zweite Mal an diesem Tag in einem Taxi. Sie trägt Make up auf, das hat sie heute Morgen auch gemacht. Aber jetzt schnallt sie sich an.

Zeit für ein paar letzte Fragen: Arbeitet sie beim *Kyiv Independent* noch mehr als damals bei der *Post*? Hat sie Angst vor einem Burnout? Sie überlegt kurz und sagt, Angst vor dem Ausbrennen hätte sie vielleicht vor dem Krieg gehabt, bei der *Post*, es hatte ja einen Grund, warum sie nach Chicago gegangen ist. Aber jetzt nicht mehr. »Wir Journalist:innen müssen uns all die schrecklichen Bilder von den Toten in Irpin und Butscha ansehen«, sagt sie. »Aber immerhin hat das einen Sinn, weil es unsere Arbeit ist. Jeder hier im Land sucht gerade nach Sinn.« Sie sagt, ohne eine Aufgabe würde sie verrückt werden.

Apropos Butscha. Olga Rudenko wackelt noch einmal an ihrer Zahnspange und überlegt, ob sie es zu ihrer Zahnärztin schafft, bevor sie Richtung Riga fährt. Ihre Praxis liegt in Butscha. Die wurde zwar geplündert, das Equipment gestohlen, aber die Ärztin praktiziert dort noch.

Ein Fantasybuch würde sie gern mal wieder lesen, sagt sie dann noch, so was wie »Herr der Ringe« oder »Harry Potter«. »Das wäre so richtiger Eskapismus.« Sie liest viel, jedenfalls war das vor der Invasion im Februar so. Olga Rudenko kauft Bücher auch als Andenken an die Städte, in denen sie gewesen ist und postet diese dann auf Instagram. Eines ihrer Lieblingsbücher ist »Die Stadt« von Walerjan Pidmohylnyj, eines der wichtigsten Werke der ukrainischen Moderne. Pidmohylnyj wurde 1935 nach einem erzwungen Geständnis von sowjetischen Behörden auf den Solowezki-Inseln inhaftiert und 1937 zusammen mit vielen anderen ukrainischen Künstler:innen dort erschossen. Olga Rudenko sagt, sie liebt »Die Stadt« wegen der Sprache. Aber die Geschichte eines Mannes, der aus der Provinz nach Kyjiw kommt und dort allerlei Widerstände überwindet, bis er zum gefeierten Schriftsteller wird, die steht ihr auch vom Plot her nicht schlecht.

Um 17 Uhr 20 springt Olga Rudenko aus dem Taxi und läuft auf ein altes Gebäude zu, an dem ein rotes Wappen prangt. Sie geht gerade und schnell, sie schaut sich nicht um.

# Narbe

Kyjiw, Mai 2022

**Mit welch grobem Faden** sie Khrystynas Unterarm genäht haben. Diesen tiefen Schnitt im Fleisch, wie ein roter Graben zieht er sich vom Handgelenk in Richtung ihres Ellenbogens. Sie schläft, sie schnarcht leise, ich schaue sie an.

Ich war noch in Lwiw, als Lizza mir eine Sprachnachricht geschickt hat, Lizza, die Regisseurin. »Kannst du mit Khrystyna zusammenwohnen, wenn du nach Kyjiw kommst? Sie sollte nicht allein sein.«

Mit einem Cuttermesser hat sie sich den Unterarm aufgeschnitten. Und als das Blut lief, hat Khrystyna sofort einen Freund angerufen. Als Lizza wiederum mich anruft, ist Khrystyna bereits in einer speziellen Klinik für Menschen mit Depressionen. 5 000 Hrywnja kostet diese Klinik am Tag. Das schreibt mir Lizza nach ihrem Anruf. Noch während ich die Zahl sehe, versuche ich sie in Euro umzurechnen. Wie viel sind das? 160 Euro? 170? Zu teuer für die meisten Ukrainer:innen jedenfalls. Zu ihrem Glück kennt Khrystyna genügend Menschen, die ihr helfen.

Ihre Depression hatte sie schon vor der Invasion. »Es scheint, dass eine Atombombe in meiner Brust explodiert ist und einen Trichter hinterlassen hat.« Das hat Khrystyna im Winter 2018 über ihre Depression geschrieben. Der Text erschien auf dem ukrainischen Portal *Hromadske*. Sich so zu zeigen, war mutig damals, und wäre es sicher heute noch. So offen haben nicht viele in der Ukraine über ihre Krankheit geschrieben, und auch in ihrem Freundeskreis war Khrystyna eine der ersten, die so unumwunden über Depression gesprochen hat. Ein Jahr bevor sie diesen Text geschrieben hat, 2017, waren die Symptome zum ersten Mal so heftig, dass Khrystyna darum kämpfen musste, weiterleben zu wollen. Dabei erfüllte sich zu dieser Zeit gerade ein Traum für sie. Mit einem Stipendium durfte sie in Westeuropa studieren, in Ungarn und Irland. Über diese Zeit schrieb sie ebenfalls in ihrem Text: »Meine Haut brannte, mein Solarplexus brannte, das Atmen fiel mir schwer. Morgens schluchzte ich fünf Stunden, ich hatte keine Kraft, aus dem Bett aufzustehen und es war auch unerträglich, sich hinzulegen.«

Wir haben telefoniert, als sie in Budapest gelebt hat und später in Dublin. Wir haben darüber gesprochen, ob der Grund für die Krankheit ihre vielen Aufenthalte im Donbas sein könnten, an der Front, im Krieg. Khrystyna ist Kamerafrau. Sie hat Dokumentarfilme gemacht, Fiktionales aber auch. Am Anfang von »Shkola Nomer 3«, dem Film über Schüler:innen in der Kleinstadt Mykolajiwka, sieht man einen Jungen auf dem Motorrad fahren. Er rast über die Straße, die in den Ort führt, man sieht ihm dabei ins Gesicht. Für diese Szene hat sich Khrystyna rücklings auf den Lenker des Motorrads gelegt, die Kamera auf der Schulter.

Sie und ich haben auch schon mal darüber gesprochen, ob es so etwas wie eine Post-Maidan-Depression in der Ukraine gibt.

Also so etwas wie eine gesellschaftliche Krankheit aufgrund der Enttäuschung nach einer Revolution. Ich habe ihr erzählt, dass eine Kollegin und ich für die *taz* Revolutionär:innen aus der Ukraine, Tunesien und der DDR befragt haben, und in jedem dieser Länder fühlten Menschen ein ähnlich tief sitzendes Unglücklichsein, weil vieles von dem, was sie sich erhofft hatten, nicht eintrat nach dem Sturz der autokratischen Machthaber. Als wären sie betrogen worden oder bestohlen.

Vielleicht hatte Khrystyna die Krankheit aber auch schon als Kind. Das hat sie mir neulich, bevor ich in die Ukraine aufgebrochen bin, am Telefon gesagt. Sie kennt die Dunkelheit in sich, die Erschöpfung, die kommt, bevor der Tag überhaupt begonnen hat, schon von damals.

Vielleicht stimmt von allem etwas, vielleicht sind die Gründe auch gar nicht so wichtig. Wichtig ist, dass Khrystyna seit ein paar Jahren regelmäßig online mit einer Therapeutin spricht. Sie nimmt außerdem Tabletten. Wenn sie welche hat. Seit der Invasion ist die Versorgung mit Psychopharmaka bisweilen schwierig. In den ersten Tagen des Überfalls, als die russländische Armee Kyjiw in wenigen Tagen einnehmen wollte, entschied sich Khrystyna zu bleiben. Sie wollte dokumentieren, was in der Hauptstadt passiert. So gut wie niemand, den ich hier kenne, wollte damals weg, die Stadt im Stich lassen, die Freund:innen. Und war das Filmen, das Dokumentieren der Angriffe, der Zerstörung und des Sterbens nicht auch etwas Notwendiges, Sinnvolles, vielleicht sogar das Sinnvollste, wenn man selbst nicht kämpfen konnte oder wollte?

So sah es Khrystyna.

Dann gingen ihr die Tabletten aus. Ihr Zustand verschlechterte sich rapide. Ihr Solarplexus brannte wieder, das Atmen fiel ihr schwer. Morgens schluchzte sie und hatte keine Kraft aufzustehen. Sie war geblieben, um etwas Sinnvolles zu tun, und nun konnte sie es nicht.

Als der Nachschub kam, von einem Fahrer unter Lebensgefahr und russländischem Beschuss gebracht, behauptete eine Frau, die ihre Freundin war, das wäre ihre Medizin. Sie stritten sich darum. Und reden seitdem nur noch wenig miteinander.

Khrystyna ist wie viele Depressive kein übermäßig trauriger Mensch. Depression hat mit Traurigkeit nichts zu tun. Sie ist übersprudelnd albern, deswegen verstehen wir uns auch so gut. Als ich bei der *Kyiv Post* gearbeitet habe, im Herbst und Winter 2018, durfte ich bei ihr wohnen. Wir beide über drei Monate in einem Zimmer, sie schlief auf ihrem Futon in der einen Ecke, ich auf einer Matratze in der anderen. Das hält man nur aus, wenn man sich liebt. Und zusammen Quatsch machen kann.

Wir haben eine dieser Mischsprachen erfunden, wie es sonst Kinder tun, und uns damit unterhalten. Ein Mix aus Russisch und, naja, Spanisch. Eigentlich haben wir nur »os« und »as« an alles gehängt, was sich nicht wehren konnte. Aus »Ja lublju tebja« – »Ich liebe dich« – wurde »Jaos lubljos tebjaos!«. Stundenlang konnten wir uns mit immer alberneren Sätzen in immer neue Lachanfälle steigern. Bei Khrystyna muss ich mich für keine Doofheit schämen.

Aber diese Sprache haben wir mit dem Einmarsch Russlands verloren. Khrystyna möchte kein Russisch mehr sprechen, auch wenn es Teil einer Blödelei ist. Für sie wiegt dieser Verlust sehr schwer. Russisch ist die Sprache, mit der sie in Odesa aufgewachsen ist, sie spricht sie mit ihren Eltern, mit ihren Freund:innen.

Auch ihre Wohnung ist für Khrystyna verloren. In der Nähe ihres Zuhauses steht eine Fabrik, die Russland immer und immer wieder mit Raketen beschießt. Die Angreifer haben mit ihren Geschossen schon viele Häuser in der Nähe dieses Werks zerstört und dabei Menschen getötet. Khrystyna will nicht die Nächste sein. Okay, als es für eine Weile ruhiger war in Kyjiw, da hat sie es in dieser Wohnung nochmal probiert. Sie hat sie schließlich selbst renoviert, gestrichen, Lichterketten aufgehängt, aus einer grau-kalten Wohnung in einem grau-kalt anzusehenden Wohnblock ihr Zuhause gemacht.

Sie ist nicht aus Wagemut zurückgekehrt, aus Bequemlichkeit oder weil sie lebensmüde wäre. Sie braucht diese Wohnung. Sie braucht sie dringend. Um mit der Depression leben zu können. Ein sicherer Ort ist wichtig für sie, ein Ort, der sich nach Geborgenheit und Gewohnheit anfühlt. Und das tut allein diese Wohnung in dem Maß, das sie jetzt brauchen würde während dieser Invasion. An dem Abend, als sie sich mit dem Messer geschnitten hat, war Khrystyna noch einmal in ihrem Zuhause.

Leider dauerte die Zeit, in der das russländische Militär keine Raketen auf ihr Viertel abgeschossen hat, nicht lange. Es war eine Pause, mehr nicht. Sie versuchen wieder diese Fabrik zu treffen.

Wir leben also miteinander, natürlich tun wir das. Keine drei Monate, wie im Herbst und Winter 2018, nur ein paar Tage, bis sie zum Filmfest nach Cannes reist, nach Frankreich. In eine Parallelwelt, von der man hier in Kyjiw schon sehr fest glauben muss, dass sie wirklich existiert, irgendwo da draußen, in einem Universum ohne Krieg.

Sie fährt dorthin, weil »Butterfly Vision« für das Festival nominiert wurde. Ein Film, bei dem Khrystyna ebenfalls die Kamera geführt hat. Der Freund, den sie am Abend ihrer Selbstverletzung angerufen hat, ist der Regisseur. Maksym Nakonechnyi. Maksym erzählt die Geschichte einer ukrainischen Drohnenpilotin in russländischer Kriegsgefangenschaft. Einer ihrer Wärter vergewaltigt die Soldatin. Als sie entlassen wird, ist sie schwanger und muss sich mit einer ukrainischen Gesellschaft auseinandersetzen, in der viele sowohl sie ablehnen als auch das Kind, das sie bekommen könnte.

»Butterfly Vision« ist in der Kategorie »Un Certain Regard« für einen Preis nominiert. Mit dieser Kategorie sollen Filme gefördert werden, »die zu ›untypisch‹ für den Hauptwettbewerb des Filmfestivals und deren Macher deswegen oft nur wenig bekannt sind.« Steht so bei Wikipedia. Khrystynas Film wird nicht gewinnen. Sie wird das Festival trotzdem in Erinnerung behalten. Security-Männer befördern sie und das Team unsanft vom roten Teppich, als sie auf Russlands Krieg in der Ukraine aufmerksam machen wollen.

Das alles wissen wir noch nicht, als wir zusammenwohnen. Wir verbringen Stunden in einem Einkaufszentrum in Kyjiws Bezirk Obolon, um ein Kleid für Cannes zu finden. Wir gehen zu Sirenengeheul vegetarisch essen. Khrystyna zeigt mir die ganze Hipsterness, zu der Bars, Restaurants und Cafés in Kyjiw auch unter diesen Umständen fähig sind, Algensalat und Kellner mit »man buns« inklusive.

Wir machen noch dämlichere Witze als früher, das geht auch ohne unser mutiertes Russisch. Am Abend bevor Khrystyna Richtung Cannes abreist, setzt sie sich einen Reif mit Hasenohren auf, zieht Stöckelschuhe an, kocht Spaghetti und spricht mit nasal verstellter Stimme über Kunst, als wäre sie schon in Frankreich. Sie lacht so sehr über sich selbst, dass sie umfällt in ihren hohen Schuhen. Aber sie tut sich nicht weh, sie kann fahren.

# Wellblechkonfetti

Trasse Kyjiw – Schytomyr, Mai 2022;
Herbst und Winter 2018

**Es gibt jetzt so viele Kalaschnikows** in Kyjiw. Morgens um halb elf vor dem Hauptbahnhof fragt ein Polizist an einem Kiosk nach Zigaretten. Weinrotes Barrett, schwarze enge Hose, Stiefel, Kalaschnikow am Gurt über der Schulter, vorn in seiner kugelsicheren Weste stecken ganze vier Magazine, leicht gekrümmt und in den Farben von Honig und Holz. Er sieht für mich gar nicht aus wie einer von der Polizei, eher wie von einer Spezialeinheit der Armee, aber hinten auf seiner schwarzen Kluft steht »Polizija«.

Gleich neben dem Bahnhof für die Züge ist einer für Linienbusse. Marschrutkas fahren hier auch, das sind Kleintransporter – und -busse, die es fast überall dort gibt, wo einmal die Sowjetunion war. Meistens starten sie nicht nach Fahrplan, sondern dann, wenn die Fahrer glauben, dass alle Gäste, die sie kriegen können, auch in ihrem Gefährt sitzen. Der Bus nach Schytomyr scheint so voll zu werden wie vor der Invasion auch. Wegen einer Geschichte über den kriminellen Handel mit Nierenmedikamenten bin ich 2018 öfter von Kyjiw nach Schytomyr gefahren. Einmal ging bei minus 15 Grad die Marschrutka kaputt, und als wir neben der Straße auf den Ersatzbus warteten, kroch die Kälte in Minuten durch die Sohlen unserer Schuhe in die Füße. Heute ist es warm, 24 Grad sagt die Wetter-App auf dem Telefon.

Schytomyr ist die Hauptstadt des gleichnamigen Verwaltungsgebietes, in der Ukraine wie in Russland Oblast genannt, sie liegt etwa 140 Kilometer westlich von Kyjiw. Dorthin gibt es eine breite Trasse, Autobahngefühl, aber nicht für lange, dann biegen wir auf kleine Straßen ab. Kämpfe auf und an der großen Straße haben diese teilweise zerstört. Wir fahren durch Bilohorodka, »hier war mein Freund stationiert«, sagt Olena, meine Übersetzerin. Die Apotheke hat auf. Um kurz nach zwölf sehen wir in Stojanka die rosa pastellierte Wand eines Ladens. »Bassein« steht dort, wir könnten eine Badewanne kaufen, das Haus aus schmutzig-gelben Ziegeln daneben ist zusammengedrückt wie eine ausgetrunkene Cola-Dose.

Unser Bus findet zurück auf die große Trasse. Stücke von Wellblech liegen wie Konfetti auf Gras, Erde und Asphalt. Was fehlt, sind die Häuser zu diesen in Schnipsel zerfetzten Dächern, wenigstens ihre Ruinen. Ein paar Sekunden später fahren wir an einer Tankstelle vorbei, daneben stehen oder vielmehr liegen die Überreste von Gebäuden, die wohl einmal große Hallen waren, vielleicht wurde hier etwas gelagert, jetzt lehnen sich durchlöcherte Wände an ins Leere ragende Träger aus Metall. Was einmal gerade stand, neigt sich wie im Fall eingefroren dem Boden zu, als hätte eine riesige Welle alles hier getroffen und ins Schräge gedrückt. Stücke von Wellblech hängen an den Überbleibseln der Gebäude, mit den Teilen von eben könnte man wieder ein Dach zusammenpuzzeln.

Drei Minuten später ein verbrannter, rostig aussehender

Panzer am Straßenrand, kein T-72, ein älteres Modell, wir fahren zu schnell, um es genau zu erkennen. Die ganze Militärtechnik des untergegangenen Warschauer Paktes, dieses von der Sowjetunion angeführten Militärbündnisses der sozialistischen Staaten, als Kind habe ich die auf Postern und kleinen Karten gesehen. Mein Vater war Offizier der Nationalen Volksarmee, wir hatten das ganze Werbematerial des DDR-Militärs zu Hause liegen. Ich habe sie von ihm erbettelt, die Hochglanzbilder von Ein-Mann-Fla-Raketen, selbstfahrenden Haubitzen, von als SPW abgekürzten Schützenpanzerwagen und natürlich vom sowjetischen Panzer T-72. Ich werde diese Hochglanztechnik meiner Kindheit in verschiedenen Stadien des Verfalls in der Ukraine wiedertreffen. Der verbrannte Panzer von eben ist nur ein erster Vorbote.

Die Armeen haben bei Weitem nicht alles kaputtgeschossen am Rand der Straße. Unversehrte Häuser stehen nur wenige Meter neben welchen, deren Dächer zu Blumen mit zackigen Kronen erblüht sind. Was ist mit den umgeknickten Bäumen da drüben? War das auch der Krieg, oder einfach nur ein starker Wind? Wieso ist links von uns so viel kaputt und rechts von uns nicht? Und dann wieder anders herum. Manchmal scheint der Krieg von einer Straßenseite zur anderen gesprungen zu sein wie ein übermütiges Tier. Dann wieder ist er wohl gar nicht hier langgekommen, vielleicht hat er einen anderen Weg eingeschlagen, vielleicht dort lang, hinter dem Wäldchen.

Dieses Zufällige setzt mir stärker zu als die Zerstörung selbst. Ich bin froh über die Glasscheibe und die Vorhänge zwischen mir und dem Draußen. Diesen braunen Stoff zurückzuziehen und die Zerstörungen zu betrachten, fühlt sich nach Voyeurismus an, wie Menschen ohne Hand oder Bein beim Baden anzustarren. Dabei habe ich Schlimmeres gesehen, Videos von Toten und Verletzten, ich war an vorderster Front im damals noch begrenzten Krieg im Donbas.

Froh bin ich auch über Olena. Sie ist wie ein Filter. Alle Fragen, alle Antworten müssen erst durch sie hindurch, bevor sie an mich herankommen.

Ich spreche nur ein paar Worte Ukrainisch. Mein Russisch, noch aus dem Schulunterricht stammend und in Auffrischungsstunden unzureichend verbessert, war nie besonders gut. Auf dieser Reise wird es täglich schlechter. Heute Morgen habe ich es gemerkt, als ich den Busfahrer einfach nur fragen wollte, ob noch Plätze frei sind, und mir dafür die Worte fehlten. Ich merke es im Bus beim Belauschen der Gespräche, und ich werde es in den kommenden Tagen und Wochen merken, bei Interviews und beim Einkaufen.

Vor dem Februar öffnete sich ein Raum nach dem anderen in meinem Gehirn, wenn ich in der Ukraine unterwegs war und gab scheinbar verlorenes Vokabular wieder frei. Doch dieses Mal knallen nur Türen zu. Ich höre die Echos in meinem Kopf.

Wir fahren an Motyschyn vorbei, die russländische Armee hielt den Ort von Ende Februar bis Ende März besetzt. Es war der südlichste Punkt, bis zu dem die Soldaten kamen, die von Belarus aus in die Ukraine eingedrungen sind. Der Plan der Militärführung in Moskau war, Kyjiw von Westen zu umfassen und die Verbindungen der ukrainischen Hauptstadt in diese Richtung zu kappen. Doch deren Verteidiger:innen haben das verhindert. Anfang April wurden die Leichen der Bürgermeisterin von Motyschyn, ihres Mannes und ihres Sohnes in einem Massengrab entdeckt. Ihre Körper wiesen Spuren von Folter auf.

12 Uhr 37: der Laden eines Bestattungsunternehmers. In einem Nest hoch über den Dächern sitzt ein Storch.

12 Uhr 50: Frauen verkaufen Blumen am Straßenrand wie vor der Invasion. Augenblicke später stehen Panzersperren auf der Straße, aus Stahlträgern geschmiedete Kreuze und weiße Säcke, manche sind aufgerissen und Sand quillt heraus. Kurz dahinter ein erneutes Zeichen, dass der Straßenverkauf hier wieder anläuft: ein Stand mit gebundenen Reisigbesen.

Wir kommen Schytomyr immer näher, die Straßensperren werden häufiger. An einer Tankstelle versperren mehrere riesige Stapel Säcke die Sicht, Tarnnetze verdecken das Weiß nur unzureichend. Zwei Männer mit Gewehren, gelben Armbinden und kugelsicheren Westen schauen unserem Bus zu, wie er im Slalom um die Barrieren fährt, wenig später wiederholt der Fahrer das, dieses Mal umkurvt er flache weiße Steine, auf die rote Querstriche gemalt sind.

Um 13 Uhr 22 fahren wir über eine Brücke, unter uns verlaufen Stränge von Schienen, links liegt der Bahnhof von Schytomyr. Fast die gesamte erste Etage eines Theaters ist mit Sandsäcken vollgestellt. Das ganze Land muss mit ihnen zugepackt sein, wenn es sogar hier, abseits der aktuellen Kämpfe, so viele davon gibt. Die Sonne scheint auch in Schytomyr, ein paar Männer tragen kurze Hosen, aber es sind weit mehr Frauen in Kleidern und Röcken zu sehen.

# Krank im Krieg

Schytomyr, Mai 2022; Herbst und Winter 2018

**Wie viele Luftalarme passen** eigentlich in 24 Stunden? Am ersten Tag mit Oleg Kolodyuk sind es fünf. Er hat ein Einkaufszentrum als Treffpunkt vorgeschlagen, einen großen schwarzen Klotz, viel Glas, in der Mitte ein Café. Um kurz nach drei Uhr nachmittags, Olena und ich laufen noch zwischen den Autos auf dem Parkplatz Richtung Eingang, heulen die Sirenen das erste Mal. Fünfzig Minuten später, da sitzen wir mit Oleg Kolodyuk seit einer halben Stunde im Café, erklingt das Heulen schon wieder. »Ist das ein neuer Alarm?«, fragt er und schaut auf sein Handy. Er zuckt mit den Schultern. »Offenbar war der alte um 15 Uhr 28 zu Ende. Ich habe den Ton gar nicht gehört.«

Anfang und Ende von Alarmen klingen unterschiedlich, damit die Menschen wissen, wann sie sich verstecken sollen und wann sie wieder auftauchen dürfen aus ihren Kellern, Metrostationen, Luftschutzbunkern. Aber hier und jetzt ist das völlig egal. Die Frau hinter dem Tresen verkauft ihren Kund:innen weiter Kaffee, obwohl der mit sanftem Bass unterlegte Technopop aus ihren Lautsprechern vom Geheul der Sirenen beiseitedrücken wird, wie von einem dicken Mann, der sich durch eine Horde Kinder drängelt.

Menschen laufen weiter in den Supermarkt, in die Läden von Kyivstar und Vodafone, wo Handyhüllen in allen Farben hinter den Schaufenstern hängen. Am runden Holztisch neben uns tippt eine Frau in einem hellen Kostüm unbeirrt hektisch auf der Tastatur ihres Laptops. Sie schaut beim Geräusch der Sirene nicht mal hoch. Da oben könnte sie das Glas des Daches sehen. Die Rakete müsste uns nicht einmal direkt treffen, ein Einschlag in der Nähe und wir sitzen in einem schneidenden Regen. Russland greift auch Einkaufszentren an, erst vor zehn Tagen gab es eine Explosion in einem. In Odesa. Hat hier niemand mehr Angst?

Oleg zuckt noch einmal mit den Schultern, er stützt den rechten Arm mit dem Ellenbogen auf den Tisch und winkt ab, er klappt seine Hand am Gelenk nach unten wie eine Falltür. Er sagt: »Am Anfang haben wir uns noch versteckt. Aber inzwischen ist das wie ein Autounfall. Die passieren auch, aber sie passieren selten. Auto fahren wir trotzdem.«

Er sieht gut aus mit seinen weißen kurzgeschnittenen Haaren über graublauen Augen und seinem Vollbart. Wie ein Seemann. Er lächelt oft. Der wächserne Glanz ist von seinen Lippen verschwunden, aber seine Haut hat noch diesen Ton zwischen Gelb und Braun, man weiß nicht, war das die Sonne oder sind es die Nieren. Wegen seiner Nieren habe ich Oleg Kolodyuk vor dreieinhalb Jahren kennengelernt. Er litt nach seinen Dialysen unter Schüttelfrost, Schlaflosigkeit, Schmerzen in Kopf und Beinen und einem unerklärlichen Jucken. Vielen Nierenkranken in anderen Städten der Ukraine ging es ähnlich. Meine Kolleg:innen Steffi Unsleber, Bernhard Clasen und ich recherchierten damals für die *taz* nach den Gründen für diese Symptome.

Ihre Ärzt:innen versprachen ihnen Filter, Schläuche, Nadeln und Säurekonzentrate einer deutschen Firma bei der Dialyse einzusetzen. Tatsächlich drehten ukrainische Zwischenhändler den Krankenhäusern in Schytomyr und anderswo aber gepanschte, billige und abgelaufene Materialien an. Der Konzern aus Deutschland wusste davon, unternahm jedoch lange nichts. Unsere im Internet frei abrufbare Reportage »Wer profitiert davon, dass Oleg Kolodyuk leidet?« beschreibt ein Beispiel dafür, wie die Korruption in der Ukraine, aber auch in anderen osteuropäischen Staaten nur deswegen so gut funktioniert, weil Firmen und politische Institutionen in Westeuropa wegschauen oder mitmachen, solange das Geld fließt. Googeln Sie einfach mal Schlagwörter wie »Russian Laundromat«. Schauen Sie sich an, welche korrupten Verrenkungen die SPD-geführte Landesregierung von Mecklenburg-Vorpommern unternommen hat, um mit einer sogenannten Klimastiftung dafür zu sorgen, dass es die Gasleitung Nord Stream 2 gibt. Oder suchen Sie nach der Aserbaidschan-Connection in der CDU. Aber dieses Mal möchte ich mit Oleg Kolodyuk nicht wegen einer investigativen Geschichte über Korruption reden. Ich möchte wissen, wie er mit seiner Krankheit durch diesen Krieg kommt.

Und mich bringt noch ein anderer Grund hierher: Seitdem ich in der Ukraine bin, habe ich hauptsächlich Aktivist:innen, Schauspieler:innen und Journalist:innen getroffen. Sie sind Angehörige der kulturellen Elite, und sie sind, wenn man den Reden Vladimir Putins zuhört und die Taten seiner Armee ernst nimmt, genau die Menschen, die die russländische Führung vernichten will, wenn sie die Auslöschung alles Ukrainischen als Kriegsziel formuliert. Dass diese Menschen sich so einig sind im Kampf gegen Russland, ist also wenig verwunderlich. Es ist eine Frage ihres Überlebens. Aber wie sieht es bei denen aus, die sich vom russländischen Willen zur Vernichtung vielleicht nicht so sehr gemeint fühlen müssen? Oder bei denen, die sich, ganz im Gegenteil, davon angesprochen fühlen sollen, und zwar als Nostalgiker:innen, die sich nach den alten Zeiten sehnen, nach der Sowjetunion?

Das sind die Menschen, auf die Putin und seine militärische Führung unter anderem gebaut haben, als sie glaubten, der ukrainische Widerstand würde schnell zusammenbrechen und ihre Armee als Befreier willkommen geheißen. Rein vom Lebenslauf her könnte Oleg Koludyuk in dieses Schema passen. Er wurde 1963 in der Sowjetunion geboren, sein Vater war Offizier der Roten Armee, er selbst hat in Moskau gelebt und wurde dort vom sowjetischen Geheimdienst KGB ausgebildet. Der ukrainische Staat hingegen, zumindest sein Gesundheitssystem, hat Oleg Kolodyuk seine kalte Seite gezeigt. Mich interessiert, wie er die Invasion sieht.

Aber erst einmal kommt Tatyana im Café vorbei, seine Frau. Sie zeigt ihm die Decken, die sie gekauft hat, zwei graue, eine hellbraune. Tatyana ist Zahnärztin, hat einen eigenen Raum in einer Privatklinik gemietet, kein Wunder, dass die Zähne von Oleg Kolodyuk so weiß glänzen wie in der Werbung. Tatyana ist stämmig, lacht viel, und wenn sie erzählt, ob hier oder später im Auto, redet ihr Mann kaum. Sie fragt, wie lange dieses Gespräch denn noch dauern soll, es gebe doch noch so viel zu tun. Nachdem seine Frau wieder gegangen ist, ruft sie Oleg ständig an. Auch als wir uns am nächsten Tag hier noch einmal treffen, klingelt sein Handy regelmäßig. Tatyana hat Aufgaben für ihn. »Sie ist der Nacken der Familie, ich bin der Kopf«, sagt Oleg Kolodyuk nach einem dieser Anrufe und lächelt. »Der Nacken bewegt den Kopf.«

Also, wie sieht er sie denn nun, diese Invasion?

Oleg Kolodyuk erzählt, was in und um Schytomyr passiert ist. Die russländischen Truppen haben mit Artillerie geschossen, ihre Flugzeuge Bomben hier abgeworfen. Sie wollten wohl die Stützpunkte der Armee in der Stadt treffen, sagt Oleg Kolodyuk, aber sie haben dabei eben auch viele andere Häuser erwischt. Beides sehen wir später, als er seine Frau nach Hause fährt: Kasernen ohne Fenster und mit Löchern in den Dächern, kaputte Wohnhäuser aus weißen Steinen, eine ganze Straßenecke sieht aus wie ein Mikado-Spiel, Balken ragen in alle Richtungen aus einem Haufen Steine. Das erste Opfer in der Familie war die Katze von Tatyanas Cousine, die hinter dem Krankenhaus wohnt. Das Tier saß in der Küche, es gab einen Knall, und überall war Blut.

Oleg und Tatyana fliehen früh, bereits am 24. Februar setzen sie sich in den grauen Chevrolet auf die mit Bezügen aus Holzperlen bespannten Sitze und fahren los. Sie nehmen auch ihren Hund Pfundtik mit, der so heißt, weil das Pfund eine der wertvollsten Währungen der Welt ist. Sie fahren nicht weit, 12 Kilometer nur, zu Verwandten auf ein Dorf. In Schytomyr leben sie im siebten Stock eines Neungeschossers, die Kasernen sind nicht weit weg. Sie sehen auch andere in ihren Autos fliehen, es gibt keine staatlich angeordnete Evakuierung, aber viele, die es können, verlassen die Stadt. Auch andere Mitglieder von Olegs und Tatyanas Familie finden ihren Weg hinaus zu dem Haus der Verwandten auf dem Dorf, ebenso einige Bekannte: Tatyanas Tante, ihre Tochter, die Nachbarn der Tochter, noch eine Tante von Tatyana, am Ende drängen sich zehn Leute auf zwei Stockwerken. Das Haus hat auch einen Garten und einen Keller, sagt Oleg Kolodyuk. Aber er sei nach zwei Alarmen nicht mehr extra dort hinuntergestiegen. »Ich wollte lieber schlafen.«

Im frühen April kehren Oleg und Tatyana zurück nach Schytomyr, kurz nachdem die russländische Offensive auf Kyjiw gescheitert ist und sich die Truppen der Eindringlinge zurückziehen.

Nachdem er Flucht und Rückkehr kurz umrissen hat, sagt er etwas, dass ihm sehr wichtig ist, er wiederholt es auch später in Variationen noch öfter: »Mit der Dialyse läuft alles super.« Kurz nach unserem letzten Treffen in einem rotplüschigen Restaurant namens Solotaja Arka hat vor dreieinhalb Jahren in Schytomyr eine neue Station für Nierenkranke aufgemacht. Sie liegt nur drei Ampelkreuzungen von dem Einkaufszentrum weg, in dem wir gerade sitzen. Oleg schwärmt von neuen Geräten und deutschen Medikamenten, ja, er kenne sogar eine Frau, die sei nach der Invasion nach Deutschland geflohen und liege dort viereinhalb Stunden im Krankenhaus für ihre Dialyse. Er hingegen brauche in der neuen Klinik oft nur drei.

Sein Lob nimmt solche Dimensionen an, dass ich Olena mehrfach bitte, Oleg zu sagen, dass ich dieses Mal nicht hier bin, um in einem Krankenhaus Ärger zu machen.

Einmal nickt Oleg und nippt an seinem Kaffee, ein anderes Mal reagiert er gar nicht. Er erzählt stattdessen, wie Flugzeuge aus Russland Anfang März die Stadt Owrutsch, 130 Kilometer nördlich von hier, bombardiert haben. Dabei trafen sie neben Wohnhäusern auch das örtliche Krankenhaus und das Dialysezentrum. Einmal haben die Eindringlinge mit Artillerie oder Panzern auch einen Transporter beschossen, der Verbrauchsmaterialien für die Dialyse aus Kyjiw nach Schytomyr gebracht hat. »Der Fahrer ist trotzdem durchgekommen«, sagt Oleg und grinst. Und da fällt bei mir der Groschen. Oleg ist stolz. Darauf, wie sie hier durchgehalten haben. Er als Patient, aber auch die Ärztinnen und Helferinnen in seiner Dialyse-Station.

Er wird am nächsten Tag sogar selbst vorschlagen, in seine Klinik zu fahren. Um kurz vor elf Uhr steuert er seinen Chevrolet durch den Regen und biegt auf einen Hinterhof ein. Dort steht ein Block aus rechteckigen schmutziggelben Ziegeln. Vor einer Tür aus weißem Plastik stehen zwei Männer: einer in schwarzen Sandalen und knautschiger blauer Jacke mit einem aufgeklebten Pflaster am Hals, neben ihm raucht ein Uniformierter mit Anglerhut eine E-Zigarette. Dahinter liegt ein gekachelter Flur, von dem links eine Umkleide abgeht, wir ziehen uns einen Kittel an und Beutel aus dünnem Plastik über die Schuhe. Dann laufen wir schräg gegenüber in einen Raum mit zehn Betten. In jedem liegt jemand, Schläuche verbinden die Patient:innen mit den Maschinen, die neben ihrem Bett ihr Blut waschen. Zwei Frauen in weißer Kleidung sitzen links von der Tür. »Die sind alle neu«, sagt Oleg und zeigt auf die Geräte.

Eine der Frauen bittet uns in ihr Büro. Die schwarzen Haare reichen ihr bis zu den Ohren. Auf ihrem Schreibtisch liegt eine schmale Brille. Sie setzt sich nicht hin und redet im Stehen, die Hände in den Taschen ihres Kittels vergraben. Der ist mit roten Blumen bestickt, sie sagt, sie hat das selbst gemacht. Das sehe doch viel schöner aus als das einfache Weiß, oder nicht? Alla Volushuna ist Ärztin und arbeitet seit 28 Jahren mit Dialysepatient:innen. Ihre Kollegin ist erst seit zwei Jahren dabei. 42 Menschen betreuen sie hier. »Eigentlich sind wir mehr«, sagt sie, »aber viele Ärzte sind geflohen und nicht zurückgekommen. Unser Chef auch.«

Auch sie erzählt von dem Medizintransporter, über den schon Oleg geredet hat. Davon, wie die russländischen Soldaten ihn beschossen haben. »Meine Kollegin und ich sind teilweise unter Explosionen und Beschuss hierhergekommen«, sagt sie. Alla Volushuna wohnt in einem Ort in Richtung Kyjiw. Sie fährt mit ihrem Auto jeden Tag 30 Kilometer auf der Straße zur Arbeit, auf der Olena und ich mit dem Bus hergekommen sind.

»Natürlich habe ich Angst«, sagt sie. »Aber die kranken Menschen müssen versorgt werden, und ich kann ihnen helfen. Ich weiß, was zu tun ist.«

Zwar würden ihre Patient:innen ohne Dialyse nicht sofort sterben. Bei entsprechender Diät und mit Medikamenten könnten sie ein bis zwei Wochen überleben. Aber so lange es möglich ist, will Alla Voloshuna die Dialyse weiterlaufen lassen.

Wäre es nicht sicherer, die Geräte und Betten in einen Keller zu verlegen? »Das können wir nicht machen«, sagt sie. Unter anderem deswegen, weil das Wasser für die Dialyse speziell gefiltert werden muss. Das geht nur hier oben. »Bisher ist alles gut gegangen«, sagt die Ärztin. »Und wir haben auch einen Generator draußen im Garten, falls der Strom ausfällt.« Den haben wir gesehen, als wir angekommen sind, es ist ein kleiner grüner Kasten. »Seht ihr, es gibt keine Probleme bei der Dialyse«, sagt Oleg, als wir wegfahren. »Es ist ganz anders als damals.«

Mit Oleg ist jene Verwandlung vor sich gegangen, von der viele Ukrainer:innen seit Beginn der Invasion auf Facebook, Twitter und anderen Social-Media-Kanälen berichten. Sie sehen die Angestellten ihres Staates mit anderen Augen. Früher galten die öffentlichen Dienste vielen als Witz. Straßen wurden selten repariert oder gar nicht, die Schaffner:innen waren als bestenfalls unfreundlich verschrien, Ärzt:innen als Menschen, die oft nur gegen Extrageld wirklich halfen. Doch seit Februar vollbringen diese Menschen in den Augen vieler Ukrainer:innen nahezu Heldenhaftes, weil sie auch im Krieg weiterarbeiten. Und weil sie das scheinbar effizienter tun als vor der Invasion. Zerstörte Stromleitungen werden innerhalb von Stunden repariert, zurückeroberte Städte schnell wieder ans Bahnnetz angeschlossen, und auch die Dialyse läuft für Oleg jetzt viel besser, als zu der Zeit, als meine Kolleg:innen und ich die

Geschichte über ihn und die anderen Nierenkranken geschrieben haben.

Also gibt es bei Oleg keine Sehnsucht nach den Sowjetzeiten? Nicht einmal das sanfte melancholische Rufen der Nostalgie? Das frage ich ihn, als wir uns nach dem Besuch in der Klinik ein weiteres Mal in das Café im Einkaufszentrum setzen. Ich frage auch, was seine alten Kollegen vom KGB zu der Invasion sagen. Und was sagt er zu ihnen?

»Für die ist Putin ein Gott. Wir reden gar nicht mehr miteinander«, antwortet Oleg. »Wir haben uns gestritten, und zwar vor acht Jahren schon, nach dem Maidan und den Angriffen im Donbas.« Damals war er noch bei Odnoklassniki, zu Deutsch »Klassenkamerad:innen«, einem sozialen Netzwerk aus Russland. »Sie haben gesagt, sie befreien uns«, sagt Oleg. »Ich habe ihnen gesagt, das müssen sie nicht, nein danke.«

Hat er versucht, sie nach der Invasion noch einmal zu kontaktieren?

Oleg sagt, er könne bei Odnoklassniki nicht mehr schreiben. Das Netzwerk hätte ihn geblockt, weil er etwas gegen Putin geschrieben habe.

Während er redet, knetet er mit der linken Hand den Gurt seiner Umhängetasche. Mit der rechten tippt er einen Takt auf den Tisch im Café, mal nur mit seinem Zeigefinger, mal mit allen Fingern.

Vielleicht, das ist jedenfalls mein Eindruck, fühlt er sich ein bisschen wie in einem Verhör. Als würde ich seine Loyalität zu seinem Land und seinen Leuten in Frage stellen, mitten in einem Krieg, in dem viele Menschen ihre Identität und ihre Bindung an diese noch einmal auf eine ganz andere Weise entdecken. Und in einer Zeit, in der nationale Symbole und der Gruß »Ehre der Ukraine« allgegenwärtig sind. Er sagt Sätze, die mir in ihrem

Pathos nicht zu seiner Leichtigkeit zu passen scheinen. Sätze wie »Ich bin von hier, das ist das Land meiner Familie.« Oder: »Nicht erst dieser Krieg hat uns Ukrainer:innen verändert, wir haben uns schon seit der Unabhängigkeit von 1991 verändert. Seitdem wissen wir, dass wir alles werden können.« Aber meine Gedanken könnten auch sehr gut Projektionen sein. Vielleicht habe ich von Oleg aufgrund seiner Geschichte andere Antworten erwartet. Als ich ihn frage, ob er sich mit der Situation unwohl fühlt, sagt er Nein.

Also gut. Warum ist er zum KGB gegangen?

Es gab zwei Gründe, antwortet Oleg. Erstens weil sein Vater Fähnrich bei der Roten Armee war, stationiert in Ungarn. Von der dritten bis zur achten Klasse ging Oleg in die Schule der dortigen Militärgarnison. Er erinnert sich noch an die Skulptur des Turul-Vogels in der nahen Stadt Tatabánya. Er macht mit seinen Armen Flugbewegungen und grinst dazu. In den Ferien fuhr er immer nach Budapest. »Ich wollte die militärische Tradition fortführen«, sagt Oleg. Und zweitens sei ihm das als der einfachste Weg erschienen, an eine höhere Ausbildung zu kommen.

Er war nie als Spion unterwegs, weder im Ausland noch in der Sowjetunion. Er ging zu den Grenztruppen, die unterstanden in der UdSSR dem Geheimdienst. Erst patrouillierte Oleg an der Grenze zur Slowakei in den Karpaten, später kontrollierte er Schiffe im Schwarzmeerhafen von Tschornomorsk. Gelebt hat er damals in Odesa, da war er auch schon einmal verheiratet, ebenfalls mit einer Tatyana. Er hat das Leben auf See geliebt, weil er dort das Gefühl hatte, etwas von der Welt zu sehen: »Schiffe aus Indien und Panama«, sagt Oleg. »Indien handelte mit Zucker, Seife und Kautschuk, das weiß ich noch.« Sehnsucht habe er trotzdem nicht nach dieser Zeit. »Die Korruption war schlimmer als heute«, sagt er. »Du musstest immer jemanden kennen, um irgendwas zu kriegen. Sogar für Wurst. Autos waren purer Luxus.«

Oleg hat sich gerade so richtig warm geredet, da heult erneut eine Sirene los. Es ist kurz nach halb eins. Er schaut auf seine Uhr: »Das ist ein neuer, oder?«

Die Zeiten beim Geheimdienst und der Schifffahrt sind für Oleg lange vorbei. Nach der Unabhängigkeit der Ukraine hat er zwölf Jahre beim ukrainischen Zoll gearbeitet, danach besaß er eine Import-Export-Firma. Oleg zählt auf, womit er so alles gehandelt hat: Eisen, Souvenirs, Hummer, Büropapier, Wasabi. Dann gab es Ärger mit der Steuerbehörde, es wird nicht ganz klar, ob die Verantwortung bei ihm lag oder bei den bisweilen korrupten Beamt:innen. Vor drei Jahren ging seine Firma jedenfalls bankrott. Seine Frau, Tatyana, hat schließlich einen neuen Job für ihn gefunden. Als Hausmeister bei einer IT-Firma.

Wir besuchen ihn auch dort, die Firma hat ein paar Etagen in einem Hochhaus über einer Bank angemietet. Unten sitzt ein Wächter mit Pistole, Oleg läuft grüßend an ihm vorbei und schnauft die Treppen nach oben. Wegen seiner Nieren kann er nur halbtags arbeiten, er muss öfter anhalten und Luft holen. In den Fluren oben ist er ganz allein, die Programmierer arbeiten alle von zu Hause oder aus dem Ausland, die Putzfrauen mussten unbezahlten Urlaub nehmen. Er ist froh, dass er wenigstens ein bisschen Geld verdient. Dafür fotografiert er die Zähler für Wasser und Strom und überträgt die Ziffern in ein Dokument, er schaut nach, ob die Überwachungskameras noch funktionieren, er gießt die Blumen. Er kontrolliert auch, ob in der Toilette noch Papier ist, obwohl niemand hier ist außer ihm. Auch im Krieg gibt es die kleinen, wenig aufregenden Dinge, die jemand tun muss. Und Oleg Kolodyuk tut sie gewissenhaft.

Ob er bedauert, dass er nicht kämpfen kann, frage ich ihn. Er lächelt: »Nun ja, sie haben mich nicht gefragt.« Und ja, er würde gehen, wenn er denn könnte. Um sich selbst habe er keine Angst, um seine Kinder schon. Und er erzählt, wie sie den Patensohn seiner Frau beerdigt haben. Eine Granate hat ihn in einem Schützengraben getötet.

Oleg fährt uns weiter zum Busbahnhof. Als wir alleine sind, grinst mich Olena an und sagt, er wollte bestimmt sichergehen, dass wir Schytomyr auch wirklich verlassen und ihm keine weiteren Fragen stellen können.

Leider kann der kleine grüne Generator im Garten von Olegs Klinik sie nicht vor den Stromausfällen nach den massiven russländischen Raketenangriffen im November bewahren, die Raketen treffen viele Elektrizitätswerke in der ganzen Ukraine. Der Generator geht kaputt. »Vielleicht muss ich zur Dialyse bald ins städtische Krankenhaus«, sagt Oleg im November am Telefon. Das hieße auch, mit allen Patient:innen aus und um Schytomyr um Termine zu kämpfen. Als Neuer würde er dann wohl die späten kriegen. Beginn 22 Uhr, Ende ein oder zwei Uhr, zum Beispiel. Von Mitternacht bis fünf Uhr herrscht allerdings noch immer Ausgangssperre, und er bräuchte eine Sondergenehmigung, um durch die Nacht zu fahren.

Die Unsicherheit sei das Schlimmste am Krieg, hat Oleg im Mai zu mir gesagt. »Das presst dein Gehirn zusammen. Du fragst dich ständig, was als Nächstes passiert.«

# Fett

Schytomyr/Kyjiw, Mai 2022

**Olena und mir bleiben noch** eine halbe Stunde, bevor die Marschrutka nach Kyjiw abfährt. Wir setzen uns in ein Schnellrestaurant neben dem Busbahnhof. Es ist kurz vor zwei Uhr, ich bestelle ein spätes Frühstück. Spiegelei, dazu eine ölig glänzende Bulette und Kartoffelecken. Olena ist okay damit, so etwas zu essen, aber die meisten meiner ukrainischen Freund:innen wären entsetzt. Die sind so richtige Food-Hipster. Immer frisch, immer Gemüse, immer gesund. Gerade im Krieg muss man gesund essen, Daniel! Und so weiter und so fort. Sicher alles richtig, aber wenn ich alleine bin in der Wohnung in Kyjiw, dann koche ich mit viel Fett und viel Salz. Drei Spiegeleier, dazu Gretschka beispielsweise. Krieg geht durch den Magen.

Schon in Berlin habe ich nach immer neuen Horrormeldungen von der Invasion damit angefangen, nicht nur viel zu essen, sondern regelrecht zu fressen. Salzstangen, Kuchen, Saure Gurken, Fischkonserven, immer rein, Reihenfolge wechselnd.

Und jetzt, nach fünf Luftalarmen gestern und einem, zwei oder drei weiteren heute, keine Lust wieder mitzuzählen, will ich eben Ei, Salz und Fett. Tatsächlich merke ich bei den Alarmen gar nicht so sehr klassische Angst. Eigentlich bilde ich mir hier in Schytomyr ein, gar nichts Besonderes zu merken. Mein Verstand sagt mir, ich hätte mich an die Realität in der Ukraine bereits gewöhnt. Aber mein Magen sieht das anders, der merkt alles, der macht Rabatz wie ein ausgesetztes Wolfskind.

Heute Abend, wenn ich zurück in meiner Kyjiwer Wohnung bin, werde ich wieder Hunger haben. Zum Glück liefert die estnische Firma Bolt, deren Taxidienst fast in der gesamten Zeit der Invasion weitergearbeitet hat, auch um 22 Uhr noch Essen. Viele Restaurants und Lieferunternehmen schicken ihre Fahrer:innen um die Zeit nicht mehr raus, weil ab 23 Uhr Ausgangssperre ist und die Angestellten vorher zu Hause sein wollen. Die Zeiten dieser Ausgangssperren werden sich in diesem Krieg übrigens noch mehrfach ändern, je nach Situation und Gegend. Bolt bringt eine Portion Pommes, einen Hamburger und eine Schüssel Salat, die ich nicht bestellt habe. Sie wird einige Zeit im Kühlschrank verbringen, bevor ich sie wegwerfe.

Nächste Woche geht es nach Osten, ich hoffe, sie halten dort zur Begrüßung Salz und Fett bereit.

# Geburtstag

Kyjiw, Mai 2022

**Was lässt sich sagen über Kostya,** nun wo er tot ist? Nachdem wir einen Geburtstag zusammen gefeiert haben und nicht einmal seinen.

Vor diesem Abend kannte ich ihn nicht. Er kommt mit Galya durch die Tür des Chernomorka. Irgendwann zwischen 18 Uhr 30 – da hat sie mir geschrieben, dass sie unterwegs sind – und 19 Uhr 57 – da mache ich ein Foto von den beiden. Sie sitzen mir gegenüber. Im Chernomorka gibt es vor allem Muscheln, Fisch und Garnelen aus dem Schwarzen Meer. Wenn ich in Kyjiw meinen Geburtstag feiere, gehe ich mit Freund:innen immer in dieses Restaurant. Das Ambiente ist nüchtern und vornehm zugleich und die Preise noch gerade so hoch, dass ich es mir leisten kann, einmal im Jahr die Menschen einzuladen, die ich hier kenne.

Ob ich dieses Mal überhaupt feiern soll, habe ich Khrystyna und Lizza gefragt, bevor sie zum Filmfestival nach Cannes gefahren sind. Natürlich, meinten sie, feiere alles, was es zu feiern gibt. Das wird deine Gäste für ein paar Stunden etwas ablenken.

Kostya ist dünn, hat einen großen Kopf und Segelohren. Als ich ihn sehe, muss ich sofort an Dobby denken, den Hauselfen aus »Harry Potter«. Er trägt Jogginghose, Jogginjacke und Basecap in Schwarz und ein weißes T-Shirt, alles von Nike. Nachdem er »Guten Abend« gesagt hat, bestellt er einen Rum. Sie hätten seit drei Monaten keinen Alkohol getrunken, sagt Galya. Sie arbeitet als Freiwillige für ein Bataillon der ukrainischen Armee hier in Kyjiw, das hat sie mir in den vergangenen Wochen irgendwann per Telegram geschrieben. Soweit ich weiß, kocht sie dort Essen. Also nehme ich an, dass Kostya das auch macht. Für einen Soldaten erscheint er mir zu schmächtig.

Er fängt prompt einen Streit mit der Kellnerin an, weil sie die Sorte Rum nicht hat, die er bestellt. Als die Frau verärgert weggeht, schimpft Galya mit ihm. Und ich halte ihn für einen von den jungen Männern, die sich gern an Menschen vergreifen, von denen sie glauben, sie stünden unter ihnen. Aber Kostya ist einer, der sich entschuldigt. Er macht das, als die Kellnerin ihm sein Glas bringt und eine Dose Coca-Cola dazu. Sie nickt, ihr Ton wird sanfter.

Er nippt an seinem Glas. Um ihn herum laufen die Gespräche weiter. Neben mir erzählt Sasha, die Buchhalterin, die im März noch mit Lizza in Tscherniwzi war, dass Kolleginnen aus der Baufirma angerufen haben, für die sie früher gearbeitet hat. Sie haben Sasha gebeten zurückzukommen. Sie hat Glück, viele Menschen verlieren gerade ihren Job. Aber Sasha möchte nicht zurück. Sie organisiert wieder Hilfslieferungen in einem Zentrum wie dem in Tscherniwzi, nur dass es in ihrer Heimatstadt steht, einem Vorort von Kyjiw. »Alle wissen, sie können mich immer anrufen«, sagt Sasha. Wann soll sie da Zeit haben für die Arbeit als Buchhalterin?

Neben Sasha sitzt Vika Gorodynska, das rothaarige Mädchen aus Nikolajewka, das bei den Proben für das Theaterstück geweint hat. Wegen ihres Armbands in den Farben der russländischen Fahne. Sie lebt seit ihrem Schulabschluss in Kyjiw und studiert Regie wie Lizza Smith. Die beiden sind inzwischen befreundet. Vika will ihren Abschlussfilm drehen, aber sie hat kein Geld dafür. Sie schenkt mir eine gestrickte Ente aus Wolle. Die hat einen grünen Helm auf und einen Schal in Gelb und Blau, den Farben der Ukraine. Die Ente ist bewaffnet.

Zu ihr gehört eine olivgrüne Röhre aus weichen wollenen Maschen, 37 Zentimeter lang, größer als die Ente selbst. Das ist eine Abschussvorrichtung für eine Panzerabwehrrakete der Marke Javelin. Diese Waffe war während des Kampfes um Kyjiw für die ukrainische Armee besonders wichtig, damit haben die Verteidiger:innen der Hauptstadt viele gepanzerte Fahrzeuge der russländischen Armee zerstört. Deshalb ist sie im Land ebenso zu einer Ikone geworden wie die türkischen Bayraktar-Drohnen. Ein Teil des Geldes für die Kampfente geht an die Armee. Vika ist extra einen Umweg gefahren, um sie zu kaufen.

Nach seinem ersten Rum redet auch Kostya mehr. Er ist 23 Jahre alt, drei Jahre jünger als Galya. Er kommt aus Cherson, seine ganze Familie lebt dort. Er zeigt Fotos von seinen Freunden und seinen Brüdern. Ein kleiner Junge mit kurzen blonden Haaren lächelt in die Kamera, er hat die gleichen Segelohren wie Kostya.

Eigentlich ist er Automechaniker. Aber als die Invasion beginnt, arbeitet er gerade in Kyjiw auf dem Bau. In der Hauptstadt verdient er so mehr Geld als zu Hause. Dächer decken, das kann er gut, er steht auf Häusern mit drei Stockwerken und auf welchen mit 23. »Ich habe keine Höhenangst«, sagt er und zeigt ein Video, bei dem er sich mit anderen Männern rückwärts an einer Hauswand abseilt. Er nimmt das Seil und lässt sich einfach nach hinten fallen.

Da hat er schon als Soldat trainiert. Denn genau das ist Kostya, obwohl er so schmal ist. Er dient in einer Einheit, so erklärt er es mir, die sowohl für Aufklärung zuständig ist als auch für Sturmangriffe. »Die sterben sehr schnell«, sagt Galya, zieht ihre Mundwinkel nach unten und macht ihre Augen groß, die Karikatur eines traurigen Gesichts. »Von denen kommt manchmal die Hälfte nicht vom Einsatz zurück.« Kostya lächelt, beugt sich zu ihr hinüber und küsst sie auf den Kopf, auf ihre zu einem wilden Busch zusammengebundenen Ringellocken. Er legt seine Hand auf die Lehne ihres Stuhls, später streichelt er manchmal ihren Rücken. Vielleicht merkt Galya das nicht einmal, sie trägt eine dicke schwarze Lederjacke.

Sie sind ein berührendes Paar an diesem Abend. Galya hat eine hohe Stimme wie ein Vogel, die zugleich immer etwas angeraut klingt, als würde sie regelmäßig rauchen. Alles an ihrem Körper ist in ständiger Bewegung. Sie schiebt beim Erzählen ihre Hüfte hin und her wie beim Tanzen. Wenn sie auf etwas zeigt, streckt sie den Finger so manieriert aus, als wäre sie ein Handmodel oder Paris Hilton. Am auffälligsten aber ist ihr Gesicht, das alle Gefühle hundertfach verstärkt wiedergibt, wie in einem Comic. Und das geschieht alles in einem unglaublichen, vibrierenden Tempo. Lady Bjelka habe ich sie genannt, als wir uns das erste Mal begegnet sind, natürlich auch in der Schule Nummer 3 in Mykolajiwka. Damals hat sie noch als Journalist:in gearbeitet und geholfen, eine Schülerzeitung zu gründen. Lady Bjelka ist Russisch und bedeutet Frau Eichhörnchen.

Im Gegensatz zu ihr wirkt Kostya älter, fast greisenhaft in seinen Bewegungen, auch wenn er freudesprudelnd von seiner Familie in Cherson erzählt. Dass sie ein Paar sind, versuchen sie erst noch zu verbergen. »Er ist nur ein Freund«, sagt Galya, als sie sich mir gegenüber hinsetzen. Im Laufe des Abends rücken sie ihre Stühle immer näher zusammen.

»Hast du eigentlich die Papiere dabei«, fragt Kostya nach seinem zweiten Rum. Ohne bestimmte Dokumente dürften sie eigentlich gar nicht hier sein, außerhalb ihres Stützpunkts. »Nein, ich dachte, du hast die«, sagt Galya und dehnt ihr Gesicht zu einer Maske übertriebenen Erschreckens.

Papiere sind jetzt ihr Job. Sie hat sich zwar vor drei Monaten für den Küchendienst als Freiwillige gemeldet, aber inzwischen arbeitet sie in der Buchhaltung. Sie ist unter anderem für Gehaltsabrechnungen zuständig und dafür, dass Soldat:innen ihrer Einheit Boni kriegen, wenn sie an Kampfeinsätzen teilnehmen. Mehr als einmal hat sie sich deswegen mit der Bürokratie der ukrainischen Armee angelegt. Und sie ist Soldatin, keine Freiwillige mehr. Aus Versehen.

Vor ein paar Wochen kommt eine Frau zu ihr und ihrer Freundin Anya, mit der sie in der Küche arbeitet. Ihr schuftet hier die ganze Zeit umsonst, sagt diese Frau und breitet Dokumente vor ihnen aus. Wenn ihr Geld kriegen wollt, dann unterschreibt. Und sie unterschreiben und sind plötzlich in der Armee.

»Mir ist das erst richtig klar geworden, als das erste Mal Gehalt kam«, sagt Galya, »und das fühlte sich schon komisch an.« So lange wie der Krieg dauert plus einen Monat sei sie nun gebunden ans Militär. »Aber wenn das Leben dich plötzlich in so eine Position bringt, dann musst du etwas daraus machen, da bin ich Buddhistin«, sagt sie, wackelt mit dem Oberkörper aus der Hüfte heraus nach links und rechts, breitet die Arme aus, dreht ihre Hände mit den Handflächen nach oben und formt mit beiden Zeigefingern und Daumen zwei Kreise.

Kostya küsst sie wieder auf den Kopf. Er ist bewusst in die Armee eingetreten. Er will zurück nach Cherson.

Seine Heimatstadt ist seit dem 2. März von russländischen Truppen besetzt, es werden bald drei Monate. Verwandte schreiben ihm, dass Menschen verschwinden, es gibt Gerüchte, dass die Besatzer morden und foltern. Als Kostya in Kyjiw mitbekommt, wie schnell die russländischen Truppen auf Cherson vorstoßen, will er hinfahren und die Stadt verteidigen. Aber seine Kollegen halten ihn zurück, auch seine Familie schreibt ihm, er solle bitte in der Hauptstadt bleiben. Also geht er zur Armee. Und weil er so schnell wie möglich zurück sein will, geht er in eine spezielle Abteilung für Aufklärungseinsätze. »Es ist gefährlich«, sagt Kostya und grinst von einem großen Ohr zum anderen, »aber wir werden die Ersten in der Stadt sein.«

Erst einmal soll er aber in den Donbas, nach Osten, dort wo die russländische Führung gerade ihre Truppen konzentriert. Die nötigen Dokumente hat er schon. Galya übrigens auch. Beide sagen allerdings, dass sie kaum das Training für einen solchen Einsatz haben. Schießen sei bisher kaum geübt worden. Beide finden das merkwürdig. »Aber wenn es notwendig wird, gehe ich«, sagt Kostya. »Schießen lerne ich auch im Kampf, wichtiger ist es, bereit dafür zu sein.«

Wofür bereit? Zu töten oder zu sterben?

»Für beides«, sagt Kostya und zuckt mit den Schultern.

Er ist ungestüm, unbedacht, manchmal wie ein Kind. Sie beide erzählen, wie Kostya mit seinem Sturmgewehr in die Decke der Küche geschossen hat. Da hat er Galya besucht, wollte herumalbern, sie erschrecken, beeindrucken, irgendwas in der Richtung. Er dachte, seine Waffe wäre gar nicht geladen.

Kostya kann aber auch anders sein, leise. In einem seiner späteren Einsätze kundschaftet er zusammen mit anderen

Soldat:innen ein Gebiet in Belarus aus. Sie wollen etwas über die Bewegungen der Truppen des mit Russland verbündeten Diktators Aljaksandr Lukaschenko erfahren. Sie kommen heil in das Nachbarland im Norden hinein und wieder heraus.

Bedauert Galya, dass sie beide nicht zusammen kämpfen? »Ich kann nicht einmal einen Fisch töten«, antwortet sie und bestellt sich einen Weißwein. »Das sollte ich in der Küche einmal machen, und da habe ich geweint, und dann hat das jemand anderes gemacht.« Außerdem würden nur Frauen mit sehr viel Kampferfahrung in solche Einheiten aufgenommen. Galya kann gut schießen. Sie hat heimlich mit der Kalaschnikow geübt, nur Soldat:innen wie Kostya haben zugeschaut, keine Offiziere. Sie hat die richtige Atemtechnik, weil sie jahrelang Bogensport gemacht hat. Aber offen zeigen will sie das nicht.

Weil sie nicht töten will. Und weil einige Offiziere sich in den Kopf gesetzt haben, die Frauen, die gut schießen können, als ihre Fahrerinnen und Leibwächterinnen einzusetzen. Galyas Freundin Anya macht so einen Job. Sie selbst möchte das auf keinen Fall.

Die Männer, mit denen sie zusammenarbeitet, verhalten sich ihr und anderen Frauen gegenüber des Öfteren nicht professionell. Fünfzig Mal, schätzt Galya, ist sie nach ihrer Telefonnummer gefragt worden, auch von Männern über 50. Darüber lacht sie. Nicht weil es ihr gefällt. Aber so, wie sie die Sache sieht, kann sie damit umgehen, solange die Männer ein Nein akzeptieren. Sie stößt Kostya in die Seite und sagt: »Ich habe dich unter 700 ausgewählt.«

Andere Begebenheiten verdaut sie allerdings nicht so leicht. Einer ihrer Vorgesetzten beschimpft sie und ihre Freundin während ihrer Zeit in der Küche, wenn er zu viel getrunken hat. Sie wären nur auf Männer aus, sagt der Mann, sie seien Huren.

Er macht das mehr als einmal, bedroht die Frauen auch körperlich. Kostya verteidigt sie, streitet mit dem Beleidiger, der auch sein Vorgesetzter ist. So erzählt sie die Geschichte. Er nickt nur und schaut auf den Boden.

Solche Geschichten höre ich an diesem Abend nicht zum ersten und auch nicht zum letzten Mal. Knapp 40 000 Frauen sollen nach Angaben der ukrainischen Armeeführung wie Galya beim Militär dienen, das wäre etwa ein Zehntel der Armee. Seit 2018 sind sie per Gesetz den Männern gleichgestellt. Vorher durften sie offiziell nur Posten als Köchin oder Schneiderin bekleiden, auch wenn sie im Krieg im Donbas an der Front gekämpft haben. Meldungen darüber, dass Männer Frauen nicht ernst nehmen, über schlechtere Bezahlung und sexuelle Belästigung, gibt es öfter. Viele Frauen wehren sich dagegen und kämpfen in Initiativen wie dem von der Drohnenpilotin Maria Berlinska mitgegründeten Unsichtbaren Bataillon und der Bewegung ukrainischer Veteraninnen für eine gleichberechtigte Behandlung.

Galya und Kostya bringen mich nach Hause, als das Restaurant um 21 Uhr schließt. In Kyjiw gilt die Ausgangssperre zu dieser Zeit noch immer ab 22 Uhr. Wir steigen einen Berg hoch, laufen an einer Moschee vorbei. Kostya und Galya laufen nahe beieinander, ihre Schultern stoßen immer wieder zusammen, zwei schwarze schmale Schemen im gelben Licht der Laternen. Wir machen Selfies in diesem Licht. Auf den Bildern sieht der Himmel aus wie dunkelblauer Samt. Zum Abschied umarmen wir uns.

Kostya stirbt am 6. September. Galya schickt mir am nächsten Tag um 11 Uhr 28 eine Sprachnachricht per Telegram. Sie erzählt nicht, wo oder wie er gestorben ist. Das will sie aber noch machen, schreibt sie mir. Als ich Wochen später nachfrage, antwortet sie nicht. Das wiederholt sich zweimal, dann lasse ich sie in Ruhe.

An diesem Septembertag sagt Galya noch, dass sie Kostyas Sachen zusammensuchen und an seine Großmutter schicken will. Ihr Stimme ist sehr rau. Sie sagt: »Es ist nicht der beste Tag in meinem Leben. Ich bin sehr traurig.« In der Nacht um kurz nach ein Uhr schickt sie mir eine zweite Sprachaufnahme, sie hat bis eben geschlafen. Sie sagt, die vergangenen Monate seien hart für Kostya gewesen, zu hart. »Er hat keinen Platz mehr auf dieser Welt gefunden. Ich hoffe, nein, ich bin mir sicher, er ist dort, wo er jetzt ist, glücklicher als hier auf der Erde.«

Am 11. November, fast auf den Tag genau zwei Monate nach Kostyas Tod, erreicht die ukrainische Armee Cherson.

# Nach Osten

Straße Kyjiw – Dnipro – Saporischschja,
Mai 2022

**Ein Flugzeug. Oleksandr sieht es.** Olena sieht es auch.

Beide zeigen mit ihren Fingern nach vorn, durch die Windschutzscheibe in den grauen Himmel. Ich sitze hinter ihnen und sehe im Rückspiegel Olenas aufgerissene Augen und ihren offenen Mund. Einen Tag vor der Invasion am 24. Februar schlossen die Flughäfen in und um Charkiw. Dnipro und Cherson sollten folgen. Seitdem ist die Ukraine ein Land ohne zivilen Luftverkehr, also praktisch ohne Flugzeuge.

Hier eines zu sehen, ist irgendwas zwischen sehr unwahrscheinlich und potenziell lebensgefährlich. Denn wenn doch ein Flugzeug auftaucht, muss es ein militärisches sein. Olena fragt: »Ist es eins von uns oder eins von denen?« Wir drei sind in diesem Augenblick nach mehr als acht Stunden auf der Straße fast am Ziel, wir haben Saporischschja fast erreicht. Die russländische Armee ist nicht weit weg, sie will die Stadt erobern, sie steht nur wenige Kilometer davor.

Jetzt endlich sehe auch ich den Punkt, der sich in den Wolken bewegt. Besonders schnell erscheint er mir nicht.

»Ist wahrscheinlich eine Transportmaschine«, sagt Oleksandr. »Eine von unseren. Die Russen würden sich gerade nicht trauen, hier so herumzufliegen.« Oleksandr Sosnovskyi heißt er mit vollem Namen. Er fährt unseren Kleinbus, einen roten Fiat Transit. Ich sehe Oleksandrs Kopf von schräg hinten, wenn er auf die Straße schaut oder von der Seite, wenn er sich beim Reden zu mir dreht. Er hat ein charakteristisches Profil mit seiner großen, geraden Nase und den großen Ohren. Außerdem ist er seit Ewigkeiten der erste Mann, den ich seine Haare als Topfschnitt tragen sehe. Wenn er redet, schiebt er die russischen Wörter mit seiner Zunge über die Unterlippe hinaus in die Welt. Sollte er wegen des Flugzeugs so aufgeregt sein wie Olena, dann verbirgt er es gut. Das Unwahrscheinliche bringt ihn nicht aus der Fassung. Er hat schon einiges erlebt, das irgendwann mal als unwahrscheinlich galt.

Um nur mal drei Dinge zu nennen:

Erstens: Zusammen mit seiner Frau Diana Berg, heute eine international bekannte Bürgerrechtsaktivistin, hat er in Mariupol 2016 das Kunstzentrum »Platform Tu« gegründet, das auch queeren Menschen und ihren Forderungen nach Gleichberechtigung Räume bot. Das war fremd in dieser Stadt der Arbeiter:innen, sagt Oleksandr, das Wertesystem dort sei konservativ gewesen, bisweilen archaisch. Seit er fünf Jahre alt ist, hat er in Mariupol gewohnt. Seine Mutter verkaufte dort in den 1990ern Kleidung auf dem Basar, die sie vorher selbst in Polen gekauft und dann von West nach Ost fast durch die gesamte Ukraine transportiert hat. Oleksandr hat Recht in Kyjiw studiert und Möbel in Polen gebaut, das waren seine paar Jahre außerhalb der Hafenstadt am Asowschen Meer. Sonst war er in Mariupol. Beim Illjitsch-Kombinat hat Oleksandr an Arbeitsplänen für 50 000 Menschen mitgeschrieben. Diese Fabrik ist ein noch größerer Koloss aus Stahl und Beton, als das bei der Verteidigung von Mariupol berühmt gewordene Asowstal-Werk. Beide gehören der Metinvest-Gruppe des Oligarchen Rinat Achmetov. Kann man eigentlich noch von »ist« schreiben, wenn es um Mariupol geht? Oder wäre nur noch ein »war« angemessen, angesichts der Zerstörung von weiten Teilen der Stadt?

Zusammen mit seiner Frau entscheidet sich Oleksandr am 3. März 2022 zur Flucht. Da haben russländische Truppen die Stadt bereits umstellt.

Zweites unwahrscheinliches Ding: die Invasion. Oleksandr glaubte nicht daran. »Wir waren alarmiert, aber wirklich damit gerechnet haben wir nicht«, hat er heute auf der Fahrt gesagt, »auch nicht damit, dass Mariupol so schnell vom Feind eingekreist wird.« Er glaubt an Kollaboration oder eine andere Form von Betrug in der Verwaltung von Cherson oder irgendwo anders, wo sie die Verteidigung des Südens der Ukraine organisieren sollten. Sonst hätten die Truppen aus Russland seiner Meinung nach nicht so schnell vorstoßen können.

Oleksandrs Stadt, Mariupol, wird nach dem Überfall im Februar 2022 nie wieder einfach nur eine Stadt sein. Die Ruinen ihrer zerstörten Häuser stehen für die umfassende Zerstörung, mit der Russland die gesamte Ukraine überzieht. Und die Massengräber in ihrer Umgebung für das Töten und Sterben im ganzen Land.

Der britische Sender BBC hat mehrfach Satellitenbilder des US-Unternehmens Maxar analysiert. Mitte Mai zeigten die Fotos 1700 Gräber, Mitte Oktober 4600. Es ist unklar, wie viele tote Menschen dort tatsächlich begraben liegen. Ukrainische Offizielle sprechen im Herbst 2022 von 25 000 Menschen, die bei den Kämpfen um die Stadt ums Leben gekommen seien. 5000 bis 7000 sollen unter den Trümmern ihrer Häuser begraben worden sein. Vor dem Krieg hatte Mariupol etwa eine halbe Million Einwohner:innen. Im September 2022 lebten nach Angaben des geflohenen ukrainischen Bürgermeisters Vadym Boychenko dort noch über 120 000 Menschen. Boychenko sagte der ARD, dies ließe sich anhand von Mobilfunkdaten nachvollziehen.

Das dritte unwahrscheinliche Ereignis in Oleksandrs Leben: die Flucht. Mit dem Auto fahren er und Diana am 3. März los. Sie ist schon einmal geflohen, aus ihrer Heimatstadt, aus dem seit 2014 von Milizen und russländischen Soldaten besetzten Donezk. Für Oleksandr ist es das erste Mal. Beide fürchten, dass sie als Aktivist:innen für Bürgerrechte von den Besatzern als »zu ukrainisch« angesehen werden, dass sie gefoltert werden könnten oder getötet. Durchaus begründet, wenn man bedenkt, welche Menschen die russländischen Truppen nach der Eroberung von Städten wie Isjum und Cherson gequält und hingerichtet haben.

Außerdem ist der Kampf gegen die Rechte von Lesben, Schwulen und trans Menschen ein grundlegender Teil der religiösen und politischen Rechtfertigung für den Angriff Russlands auf die Ukraine. Anfang März, zehn Tage nach dem Überfall, sagt Kirill, Patriarch der mit dem Staat eng verflochtenen russisch-orthodoxen Kirche, in einer Sonntagspredigt, die Menschen im Donbas wollten keine Schwulenparaden. Der Westen fordere diese aber als Loyalitätsprüfung. Russland hat seine ohnehin scharfe Gesetzgebung gegen das Propagieren sogenannter nicht-traditioneller Beziehungen während der Invasion noch einmal verschärft. Anfang Dezember 2022 wird Vladimir Putin ein Gesetz unterzeichnen, das praktisch jede öffentliche positive Äußerung zu Homosexualität unter Strafe stellt und mit hohen Geldbußen belegt. Nach der Eroberung Mariupols dreht das russländische Fernsehen in den Räumen von Oleksandrs und

Dianas Kunstzentrum »Platform Tu« einen Film, in dem die ehemaligen Mitarbeiter:innen des Zentrums beschuldigt werden, sie hätten mithilfe der USA Kinder zu Lesben, Schwulen und trans Menschen machen wollen. Als ich Diana Berg vor meiner Fahrt in die Ukraine in Berlin getroffen habe, hat sie über diesen Fernsehbeitrag gelacht. Auf der Flucht damals treibt sie die Angst.

Am ersten Donnerstag im März 2022 schließen Oleksandr und Diana die Tür zu ihrer Wohnung ein letztes Mal ab. Auf dem Weg zu ihrem Auto sehen sie gegenüber ihrer Wohnung das Akademische Dramatheater des Oblast Donezk, das damals noch steht. Knapp zwei Wochen nach ihrer Flucht werden russländische Flugzeuge das Gebäude bombardieren. Laut einem Bericht von Amnesty International tötet dieser Angriff mindestens zwölf Menschen, die ukrainischen Behörden gehen von 300 Toten aus, die Nachrichtenagentur Associated Press nach eigenen Recherchen von 600.

Oleksandr steuert das Auto an jenem Donnerstag durch Mariupol. Die Straßen der Stadt, die er seit so vielen Jahren kennt, könnten in diesen Stunden auch über den Mond führen, so andersartig erscheinen sie ihm. »Nirgendwo brennt Licht, alles ist dunkel. Am Straßenrand siehst du den Dreck, den die Panzer aufgeworfen haben, du hörst die Schüsse, du weißt nicht, was passiert«, sagt er hinter dem Steuer unseres Busses, hier kurz vor Saporischschja, und spielt das nach, die Verwirrung, die Angst, das Navigieren ohne sich wirklich zurechtzufinden. Er beugt sich vor, bis seine Nase fast an die Scheibe stößt, und nun reißt er Augen und Mund soweit auf, wie Olena eben, als das Flugzeug aufgetaucht ist.

Zwei Checkpoints passieren Oleksandr und Diana damals im März, besetzt von Russen aus der Stadt Kaluga, sagt er. Die

Filtration, also das Aussieben von Menschen, die die Besatzer für »zu ukrainisch« halten, das Einsperren der Aussortierten in Lager, hat da noch nicht begonnen. Oleksandr kann sich nicht einmal mehr erinnern, ob er seinen Pass zeigen musste. Als die beiden Mariupol hinter sich gelassen haben, begegnet ihnen eine Kolonne russländischer Panzer. Sie kommen von einem Feld und rollen vor ihnen über die Straße auf einen anderen Acker. Der erste Panzer ist schon drüben. Er dreht den Turm, bis seine Kanone auf ihr Auto zeigt. »Ich habe die Hände gehoben«, sagt Oleksandr und lässt auch das Lenkrad unseres Ford Transit los, die Straße ist in diesem Augenblick zum Glück glatt und gerade. Dann habe er Gas gegeben, und das Auto sei zwischen den zwei Panzern hindurchgeflutscht. »Der hat nicht geschossen«, sagt Oleksandr und stößt die Luft so lange und laut aus, als würden wir auch gerade zwischen zwei Panzern durchfahren.

Diana und er sind damals nach Saporischschja gefahren, die Stadt, aus der Oleksandrs Vater stammt, den er aber nie sehr gut kennengelernt hat. Dafür haben sich seine Großeltern dort sehr um ihn gekümmert. Lange liebte Oleksandr Saporischschja wegen dieser Zeit mit ihnen, den Eltern seines Vaters, viel mehr als Mariupol, die Heimatstadt seiner Mutter. Aber auf der Flucht im März will Oleksandr dort nicht bleiben, es drängt ihn weiter nach Westen. Diana auch. Wenn die russländische Armee bis nach Mariupol kommt, dann kommt sie vielleicht überall hin. Und so fährt das Paar nach Dnipro, nach Winnyzja, bis ganz an den Rand des Landes, nach Lwiw. »Das war wie ein Instinkt«, sagt Oleksandr. »Leute aus Mariupol wollten immer weiter, weiter, weiter. Erst später hat mein Gehirn wieder eingesetzt.« Dann erst fällt ihm auch auf, dass sie das Falsche mitgenommen haben. Dinge nämlich und keine Menschen.

Und wie ist es jetzt, diese Strecke wieder zurückzufahren? Nach Osten?

»Als ich das erste Mal nach Saporischschja unterwegs war, hatte ich wirklich Angst«, sagt Oleksandr. Aber jetzt ist er diese Tour schon so oft gefahren. Dabei hätte er dieses Mal allen Grund, sich zu fürchten. Jedenfalls, wenn man den Warnungen meiner Freund:innen Glauben schenkt. Ob Soldat:innen, Volontär:innen oder Menschen, die einfach einen Haufen Kanäle auf Telegram abonniert haben, viele haben mich gewarnt, dass es gefährlich wird. Die russländischen Truppen wollten die Stadt stürmen, vielleicht schon morgen.

Keine Ahnung, was ich davon halten soll. Mein Bauchgefühl sagt: Es wird nichts passieren. Aber das dachten die, denen in diesem Krieg etwas passiert ist, sicher auch vorher. Olena ist ebenfalls vorsichtig. Sie hat sich ausbedungen, dass wir nicht länger als drei Tage bleiben, besser nur zwei.

Dabei habe ich schon Mühe, mich nicht für einen Feigling zu halten, weil ich mir geschworen habe, mich bei dieser Reise aus der Reichweite russländischer Artillerie fernzuhalten.

Immer noch habe ich kein einziges Foto mit der albernen kugelsicheren Weste und dem lächerlichen Helm gemacht. Selfies von Journalist:innen in voller Panzerung gehen gerade sehr gut auf Instagram und Facebook. Selbst wenn sie an Orten gemacht wurden, an denen das Tragen von Schutzkleidung absolut unnötig ist. Zum Beispiel vor einem Supermarkt im Zentrum von Kyjiw. Außer zur Anprobe in Deutschland hatte ich mein Zeug nie an. Bisher ist es reiner Ballast. In Saporischschja wird das vielleicht anders.

Unser Bus wackelt, und wir drei werden durchgeschüttelt. Der sonst oft so glatte Asphalt auf dem Weg nach Osten ist aufgerissen, als hätte ein Riese die schwarze Straßendecke mit einem Dosenöffner bearbeitet. Panzer müssen hier entlanggefahren sein, gewendet haben, die Spuren ihrer Ketten haben sich tief eingegraben. Auf unserer langen Fahrt haben wir solche Panzer immer wieder gesehen, T-72 auf Sattelschleppern, mal einen einzelnen, mal zwei, selten drei, nie mehr als vier hintereinander.

Die Checkpoints sind größer geworden, je näher wir Saporischschja gekommen sind. Mehr Betonteile, größere Unterstände, mehr Panzersperren, mehr Krähenfüße. Oleksandr musste mit dem roten Ford Transit Slalom um diese Hindernisse fahren. Die Sandsackdichte ist gestiegen, ebenso die Zahl der Menschen, die hinter diesen aufgeschichteten Säcken stehen und mit ihnen die Zahl der Kalaschnikows.

An vielen Checkpoints wurden wir durchgewunken, aber wenn er anhalten musste, war Oleksandr bewusst freundlich. »Ich versuche die Wachen immer zu grüßen, damit sie sehen, dass sie unterstützt werden«, hat er am Anfang unserer Fahrt gesagt, an einem der ersten Checkpoints hinter Kyjiw. »Es ist ein harter Job, ich war zwei Jahre bei der Polizei, ich weiß wie das ist.« Eine Weile ist er tagsüber in Uniform unterwegs gewesen, hat abends Veranstaltungen in der »Platform Tu« organisiert und sich dort um die Technik gekümmert. In die alte, sowjetisch geprägte korrupte Miliz wäre er nie eingetreten, aber er hoffte auf die Polizeireform der Regierung von Petro Poroshenko nach der Revolution auf dem Maidan. Die Veränderungen blieben allerdings halbherzig, viele ukrainische Politiker:innen dieser Zeit fürchteten eine zu gut funktionierende Polizei.

Oleksandr wurde ganz zum Aktivisten und wollte auf diese Weise das Land verändern. Das Intellektuelle überlässt er dabei oft anderen, sagt er, das sei nicht so sein Ding. Sein Ding ist das

Handfeste, Praktische, er mag Autos und andere Maschinen. Als er zum Beispiel diesen Kleinbus, in dem wir fahren, das erste Mal gesehen hat, musste er ihn gleich putzen. Aktivist:innen aus Leipzig hatten ihn Diana Berg geschenkt, er war außen und innen dreckig. Seine Frau störte das nicht, sie fuhr damit von Deutschland bis Lwiw. Oleksandr ist da anders. »Wie können Leute ein Auto so behandeln?«, fragt er und schüttelt den Kopf hinter seinem Lenkrad. »Ich bin ihnen dankbar, natürlich, aber technische Dinge liegen mir am Herzen.«

Sein Hang zum Praktischen ist auch auf unserer Fahrt nach Osten gefragt, und zwar ständig. Um halb zwei zum Beispiel, da ruft ihn eine Frau an, aus einem Ort, der derzeit von russländischen Truppen besetzt ist. Sie hat in ihrem Haus ein Tierheim aufgemacht für all die Hunde, Katzen und Kaninchen, deren Besitzer:innen geflohen sind oder getötet wurden. Sie hat auch eine internationale Organisation gefunden, die Futter bereitstellen würde. Aber jemand muss die entsprechenden Anträge stellen. »Könntest du nicht …?« Und natürlich kann Oleksandr. Die Frau braucht außerdem Medizin für die Tiere. »Meine Leute sind mit den Medikamenten schon in Saporischschja«, sagt Oleksandr. »Aber sie kommen gerade nicht durch.« Die Soldaten aus Russland lassen sie die Checkpoints nicht passieren.

Von dieser Art Reiseverkehr erfahre ich das erste Mal von Oleksandr Sosnovskyi, später erzählen mir auch andere davon: Ukrainische Volontär:innen fahren mit Autos hinüber in die von Russland besetzten Orte. Sie bringen Lebensmittel dorthin, Medikamente, Psychopharmaka, Windeln. Das sind Oleksandrs Leute, von denen er eben im Telefonat mit der Frau vom Tierheim gesprochen hat. Er koordiniert, wohin sie fahren. Bevor er mit ihnen arbeitet, stellt er ihnen allerdings Fragen: »Wer bist du? Warum willst du das machen? Wohin willst du fahren?«

Wenn ihm die Antworten nicht gefallen, oder die Menschen, dann trennen sich ihre Wege. Er verlässt sich bei der Auswahl auf sein Bauchgefühl, auf sein Gespür als Ex-Polizist. »Drogensüchtige und zwielichtige Typen müssen wir aussortieren«, sagt Oleksandr, als wir die Häuser von Saporischschja schon sehen können. »Wir hatten mal einen, der ist mit dem Auto und den Hilfsgütern abgehauen, hat alles verkauft und ist mit dem Geld verschwunden.« Das passiert ihm nicht noch einmal.

Außerdem macht Oleksandr eine Recherche im Internet. Wer dort als Anti-Korruptionsaktivist:in auftaucht oder als Volontär:in und während des Donbas-Kriegs Autos für das ukrainische Militär in Polen gekauft hat, kann nicht mitmachen bei Oleksandrs Truppe. Googeln können sie nämlich auch bei der russländischen Armee und beim Geheimdienst. Zu hoch ist das Risiko, in einem der Filtrationslager der Besatzungstruppen zu landen und nie wieder aufzutauchen. »Wer da rüber fährt, setzt ohnehin schon sein Leben aufs Spiel«, sagt er. »Dieses Risiko müssen wir minimieren.«

Kurz bevor wir auf den Sobornyj-Prospekt fahren, eine der großen mehrspurigen Straßen, an denen Saporischschja liegt, frage ich Oleksandr noch, ob seine Volontär:innen die Soldaten aus Russland bestechen, um durch deren Checkpoints zu kommen. »Wir kaufen die billigsten Zigaretten«, sagt er. »Energy Drinks funktionieren auch. Wenn sie dich durchlassen wollen, dann lassen sie dich durch. Und wenn nicht, dann nicht.« Oleksandr nickt mit dem Kopf nach rechts, nach draußen. Wir fahren am Einkaufszentrum Avrora vorbei, in das gestern eine Rakete eingeschlagen ist. Die Fassade sieht zerfleddert aus, Plastik und Glas verschoben und gebrochen. Gestorben ist niemand, das Avrora ist zur Zeit geschlossen. Sie haben es renoviert. In den Geschäften stand schon vieles für die Neueröffnung. Die

Fensterscheiben im Block gegenüber sind komplett verschwunden. Polizist:innen stehen vor dem Einkaufszentrum. »Damit niemand plündert«, sagt Oleksandr.

»Hörst du schon Phantomalarme?«, fragt mich Olena, als wir uns abends im Hotel zum Essen treffen. Erst schüttle ich den Kopf, dann nicke ich. Wenn oben im Zimmer die Klimaanlage brummt, wenn im Klo die Lüftung anspringt, oder wenn wir heute an Tankstellen gehalten haben auf der Suche nach Diesel und vorbeifahrende Autos ein Rauschen hinter sich her geschleift haben, dann habe ich es in diesen Geräuschen nämlich tatsächlich gehört: das Heulen der Sirenen.

# Andriy bleibt hier

Saporischschja, Mai 2022

### Arbeit

Das Kreischen von Metall auf Metall ist hoch und laut. Ein Mann in schwarz-weiß gefleckter Camouflagehose steht an einem Holztisch. Mit beiden Händen drückt er die schnell rotierende graue Scheibe seiner Schleifmaschine auf ein T-Stück aus Eisen, das vor ihm im Schraubstock steckt. Hellglühende Funken sprühen an seinem rechten Ellbogen vorbei in die hohe Halle, verlöschen, werden unsichtbar.

Schräg hinter ihm schneidet ein anderer in Jeans und Turnschuhen mit einer Kreissäge in ein rechteckiges Blech, das flach auf dem Boden liegt. Er bückt sich, seine Nase hängt etwa einen halben Meter über der grellen Lichtfontäne, die auch er mit seiner Säge aus dem Metall hervorspritzen lässt. Der stechende Geruch von verbranntem Eisen kriecht in den Rachen, wird Geschmack und legt sich wie ein Hauch von Blut auf die Zunge. »Die beiden bauen eine Tür für ein Militärkrankenhaus«, sagt Andriy Vozdraganov. »So etwas mache ich sonst auch. Wir machen hier alle alles.«

Andriy hatte schon viele Jobs, er war Vorarbeiter in einer Ziegelei, er hat Estrich verlegt, Kajaks vermietet und Fahrräder repariert. Er hat breite Schultern, aber sein Körper, seine Arme und Beine sind schmal. Seit dem 26. Februar, Tag zwei von Russlands Überfall auf die Ukraine, arbeitet er hier in dieser Halle. Andriy und etwa 300 andere Menschen haben sich damals das Gebäude geschnappt, hier stehen Sägen, Werkbänke und Schleifmaschinen, an einer Holzwand hängen Masken fürs Schweißen.

»Damals lag noch Schnee«, sagt Andriy. Seitdem haben sie diesen Ort zu einer Manufaktur für alles gemacht, was in diesem Krieg gebraucht wird. Stabile Türen zum Beispiel. Ihr begehrtestes Produkt sind kugelsichere Westen. Die sind drei Monate nach Beginn der Invasion immer noch knapp. Hinter der Halle steht sogar eine Skulptur aus Metallplatten, die wie eine rostige Riesenrüstung aussieht. Die haben sie auch selbst gemacht.

»Wir stellen Schutzklasse vier her, und höher«, sagt Andriy und zeigt auf einen Stapel weiterer Metallplatten. Dicke Nähte vom Schweißen oder Löten überziehen sie. Wie sechseckige Wappenschilde sehen sie aus, fast quadratisch, aber auf der einen Seite mit einer Ausstülpung, die an ein abgeflachtes Dach erinnert. Sie sind groß genug, um den Oberkörper eines Menschen abzudecken, von oberhalb des Bauches bis zum Hals. Schutzklasse vier gilt als die beste in Deutschland, die hat auch meine Weste. Sie soll Projektilen aus einem Gewehr standhalten können. Absolut kugelsicher ist übrigens keine Schutzkleidung, deshalb sagen Fachleute lieber »beschusshemmend«.

Andriy zeigt auf einen anderen Stapel, wieder diese sechseckigen Formen, aber in blauen Stoff eingenäht. »Das Metall ist noch experimentell. Das beschießen wir später noch, oder morgen.« Dass ihre Platten auch Feuer aus Kalaschnikows standhalten, testen Andriy und die anderen Freiwilligen in der großen Halle selbst.

Mit Schritten, die schwer erscheinen für seinen schmalen Körper, steigt er eine grüne Treppe am hinteren Ende der Halle nach oben und öffnet eine Tür. Im Halbdunkel dahinter steht ein Schauregal. Seine schrägen Flächen sind beleuchtet, als würde ein Fleischer auf ihnen seine Koteletts anbieten. Doch hier liegen Platten aus Metall, ähnlich der, die Andriy mir eben unten in der Halle gezeigt hat. Jede dieser Platten sieht anders aus. Die ganz oben rechts ist rot wie ein Backstein, die darunter mattgrün wie ein plattgefahrener Frosch. Zwei glänzen wie altes Tafelsilber, andere sind schrundig und vernarbt. Aber eines haben sie alle gemeinsam: Einschusslöcher, manchmal umgeben von rußig schwarzen Flecken, manchmal mit Bleistift eingekreist.

»Die ist aus Belgien«, sagt Andriy und zeigt mit dünnem Finger auf die grüne Platte. »Und die aus Finnland.« Er deutet auf die rote. Das Metall für die Platten zu importieren, kann nicht einfach sein. Dafür braucht man Verbindungen in Zeiten des Krieges. Die Bestände sind viel zu knapp für den Bedarf. Ich weiß das, denn ich habe selbst versucht, Stahl für Schutzwesten zu beschaffen.

Im April haben ein Kollege und ich uns deswegen quer durch Europa telefoniert und gemailt. Ukrainische Kolleg:innen hatten uns um Hilfe gebeten. Wir sollten nach speziellen Stahlsorten fragen, wie Secure 600 und Armox 600, und eine möglichst große Menge davon bestellen, über 20 Tonnen. Eine Manufaktur wie die von Andriy sollte daraus die Schutzwesten machen.

Eigentlich würden sie hier lieber Platten aus Keramik für ihre Westen verwenden, die sind leichter als Stahl. Aber es ist auch noch teurer und noch schwerer zu bekommen. Meine etwa zehn Kilogramm schwere Weste, die ich unbenutzt bis nach Saporischschja mitgeschleppt habe, ist hier ein Luxusprodukt. Polizist:innen im Kyjiwer Bezirk Podil haben einem Freund, einem ukrainischen Filmemacher, bei einer Straßenkontrolle seine Weste unter einem Vorwand weggenommen. Von Freund:innen, die das Beschaffen und den Transport von Schutzkleidung organisieren, weiß ich von weiteren solcher Fälle.

Im April habe ich wegen des Stahls unter anderem mit Juho Mattila vom finnischen Hersteller Miilux gesprochen. Er erklärte mir sehr freundlich, wer jetzt bestellen würde, könnte im Herbst vielleicht mit einer Lieferung rechnen. Auf einer deutschen Webseite gab es damals ein Angebot: Vier Tonnen Stahl zu 39 200 Euro. Aber die wurden von jemand anderem weggekauft, bevor die Ukrainer:innen zugreifen konnten.

»Hier haben einige Firmen gute Beziehungen nach Finnland«, sagt Andriy. Er grinst, als ich ihm von meinen Erfahrungen erzähle. In den zwei Tagen, die Olena und ich mit ihm verbringen, lächelt er immer breit, aber er lacht nie laut. Er stoppt seine Gefühle stets, bevor allzu viele aus ihm herausschlüpfen können. Saporischschja ist eine Stadt der Schwerindustrie, die Betriebe hier verarbeiten Metall, stellen Aluminium her, bauen Landmaschinen und andere Fahrzeuge.

Ab und zu probieren Andriy und seine Kolleg:innen, ob sich die Metalle, die es in Saporischschja gibt, auch für Schutzwesten eignen könnten. Sie haben sie einzeln benutzt, verlötet und verschweißt. »Aber unsere selbst gebauten Platten werden entweder viel zu schwer, oder die Kugeln kommen durch«, sagt Andriy.

Also bleibt ihnen meistens doch nur zu warten, bis eine Lieferung kommt. Das Geld dafür sammeln sie auf Social Media, viele Ukrainer:innen spenden noch. Bei der jüngsten Sammlung kamen sieben Millionen Hrywnja zusammen, zur Zeit sind das etwa 220 000 Euro. Dann hat der Mann, den sie zum Leiter dieser Halle gemacht haben, in Finnland angerufen. Er spricht Englisch. Nachdem die Lieferung durch halb Europa transportiert wurde und den Raketenbeschuss von Bahn und Straßen überstanden hat, haben Menschen in Saporischschja den Stahl zu Platten zurechtgeschnitten. Andriy und die anderen Männer in der Halle kleben die Ränder der Platten nun sorgsam mit stabilem, dickem Klebeband ab. Sonst würden die scharfen Ränder des Metalls in den Stoff der Westen schneiden.

Taktaktaktak.
Taktaktaktaktak.
Taktaktaktaktaktak.

Im dunklen Flur hinter dem Regal mit den Metallplatten sind sie schon zu hören: die Geräusche laufender Nähmaschinen.

»Macht die Tür zu, die Hitze soll draußen bleiben«, ruft eine blonde Frau mit Pferdeschwanz, als wir im Raum mit den weißgrauen Maschinen stehen, eingezwängt zwischen ebenso weißgrauen Arbeitsplatten. Sie kommt auf uns zu, lehnt sich lässig an den Tisch vor uns, die Beine übereinandergeschlagen und in unsere Richtung ausgestreckt. Lena, so heißt sie, ist der Kopf dieser Schneiderei. Mit ihren Arbeiterinnen, »wir machen auch Nachtschichten«, näht sie die sogenannten Plattenträger, also die eigentlichen Westen. »Die Stoffe dafür kommen aus Deutschland, der Türkei und Polen«, sagt Lena. »Die Verschlüsse und Schlaufen auch.« Sie hat dreißig Jahre als Designerin gearbeitet, Hosen genäht und Schuhe gemacht, sie führte vor der Invasion ein Modegeschäft im Zentrum von Saporischschja. »Ich habe Kundschaft in aller Welt, und die hilft mir jetzt, Material zu besorgen«, sagt sie. »Damit ich bald wieder Kleider für sie nähen kann.«

70 Leute nähen hier insgesamt, aber in diesen Raum unter dem Dach passen eher so 15. Lena sagt, dass sie in 24 Stunden 20 Westen nähen, an sehr guten Tagen und mit genug Material können es auch 30 werden. Wenn eine Weste fertig genäht ist und sie unten in der Halle das richtige Metall haben, steckt Andriy oder jemand anders die abgeklebten Platten hinein. Aber so viele Westen sie hier auch schaffen, es reicht nie aus. Es ist immer nur ein Bruchteil von dem Bedarf, den ihnen die Kommandeur:innen der Territorialverteidigung und der Armee melden. Manche Kämpfer:innen warten schon seit drei Monaten. Deshalb losen Andriy und die Volontär:innen aus, wer die nächste Weste bekommt.

Alle Anfragen schreiben sie auf Zettel, und diese Zettel stecken sie in einen Karton. Einer der Freiwilligen greift hinein und zieht einen der Zettel heraus, er darf selbst kein Los in die Kiste geworfen haben. Wer gewinnt, bekommt die Weste. »Unser Chef meinte einmal, wenn wir wollten, könnten wir das Losen natürlich manipulieren und die Westen verkaufen«, sagt Andriy. »Aber er vertraut uns, dass wir das nicht tun.« Andriy hatte schon Glück. Er hat den Namen des Mannes seiner Schwester Anna auf einen Zettel geschrieben. Der bewacht einen Checkpoint auf dem Weg Richtung Frontlinie. Am Morgen der Ziehung kam Andriy zu spät, sagt er, und als er die Halle betrat, hatten sie den Zettel seines Schwagers aus dem Karton gezogen. »Das war wie ein Wunder«, sagt Andriy.

Seine Kolleg:innen könnten das natürlich auch für ihn arrangiert haben, ohne sein Wissen, denn der ernste und strenggläubige Andriy ist keiner, der betrügt, und Wunder werden im Krieg immer gebraucht. Andererseits passieren hier unwahrscheinliche Dinge am laufenden Band, also warum nicht auch dieses?

Auf dem Weg zurück durch den dunklen Flur in Richtung Halle hören wir lautes Gebrüll hinter einer Holztür. Andriy grinst sein gebremstes Lächeln. »Der Chef hat ein Meeting.« Als wir wieder auf der grünen Treppe stehen, die hinunter zu den Männern mit den Sägen und den Schleifern führt, brüllt erneut jemand, aber von draußen. 12 Uhr 25. Das Zeichen zum Mittagessen.

Eine dunkelblonde Frau in dunkelblauer Jeans und ebenso dunkelblauer Bluse und ein bärtiger Mann in einem schwarzen Hemd aus festem Stoff schenken den Borschtsch mit glänzenden Metallkellen aus. Es schwimmen ganze Knoblauchzehen in der roten Suppe. Auf seinen rechten Hemdsärmel, fast in Schulterhöhe, hat der Koch die ukrainische Fahne genäht. Er steht unter einem Dach aus Wellblech, das von Metallstangen gehalten wird. Vom Eingang der großen Halle bis hierher sind es vielleicht fünfzehn, zwanzig Meter einmal über den Hof.

Hinter den beiden Köch:innen hängen weitere Kellen von der Decke, auf mit blauem Wachstuch belegten Tischen stehen Schüsseln und Plastikeimer, in denen noch Reste von geschnittenem Weißkohl und Lauch kleben. Eiserne Töpfe hängen über offenem Feuer, es riecht rauchig nach verbrannter Kohle. »Das alles hier haben ich und die anderen auch gebaut«, sagt Andriy, während er sich eine Schüssel von einem der Holztische nimmt, die neben der improvisierten Küche stehen. Bis zu 150 Leute verpflegen sie hier täglich, sagt der Koch im schwarzen Hemd, nicht nur die Volontär:innen, sondern auch die Kämpfer:innen von den umliegenden Checkpoints essen oft hier. Am Anfang des Krieges seien es 800 gewesen, damals hätten sich sehr viele freiwillig bei der Territorialverteidigung gemeldet. Inzwischen sind es weniger, manche sind an der Front, wurden getötet, werden anderswo eingesetzt.

Die 300 Volontär:innen vom Anfang sind sie hier auch längst nicht mehr. Andriy schätzt ihre aktuelle Zahl auf 100. Mit der Zeit wuchs bei vielen die Müdigkeit, Resignation, sie mussten woanders hingehen, um ihre Familien in Sicherheit zu bringen oder neue Arbeit zu finden, für die sie bezahlt werden. Niemand, der hier in der Halle arbeitet, bekommt Geld dafür. Einige Männer haben es geschafft, das Land zu verlassen – trotz der von der Regierung Zelenskyy verhängten Ausreisesperre.

Diese Fluchten sind etwas, das Andriy nicht versteht. Das sagt er mehrfach in den zwei Tagen, die wir miteinander verbringen. Frauen gesteht er zu, die Ukraine zu verlassen, aber die Männer sollten seiner Meinung nach etwas für die Verteidigung tun. Wenn sie nicht kämpfen wollen oder können, dann eben als Volontäre, so wie er. »In der Bibel steht geschrieben, ich soll andere nicht verurteilen, also versuche ich das«, solche Sätze sagt Andriy. Und: »Das fällt mir sehr schwer.« Er sagt, er habe sich bei der Armee gemeldet, aber die wollten ihn nicht, weil er so schlecht sieht. »Mein Vater hat gesagt, an der Front würde ich es nur schlimmer machen. Ich würde auf die eigenen Leute schießen.« Also arbeitet er hier. Andriy sagt, auch die meisten anderen Männer hier haben irgendeine Krankheit, ein Gebrechen, einen Grund, wegen dem sie die Armee nicht genommen hat.

Menschen kommen aus der Halle, laufen über den Hof, stellen sich in die Schlange vor den Töpfen. An manchen Tischen kann man sitzen, an anderen nur stehen, meist finden sich reine Frauen- oder Männerrunden zusammen. An unserem stehen wir gemischt. »Hier arbeite ich mit Leuten, die ich sonst nie kennengelernt hätte: Arbeiter, Juristen, Manager«, sagt Andriy. Er ist einer von den Stillen, auch beim Essen. Kein Schlürfen ist von ihm zu hören, nicht einmal ein Schmatzen. »Und wenn ich ein Problem mit meinem Telefon habe, dann finden die hier jemanden, der es reparieren kann. Wir sind wie eine Familie.«

Er zeigt auf ein großes olivgrünes Banner, das neben dem Tor zur Halle hängt. »Paljanyzja Volontärszentrum« steht dort. Paljanyzja ist das ukrainische Wort für das landestypische aus Mehl, Wasser, Hefe und Salz hergestellte Weißbrot. Im Krieg ist der Begriff zu einer Art Ikone geworden, weil Nicht-Ukrainer:innen, insbesondere Russ:innen, große Probleme haben sollen, es auszusprechen. Andriy trägt einen Aufnäher auf seiner blauen dünnen Windjacke. Auf dem kleinen graugrünen Stück Stoff steht ebenfalls »Paljanyzja Volontärszentrum«.

Über der Halle wehen Flaggen, die ukrainische in Blau-Gelb ist dabei. Ob es nicht gefährlich ist, sich der russländischen Armee so offensichtlich als Ziel zu präsentieren, frage ich die Menschen, die hier essen. Klar hatten wir Angst, sagen sie. Am Anfang. Aber vor etwa vier Wochen ist ihr Chef in diesem Hof auf eine Kiste gestiegen und hat zu ihnen gesprochen. Wir werden diesen Monat wieder mal nicht bezahlt, hat er gesagt, das ist hier so eine Art Running Gag, den alle mal machen. Dann lasst uns wenigstens zeigen, wer wir sind! Danach haben sie die Flaggen hochgezogen und das Banner angebracht.

Als die Mittagspause vorbei ist, hört man es hämmern in der Halle, der Ton ist eigentümlich hoch, als wären die Hämmer aus Glas. Jemand macht Musik an, die Red Hot Chilli Peppers singen »Otherside«, ihren Evergreen über die Drogensucht:

*»How long, how long will I slide?*
*Separate my side*
*I don't, I don't believe it's bad*
*Slit my throat, it's all I ever«*

Von 7 Uhr 30 bis 15 Uhr ist das Zentrum geöffnet, aber Andriy will heute früher gehen, um 14 Uhr spätestens. Er will nochmal nach Hause, bevor er seine Tochter trifft. Nastinka, so nennt er sie, vor zwei Tagen hatte sie ihren zwölften Geburtstag. Sie lebt bei seiner Ex-Frau, die vor drei Jahren wieder geheiratet hat. Das Verhältnis ist gut. Ihr neuer Mann bringt Nastinka in seinem Auto vorbei. »Ich würde sie gerne umarmen«, sagt Andriy. »Aber vorher möchte ich duschen.«

Geld

Die wenigen Möbel in Andriys Wohnung wirken wie Fremdkörper oder Stücke einer Ausstellung. Ein Tisch, eine Couch, ein Kühlschrank, eine Platte, die auf kurzen Beinen steht. Dort, auf Kniehöhe, sammeln sich geordnet Besitztümer des täglichen Bedarfs und etwas Spielzeug: ein Lautsprecher, eine Lampe, eine rosa Eule aus Plastik.

Spartanisch ist wohl das Adjektiv, das in vielen Texten für dieses Arrangement verwendet würde, und mir fällt das Wort auch deswegen ein, weil Andriys markant geschnittenes Gesicht, das ohne ein Gramm Fett auszukommen scheint, die hohe Stirn, die hohen Wangenknochen, seine tief liegenden Augen, mich an die Helme erinnert, die die griechischen Hopliten in der Antike getragen haben. Sein Wesen hat, vielleicht bis auf das Unverständnis für fliehende ukrainische Männer, wenig Hartes. Er spricht meist leise und sanft, lässt andere Männer und auch Frauen ausreden, fällt selten jemandem ins Wort.

Zum asketischen Bild seiner Wohnung passt auch, dass an den hellgelb, lachsfarben und beige gestrichenen Wänden kaum Dekoration hängt. Ein paar Kalender, einer von 2019 ist selbst gemacht, Fotos von ihm mit seiner Tochter sind darauf zu sehen, ein blondes Mädchen mit Zöpfen. Ein paar Zitate aus der Bibel gibt es auch. Andriy ging lange in eine Baptistengemeinde, er war Sonntagsschullehrer, dafür hat er drei Jahre lang Lehrgänge in verschiedenen Orten quer durch die Ukraine besucht. Eine dieser Schulen stand in Irpin, eine Vorstadt von Kyjiw, deren Namen in der Ukraine inzwischen alle ebenso kennen wie den von Butscha. 200 bis 300 Menschen haben russländische Soldaten dort nach bisherigem Kenntnisstand getötet und vorher manche vergewaltigt und gefoltert.

Andriy und ich treffen uns an Tag eins unserer Begegnung in seiner Wohnung, also vor dem Besuch in der Halle. Mir wird aus dem Gespräch mit ihm nicht ganz klar, ob er mit so wenig lebt, weil er nicht mehr braucht oder weil er nicht mehr Geld hat. Er hat eine Haltung zum Leben, die ich als calvinistisch umreißen würde: Gott hat die Menschen an ihren Platz in der Welt gestellt, und wer genug arbeitet, der wird auch genug zum Leben haben.

Er wohnt zur Miete. Das ist ungewöhnlich, denn wie in den meisten osteuropäischen Ländern versuchen Ukrainer:innen Wohnungen zu kaufen. 1 000 Hrywnja, circa 31 Euro, zahlt Andriy im Monat für diese etwa 50 Quadratmeter große Zweizimmerwohnung in der achten Etage eines neunstöckigen unsanierten Neubaublocks. Er glaubt, dass 3 000 Hrywnja der normale Preis wäre, aber er kennt die Tante des in Israel lebenden Eigentümers. Hinzu kommen 500 bis 600 Hrywnja für Betriebskosten. Und das Geld für Strom.

Das alles zu bezahlen, war für ihn kein großes Problem, als er Arbeit hatte. 20 000 bis 25 000 Hrywnja hat er als Vorarbeiter in der Ziegelei verdient. Die entsprächen zur Zeit etwas mehr als 780 Euro, deutlich mehr als der Durchschnittslohn, der im Januar 2022 laut ukrainischem Finanzministerium bei etwa 390 Euro lag. 40 000 Hrywnja bekam Andriy, als er Estrich verlegt hat, allerdings musste er dafür lange schuften, denn der Lohn war von den Arbeitsstunden abhängig. Zur Zeit verdient Andriy nichts.

Bereitet ihm das Sorgen?

Bei solchen Fragen schaut er ernst, verschränkt die Arme und sagt nur wenige Sätze. Sie enden stets mit der Pointe, dass es Wichtigeres gäbe als seine Probleme, oder dass die so schlimm nicht wären. Zum Beispiel: »Natürlich häufe ich Schulden an. Wenn die Leute vom Elektrizitätswerk anrufen, sagen die, ich kann das später bezahlen, aber klar mache ich mir Sorgen. Meine Priorität ist es, zu helfen.« Oder: »Aber im Volontärszentrum gibt es Essen, und ich kann Lebensmittel mit nach Hause nehmen.«

Dabei findet Andriy Geld eigentlich ziemlich gut. Als wir über seine verschiedenen Jobs reden, sagt er: »Ich mag es, das Resultat meiner Arbeit zu sehen.« Seine Schwester Anna, die bei unserer Unterhaltung neben ihm sitzt, lacht und sagt: »Und du magst es, wenn sie dir viel Geld in die Hand drücken.« Da lacht auch Andriy. Sogar fast ungebremst. Und antwortet: »Ja, klar.«

In der Familie helfen sie einander, aber viel zu teilen haben sie nicht. Vier Geschwister hat Andriy. Zwei Schwestern sind ins Ausland geflohen, eine arbeitet in Deutschland als Küchenhilfe, die andere in England in einer Bar. Ein Bruder lebt in Poltawa in der Zentralukraine. Die älteste Schwester, Anna, die hier gerade neben ihm sitzt, arbeitet als Kranführerin in einer Glasfabrik am Rand der Stadt. Sie verdient 12 000 bis 15 000 Hrywnja, also etwa zwischen 375 und 468 Euro im Monat, je nachdem, wie oft sie die Chefs der Fabrik zur Arbeit rufen und wie viel Ware sie verkaufen. Anna lebt mit ihrem Mann in einem Block, in dem ausschließlich Fabrikarbeiter:innen wohnen. Sie haben dort ein Zimmer für sich allein, Küche und Toilette teilen sie sich mit anderen. Auch sie wohnt zur Miete. »Bei ihrem Gehalt könnte Anna dieses Zimmer vielleicht in 70 Jahren kaufen«, sagt Andriy.

Glauben die beiden Geschwister, dass die Reichen der Ukraine, die sogenannten Oligarch:innen, genug tun in diesem Krieg? Tut jemand wie Rinat Akhmetov genug angesichts seiner Möglichkeiten? Findet Andriy die Last dieses Krieges gerecht unter allen Ukrainer:innen verteilt?

Ich bin ihm wahrscheinlich etwas zu ausdauernd und forsch mit meinen Fragen, sein Gesichtsausdruck sagt mir das. Aber was ich da frage, beschäftigt mich schon, seitdem so viele Ukrainer:innen, die wenig verdienen, so viel von ihrem Geld im Donbas-Krieg hergegeben haben, damit ihre Soldat:innen Autos, Winterkleidung und ausreichend Essen bekamen.

Die Spaltung zwischen Arm und Reich in der Ukraine ist enorm. Bei 390 Euro lag der Durchschnittslohn Anfang 2022. Die Kolleg:innen der ukrainischen Ausgabe des Magazins *Forbes* schätzen das Vermögen von Rinat Akhmetov, dem reichsten Mann des Landes, im Dezember 2022 auf 4,4 Milliarden Dollar. Seine Verluste seit dem Überfall Russlands sind hoch, weil Akhmetov viele Fabriken gehören, die Moskaus Truppen zerstört haben. Darunter das Asowstal-Werk und das Iljitsch-Kombinat in Mariupol. 9,3 Milliarden Dollar soll Akhmetov seit Februar 2022 eingebüßt haben. Er ist nicht allein. *Forbes* schätzt, dass die 20 reichsten Menschen der Ukraine etwa 20 Milliarden Dollar verloren haben, ihr Vermögen beliefe sich demnach noch auf 22,5 Milliarden Dollar. Trotz aller Verluste ist das ein Vielfaches von dem, was die meisten Menschen wie Andriy haben, die die größten Lasten tragen in diesem Krieg. Ich finde das ungerecht, mich macht das wütend.

Aber an Andriy prallt meine Entrüstung ab. Er zuckt mit den Schultern. »Vielleicht machen die reichen Leute etwas, vielleicht nicht. Es spielt keine große Rolle. Was auch immer sie tun, wir anderen müssen trotzdem verhindern, dass Russland uns umbringt. Wenn eine alte Frau der Armee 100 Hrywnja spendet, gibt sie sicher mehr als Akhmetov im Vergleich. Irgendjemand sendet unserem Zentrum jede Woche 10 Hrywnja. Ich weiß nicht, wer das ist, aber in meiner Vorstellung ist das so eine alte Frau oder ein alter Mann.«

Es ist eine Reaktion, die ich so oder so ähnlich von vielen Menschen in der Ukraine kenne. Manche Ukrainer:innen haben mich auch schon gefragt, ob ich Kommunist bin. Meist freundlich, was nicht ganz selbstverständlich ist, angesichts der Millionen Toten, die die sozialistische Diktatur hier zu verantworten hat. Unter anderem wegen dieser Vergangenheit gibt es auch so gut wie keine linke Organisation, die Vertrauen bei vielen Menschen genießt, die relevante Wirkmacht hat und die Fragen nach Ungleichheit einen lauteren Widerhall geben könnte.

Dass ich vornehmlich solche Reaktionen kenne, kann zudem sehr gut an mir selbst liegen. Zwar versuche ich seit 2015 in der Ukraine Menschen aus unterschiedlichen Schichten und Lebensverhältnissen zu treffen, aber ausreichend gelungen ist mir das sicher nicht.

Und sehr wahrscheinlich gilt auch für diese Konfliktlinie, was für andere potenzielle Kämpfe innerhalb der ukrainischen Gesellschaft gilt: Solange Russland eine existenzielle Bedrohung für viele Ukrainer:innen darstellt, stehen solche Kämpfe hintenan.

Familie

Alles, was an Andriys Körper schmal und kantig ist, ist bei seiner Schwester Anna rund und weich. Als ihr Bruder Olena und mich um kurz vor halb elf in seine Wohnung bittet, trägt sie den Holztisch mit Tee und Keksen von der Küche in das Zimmer mit der Couch. Anna ist erst scheu und redet ebenso sanft wie Andriy. Später, als sie ins Erzählen kommt, klingt ihre Stimme dunkler, rauer. Sie raucht. Wenn sie erzählt, wie sie mit ihrem Brückenkran auf Schienen fährt, um Manganerz oder Sand von einem Container in den anderen zu schaufeln, zeichnet sie diese Schienen mit weichen Gesten nach. Sie hat Zeit für dieses Gespräch, weil sie heute nicht arbeiten muss. Wahrscheinlich. Es könnte jederzeit ein Vorgesetzter anrufen, und sie müsste los. Sie führt ein Leben auf Abruf, noch eine Arbeit als Volontärin, das würde sie neben der Arbeit gar nicht schaffen, sagt Anna.

Sie sind eine große Familie. Anna ist mit 45 Jahren die älteste Schwester, Andriy mit 43 der älteste Bruder. Vera, die Schwester, die nach Deutschland entkommen konnte, wird im Dezember 37, Artjom ist 34 Jahre alt, und die derzeit in London wohnende Dascha hat im August ihren 32. Geburtstag. Sie alle sind zusammen aufgewachsen und anfangs öfter umgezogen. Das brachte der Beruf des Vaters mit sich. Er war bei der Roten Armee, dem sowjetischen Militär. Schon dessen Vater, ein Russe, hat in der Roten Armee gedient. »Die Deutschen haben im Zweiten Weltkrieg die erste Frau unseres Großvaters erschossen«, sagt Anna, »und drei seiner fünf Kinder.« Danach zog er in die Ukrainische Sowjetrepublik und heiratete dort noch einmal.

Die Mutter von Anna und Andriy arbeitete als Schaffnerin in der Straßenbahn. Anna erinnert sich aber auch, dass sie während einer ihrer Schwangerschaften Straßen gefegt hat.

Als Anna vier Jahre alt ist und Andriy zwei, zieht die Familie nach Saporischschja, in die Heimatstadt des Vaters. Sie leben erst in einem Wohnblock und später, nachdem weitere Geschwister geboren werden, in einem kleinen Haus. Unterhalten haben sie sich in der Familie auf Russisch, die Sprache des Großvaters und die erste Sprache der meisten Menschen hier in Saporischschja. »Auf den Dörfern draußen spreche ich Ukrainisch, hier Russisch«, sagt Andriy. »Wahrscheinlich würde jemand in Tscherniwzi sagen, dass mein Ukrainisch nicht so gut ist. Aber meist ist das kein Thema.«

Um 11 Uhr 12 wird unser Gespräch von einer angenehmen Männerstimme unterbrochen. Sie sagt das Ende des aktuellen Luftalarms an. Der Lautsprecher steht auf dem Dach der Schule, fast direkt vor Andriys Fenster. Die Sirene auch. Andriy bekommt jeden Alarm und jedes Ende eines Alarms mit. Sein Tag heute klingt so – jede Warnung ein langes Heulen, jedes Ende eine nette Männerstimme:

03 Uhr 20: Luftalarm im Gebiet Saporischschja
04 Uhr 27: Luftalarm beendet
09 Uhr 23: Luftalarm im Gebiet Saporischschja
11 Uhr 12: Luftalarm beendet
12 Uhr 00: Luftalarm im Gebiet Saporischschja
12 Uhr 56: Luftalarm beendet
16 Uhr 06: Luftalarm im Gebiet Saporischschja
16 Uhr 13: Luftalarm beendet
20 Uhr 43: Luftalarm im Gebiet Saporischschja
21 Uhr 12: Luftalarm beendet
22 Uhr 23: Luftalarm im Gebiet Saporischschja
23 Uhr 19: Luftalarm beendet

»Ich habe einem unserer Cousins in Russland ein Video von den Zerstörungen in Mariupol geschickt«, sagt Anna nach dem Ende des Alarms um 11 Uhr 12. »Sie haben meine Nachricht gesehen, aber es kam keine Antwort.« Andriy sagt nichts und schaut aus dem Fenster. »Können die nicht wenigstens antworten?«, sagt Anna und reibt ihre Hände an ihren Oberschenkeln, als wäre ihr kalt. »Kurz nach dem Überfall waren sie vielleicht noch überrascht. Aber inzwischen kann ich mir nicht mehr vorstellen, warum die nicht antworten.« Anna atmet schwer, sie fasst sich mit den Fingern an die Nase, ihre Augen werden feucht.

»Ich habe mir kurz vor dem Krieg eine Jacke gekauft«, sagt Andriy. Er schaut immer noch in Richtung Fenster. »In den russländischen Farben. Weiß, Blau und Rot. Die kann ich natürlich nie wieder tragen.« Für ihn waren das einfach Farben, sagt Andriy, so wie Russ:innen und Ukrainer:innen für ihn früher einfach nur Slawen waren. »Mir ist erst nach dem 24. Februar bewusst geworden, was ich da eigentlich trage.«

Ihre Eltern haben sie so erzogen, dass klar war, sie sind Ukrainer:innen. Auch zu Sowjetzeiten. Und weder Anna noch Andriy hätten gedacht, dass das einmal ein Anlass für einen Krieg sein könnte. »Freunde in der Armee haben mich schon früh gewarnt«, sagt Andriy. »Sie meinten, die Kämpfe im Donbas kommen auch zu uns. Niemand wollte ihnen glauben.«

Andriy nicht. Anna nicht. »Es war vor dem Überfall so einfach, meine Geschwister zu sehen«, sagt sie. »Das vermisse ich sehr.«

Andriy ist überzeugt, nur wenige Menschen in Russland wollten den Krieg. Er fragt sich, was Putin antreibt. »Wie kann er das machen? Begreift er nicht, was er da tut?«

Anna erzählt, was sie auf Odnoklassniki gelesen hat, dem großen russischsprachigen Sozialen Netzwerk. Nachdem die

Massaker in Butscha ans Licht kamen, hat eine Frau dort geschrieben, das russländische Militär würde sich schon noch richtig mit den Ukrainer:innen befassen. »Da sind Kinder getötet worden.« Anna weint nun tatsächlich. Ein paar Tränen nur. »Wie kann man so etwas Kindern wünschen?«

Um 12 Uhr heult die nächste Sirene. Eigentlich müssten wir nun alle acht Stockwerke runterlaufen und über den Rasen hinter dem Haus in den Bombenkeller unter der Schule. Anna drückt eine Faust auf der Höhe ihres Herzens zusammen. Dieser Ton geht ihr durch und durch. »Der ist die ganze Zeit auf einer Höhe, und dann fällt er auf einmal so ab, das ist das Schlimmste daran.«

»Ich höre die Sirenen. Aber ich ignoriere sie«, sagt Andriy.

Haben sie Angst?

Nicht um sich selbst, so reden sie beide. Aber um die Geschwister. Die Kinder.

Anna hat eine vierundzwanzigjährige Tochter und einen zwanzigjährigen Sohn.

Andriys Tochter ist zwölf.

»Als mein Mann am 27. April zum Militär gegangen ist, wollte ich nur noch im Bett liegen«, sagt Anna. Deshalb ist ihr Sohn mit seiner Frau zu ihr in das eine Zimmer gezogen. Sie haben ihr am 7. Mai eine Katze geschenkt. Monika. Monja. Das Tier sucht ihre Nähe, und das hilft Anna. Sie überlegt trotzdem ständig, wo sie ihre Tochter und die Frau ihres Sohnes verbergen könnte, falls Russland Saporischschja doch noch erobert.

»Ich habe oft darüber nachgedacht, sie in der Couch zu verstecken«, sagt Anna, und dann lacht sie. Über sich selbst. »Die Nachbarn sagen, ich bin verrückt. Dass die Soldaten meine Töchter auf jeden Fall finden werden. Aber ich kann diese Gedanken nicht stoppen.« Sie träumt von Fallschirmjägern und Flugzeugen, und als sie von diesen Träumen erzählt, da sprudeln die Worte nur so aus ihr heraus. Andriy schaut finster auf die Tischplatte mit den Keksen und dem Tee. Er hätte es gern, wenn Anna auch weggehen würde aus der Stadt, wie ihre anderen beiden Schwestern. Wenn sie in Sicherheit wäre.

Über seine Angst spricht er an diesem Tag nicht, sondern am nächsten, in der Halle der Westenmacher:innen. Dort sagt er: »Die Sirenen machen mir keine Angst. Wenn Gott einen Plan mit mir hat, dann sterbe ich nicht.«

# Vielleicht ist Angst kein Hund, sondern ein Vogel

Saporischschja, Mai 2022

**Die Angst findet mich auch hier.** Das klingt vielleicht seltsam, denn wo sollte sie mich sonst finden, wenn nicht im Krieg. Aber ich hatte mir das anders erhofft. Zu Hause, in Berlin, habe ich in den Nächten seit dem 24. Februar nicht mehr als vier Stunden geschlafen. Und ich dachte, wenn ich hierherfahre, zum Krieg hin, dann hört das vielleicht auf. In die Richtung des Schmerzes laufen, das hat bei mir schon öfter funktioniert, beim Schreiben, beim Recherchieren, im Leben ganz allgemein. Vielleicht war die Hoffnung, diese Angst würde endlich verschwinden, sogar der eigentliche Grund hierherzufahren. Wenn ich Bilder und kurze Texte aus dem Krieg poste, bedanken sich Menschen auf Instagram, Twitter und Facebook dafür. Dabei bin ich auch aus Egoismus hier. Ich will wieder schlafen können.

In den Nächten ist es so: Sobald ich mich ins Bett lege, fängt mein Herz an zu rasen. Mit jedem Schlag erhöht es die Geschwindigkeit, bis es sich anfühlt, als würde mein Oberkörper mit Strom aufgeladen. Dann breitet sich das elektrische

Kribbeln aus, über die Arme und die Beine. Ruhe. Für eine Minute oder zwei. Gerade so lange, dass ich hoffen kann, es wäre vorbei und die Müdigkeit könnte mich holen. Ich falle auf den Grund eines dunklen Meeres, fühle mich schwer, es wird so wunderbar ruhig in mir drin. Dann fängt das Rasen wieder an. Über Stunden kann das gehen.

Oder etwas schlägt in meinem Körper einen riesigen Gong, wie er in den Tempeln hängt, die sie in den billigen Filmen über Shaolin-Mönche immer zeigen. Sein Dröhnen hallt in meinem Inneren, wird zurückgeworfen von den Wänden von Magen, Darm, und Leber, bis sein Echo in meinem Hals ankommt, in meiner Kehle, in der Enge der Speiseröhre prallt das Dröhnen wieder und wieder ab wie ein Gummiball. Bis ich aufstehe, weil ich denke, ich muss mich erbrechen. Aber es kommt nie etwas, nur ein leicht metallischer Geschmack auf der Zunge. Bei den ersten Malen dachte ich noch, ich hätte mir vielleicht auf die Zunge gebissen. Aber kein Blut. Es ist fast enttäuschend.

So war es zu Hause. Und so ist es jetzt auch hier. Gut, es hat ein paar Tage gedauert. Etwa eine Woche, nachdem ich in der Ukraine angekommen bin, kurz nach der Reise zu Oleg Kolodyuk, fing das nächtliche Herzrasen wieder an. So als wäre die Angst ein treudoofer Hund, der seinem Herrchen hinterherläuft, egal wohin es fährt. Wobei ich wie geschrieben eigentlich dachte, ich komme ihr die 1 300 Kilometer von Berlin nach Kyjiw entgegen.

So richtig schnell ist die Angst übrigens nicht, 187 Kilometer am Tag, das habe ich auf einer Radtour durchs Baltikum auch mal fast geschafft.

Auch die Schmerzen sind wieder da. Ein Pressen und Ziehen in der Leistengegend, oder ist es die Lendengegend? Es ist ein bisschen peinlich und ein bisschen lustig, dass ausgerechnet da die Adern und Muskeln drücken, als würden sie jeden Moment platzen wollen. Hat es etwas mit den Urängsten des Mannes zu tun? »Die Ohnmacht im Angesicht des Krieges und die Angst des Mannes vor der Impotenz«, das wäre doch mal ein schönes Thema für einen Essay, denke ich manchmal, wenn ich nicht schlafen kann. Mit irgendwas muss ich mich ja beschäftigen in diesen Stunden.

Ich denke auch: Vielleicht hat das mit der Ukraine gar nichts zu tun. Es ist nicht so, dass ich an Ruinen denke oder Tote, an die Gefahr für meine Freund:innen, an abgerissene Arme und Beine, wenn ich wachliege. Meist sind es eher banale Dinge. Ich muss den oder die noch anrufen für die Recherche. War Oleg Kolodyuk noch beim KGB, als er auf dem Schwarzen Meer die Schiffe kontrolliert hat? Soll ich das Gespräch mit Olga Rudenko noch einmal durchgehen? Und: Schlecht geschlafen habe ich schon vor dem Krieg. Eigentlich schon immer. Aber eher sechs Stunden, nicht vier. Und ohne Herzrasen, Gong, metallischen Geschmack. Ah, und auch ohne dieses Aufwachen, bei dem ich nach Luft schnappe, als hätte mich jemand unter Wasser gedrückt. Stimmt, das gibt es ja auch noch.

Wovor habe ich also Angst? Worauf richtet sich dieses Gefühl? Ich kann es nicht sagen. Aber ich weiß: Sobald ich schlafen möchte, ist die Angst da.

Tagsüber ist es anders. Arbeit lenkt ab. Die Reise in die nächste Stadt muss organisiert werden, das nächste Interview geplant. Dann braucht die Angst Anlässe, um sich zu zeigen. Oft sind die sehr klein, nichtig fast. Heute Morgen, kurz nach dem Wachwerden in meinem Hotelzimmer, habe ich ein lautes Rumpeln gehört, und mein erster Gedanke war: Geschütze. Ein Standbild in meinem Kopf: Ein Körper, vielleicht mein eigener, unter Steinen und gebrochenen Balken. Würde mich jemand finden unter Trümmern? Geschichten, in denen Menschen lebendig begraben werden, haben mich schon als Kind besonders gegruselt, meine Fantasie macht nichts Halbes, ich kann spüren, wie mir die Luft ausgeht, wie ich versuche zu atmen, doch da ist nichts, was sich noch atmen ließe. Dann höre ich ein schrilles hohes Klingeln. Was da rumpelt, ist die Straßenbahn. Auf dem Sobornyi Prospekt, dieser einen ewig langen Straße, an der ganz Saporischschja zu liegen scheint.

Die Nachrichten meiner Freund:innen und Bekannten ermutigen die Angst dazu, sich auch tagsüber zu zeigen. Sie haben in Telegramkanälen gelesen, oder ihre Kommandanten haben ihnen gesagt, oder sie wissen ziemlich sicher aus Quellen, die sie nicht nennen, die aber meistens richtig liegen, dass Saporischschja bald angegriffen wird. Dass die russländische Armee kommen wird in diesen letzten Maitagen. Wenn nicht heute, dann morgen.

Die russländische Armee ist nicht weit weg. Bis ins besetzte Wassyliwka sind es nur 54 Kilometer und bis Enerhodar mit dem größten Atomkraftwerk Europas müsste man bei freien Straßen mit dem Auto nur eine Stunde und fünfundvierzig Minuten fahren. Steht so bei Google Maps.

Auch das riesige, fast leere Hotel hat etwas von einem Restaurant am Rande der Zeit. Der Haupteingang ist mit Sandsäcken verbarrikadiert, wir sind durch eine Hintertür hereingekommen. Viele Fenster sind verhangen, wir gehen im Zwielicht. Das Haus hat weite Flure und breite Treppen, die führen auch in den Bombenkeller. Hoch, weiß gestrichen, auf großen Fernsehbildschirmen tanzen Frauen zu Bässen und Dudelpop, an den Wänden hängen Vorhänge, als könnten wir durch Fenster schauen, wenn wir den Stoff beiseite ziehen. Für mich ist klar, dass hinter ihnen das Meer liegen muss, stürmische See, wir sind auf der Titanic, und die sucht ihren Eisberg. Kellner:innen in Livree servieren das Essen.

Wer keine Angst haben will, muss sein Gehirn beschäftigen, müde machen, allerdings nicht so sehr, dass man gar nichts mehr tun kann, man muss es in einer Balance zwischen Erregung und Erschöpfung halten. Am Tag arbeiten, umherfahren, reden, Notizen machen, das nächste Ziel auswählen, Reisen organisieren. Und in der Nacht: spielen. Auf meinem Telefon schicke ich vier Krieger:innen in einen Dungeon, einen Keller voller Monster. Jede dieser Figuren hat eine genau abgezählte Anzahl Schritte und Angriffe. Eine Runde lang sind sie dran, eine Runde die Feinde. Rundenbasierte Strategiespiele sind wie Schach mit Firlefanz. Die Illusion von Gefahr mit sehr viel Kontrolle. Wenn man stirbt, schleppen sich die Figuren aus dem Dungeon nach draußen und sind lediglich verletzt, nicht tot. Außer im Hardcore-Modus, aber den spiele ich nicht. Wenn ich spiele, grüble ich nicht. Ich konzentriere mich auf die Schritte und Angriffe, und irgendwann verschwimmt der Bildschirm meines Telefons vor meinen Augen, und mein Gehirn ist nur noch Brei. Dann schlafe ich ein.

Wenn es die Sirenen nicht vorher schaffen, weckt mich vier Stunden später mein rasendes Herz. Oder der Gong. Oder der metallische Geschmack auf meiner Zunge.

Vor der Angst in der Nacht wegzulaufen, wegzufliegen, bringt übrigens ebenso wenig, wie auf sie zuzufahren. Im Herbst wohne ich für zwei Wochen in der Uckermark, kurz vor der polnischen Grenze, ein Freund überlässt mir seinen Bungalow, bevor er ihn verkauft. Sieben Tage und die Angst ist auch dort. Ich fliege in den Urlaub, auf eine Insel im Süden. Wellen rauschen in einer Bucht unterhalb des Hotels, die Sonne scheint im November, und Palmen werfen langfingrige Schatten im Abendlicht. Sieben Tage und die Angst findet mich. Sie ist ein Hund, der sehr gut schwimmt. Oder ein Vogel.

# Der Parkplatz

Saporischschja, Mai 2022

**Der Parkplatz ist ein asphaltierter** Platz vor einem Baumarkt.

Der Parkplatz ist ein Platz, auf dem ein großes weißes Zelt steht, in dem Kinder malen und puzzeln. Die Eltern dieser Kinder reihen sich in eine der Schlangen in diesem Zelt ein und holen sich von Helfer:innen Windeln, Tee oder etwas zu essen.

Der Parkplatz ist der Platz, von dem aus Volontär:innen wie die Freiwilligen von Oleksandr Sosnovskyi losfahren in Richtung Osten und Süden, in das von Russland besetzte Gebiet, um so viel wie möglich von dem dorthin zu bringen, was gebraucht wird. Es ist immer zu wenig.

Der Parkplatz ist ein Platz, auf dem Familien aus der Stadt mit dem größten Atomkraftwerk Europas ihr Auto parken. Ernerhodar heißt diese Stadt, sie liegt etwa 120 Straßenkilometer von Saporischschja entfernt, auf der anderen Seite eines Stausees. Eine dieser Familien erzählt, wie sie drei Mal versucht haben, aus ihrer Stadt zu fliehen, die von russländischen Truppen besetzt ist. Ein Mann sagt, er sei froh, dass sein Auto so alt sei, denn die Soldaten aus Russland würden sich neue Autos an den Checkpoints zwischen Ernerhodar und Saporischschja einfach nehmen.

Der Parkplatz ist ein Platz, auf dem eine blonde Frau mit müden Augen auf den Bus wartet, der sie heute noch nach Lwiw bringen soll. Die Helfer:innen aus dem weißen Zelt haben sie und andere Menschen aus der Menge der Geflüchteten als Passagierin ausgewählt. Eine Woche lang versucht sie schon, einen Platz zu ergattern. Jetzt geht es endlich los. Dann kommt ein Mann angelaufen, der Fahrer dieses Busses. Er sagt, dass es keinen Diesel gibt für die Fahrt heute. Die Frau muss morgen wiederkommen und hoffen, dass es dann klappt.

Der Parkplatz ist ein Platz, auf dem noch eine andere Frau steht, die ihre Tochter dabei hat. Sie kommt aus Berdjansk, einer Hafenstadt am Asowschen Meer, wie Mariupol. Und wie Mariupol ist auch Berdjansk besetzt. Sie erzählt, wie sie wochenlang mit anderen, mit ihren Nachbarn, mit Fremden, in einem Keller ausgeharrt hat, bis sie von einem Platz in einem Auto Richtung Saporischschja erfuhr, in Richtung dieses Parkplatzes. Sie erzählt sehr ausführlich bis zu der Stelle, an der sie sagt, die Soldaten aus Russland täten den Menschen schreckliche Dinge an. Auf die Frage, ob es ihr auch so ergangen sei, nickt sie nur noch. Und nach der Frage, ob sie erzählen möchte, was passiert sei, schaut sie kurz zu ihrer Tochter und schüttelt dann den Kopf.

Der Parkplatz ist ein Platz, auf dem eine dritte Frau mit einem riesigen Rollkoffer vor dem weißen Zelt steht. Sie geht nicht hinein, sie geht nicht zu denen, die mit dem Bus fahren wollen, sie steht dort nur. Fragt man sie, ob sie ihre Geschichte erzählen möchte, zieht sie ihr Gesicht ganz fest zusammen. Ihre Wangen, ihre Stirn, ihr Mund, ihre Haut, ihre Falten streben der Nasenspitze zu. Wie eine Blume, die ihren Kelch schließt, so sieht das aus.

Dann sagt sie, sie habe nichts Besonderes erlebt.

Gar nichts, eigentlich.

# Taubenstadt

Borodjanka, Mai 2022

**Die Häuser: Mehrstöckige Wohnblöcke.** Aufgerissen von vorn, aufgerissen an der Seite. Geschosse haben ganze und halbe Zimmer verschwinden lassen. Am Rand der Straßen liegen Steine, zu Haufen gekehrt. Knapp zwei Monate hatten die Menschen hier Zeit zum Aufräumen, seit die russländische Armee wieder abgezogen ist. Ein befreundeter Kameramann möchte diese Häuser filmen. Er hat mich in seinem Auto mitgenommen, seit einem Tag bin ich aus Saporischschja wieder zurück.

Borodjanka ist eine dieser kleinen Städte vor Kyjiw, die beim Angriff auf die Hauptstadt und während der Besetzung durch die russländische Armee stark zerstört worden sind. Kurz nachdem die Internetseiten, Sender und Zeitungen der Welt über das Massaker von Butscha berichtet hatten, sagte der ukrainische Präsident Volodymyr Zelenskyy, in Borodjanka hätten die Soldaten aus Russland noch viel schlimmer gewütet. Ob das stimmt, wird noch zu klären sein, aber in der Stadt wurden Leichen von Zivilist:innen gefunden.

Erst hier habe ich das Gefühl, diesen Krieg, die Verheerungen der Invasion seit Februar 2022 im Ansatz zu verstehen. Selbst das Schild an der Bushaltestelle hat Einschusslöcher.

Ich war noch nie hier. Und zugleich kommt mir diese Stadt so vertraut vor. Ich brauche eine Weile, um zu verstehen, woran das liegt. Es sind die Küchenschränke. Sie hängen über Abgründen, die dort klaffen, wo einmal Menschen an einem Tisch gegessen oder an einem Herd gekocht haben. Bei einem Schrank bin ich mir sicher, dass ich ihn wiedererkenne. Ich glaube, dass es das gleiche Modell ist, das im Frühjahr 2015 auch in dem Wohnblock an der Einfahrtsstraße nach Mykolajiwka hing, der kleinen Stadt im Donbas, wo Oleksandr Babakov aufwuchs, Vika Gorodynska und Ivan Schylo. Diesen Block hatte etwas in der Mitte entzweigeschlagen, und in dem Riss zwischen den nun zwei Häusern hing genau der gleiche Küchenschrank, als schwebte er in der Luft. Oder? In beiden stehen/standen noch die weißen Teller.

Vergangenheit und Gegenwart, sie fließen hier ineinander. Und die Zukunft auch. Die scheinbare Normalität in Zeiten des Krieges, die geöffneten Geschäfte und Cafés, die lachenden Ukrainer:innen auf den Straßen ihrer Städte, das kann eine Hoffnung erzeugen, eine Illusion nähren, dass es mit diesem Krieg vielleicht doch gar nicht so schlimm sei. Trotz der Bilder des zerstörten Mariupol, trotz der Meldungen über russländische Soldaten, die in Cherson und anderen besetzten Städten nach Anti-Korruptionsaktivist:innen suchen, nach Künstler:innen, nach Menschen, die vor der Invasion für die Stadtverwaltungen gearbeitet haben.

Die simulierte Normalität kann stärker sein, kann einem den Sinn vernebeln, für das, was außerhalb dieser Blase passiert. Aber in Borodjanka sehe und rieche ich zum ersten Mal selbst sehr klar die Zukunft von Städten, um die gerade noch oder wieder gekämpft wird. Lyman. Sjewjerodonezk. Vertreter:innen der russländischen Elite kündigen regelmäßig an, sie wollten das, was sie als ukrainisch definieren, lieber vernichten, als es sich selbst zu überlassen. In Borodjanka begreife ich, wie ernst es ihnen damit ist.

Im November 2022 wird der Künstler Banksy ein Bild aus dieser Stadt auf seinem Instagram-Account posten: Ein Mädchen in kurzem T-Shirt und kurzer Hose an einer rußgeschwärzten Wand. Sie macht einen Handstand auf einem Haufen Steine.

Als es dunkel wird, geht im Wohnblock neben dem zentralen Platz ein Licht an. Genau eines. Neun Geschosse hat das Gebäude, neun mal sieben Fenster, und das Licht leuchtet in Fenster 3/4. Ein helles Quadrat inmitten der dunklen. Wie ein Kunstwerk sieht das aus.

Die Menschen: Zwei Kinder fahren Fahrrad im Kreis um den zentralen Platz. Drei grauhaarige Frauen sitzen dort auf den Bänken, die nicht zerbrochen sind. Die Schürze der einen leuchtet grün. Als es Abend wird, laufen die Jugendlichen der Stadt in Richtung dieses Platzes. Autos parken hinter Gebüschen, Türen öffnen sich, der Bass wummert. Mädchen gucken zu Jungs hinüber, die in schwarzen Jogginganzügen mit breiten Beinen dastehen und cool rauchen. Das geht schon wieder. Vielleicht geht das immer.

Der Geruch: In den leeren Wohnungen der leeren Häuser stinkt es nach Urin, aber süßer. Auch etwas faulig, wie nach zu lange gelagertem Obst in einem feuchten Keller. Ich sehe keine Ratten, aber sie sind hier irgendwo, unter dem Süßlichen der Luft liegt noch eine schneidende Schärfe, die auf sie verweist. Wenn ich die Luft tief in die Lungen ziehe, fühlt es sich an, als würde mir Fell in der Nase wachsen. Rauch. Das Feuer ist nicht mehr hier, aber auch das kann ich riechen. Wie früher in der DDR, als wir mit Braunkohle geheizt haben.

Die Geräusche: Vogelzwitschern und das langgezogene Krah Krah von Krähen. Je dunkler es wird, desto leiser wird das Zwitschern, bis in der Dämmerung nur noch das Krähen bleibt. Überall Klappern und Scharren. Trippeln auf Blech. Tauben bauen in den leeren Wohnungen ihre Nester, auf Balkonen, über Schränken und Tischen. Niemand verscheucht sie. Für sie ist alles gut.

# Nach Norden

Straße Kyjiw-Slawutytsch und Kyjiw-Jahidne,
Juni 2022

**Auf in Richtung belarussische** Grenze. Auf in eines der Gebiete, das die russländische Armee nach ihrem Einmarsch in die Ukraine besetzt hatte. Zwei Monate sind seit ihrem Rückzug von dort vergangen, im April erkannte die Führung in Moskau das Scheitern ihrer Offensive auf Kyjiw und zog ihre Truppen zurück. Wie leben die Menschen dort jetzt?

Dieses Mal bin ich nicht mit Olena unterwegs, sie hat kein Auto, und per Zug und Bus würde diese Reise sehr viel länger dauern. Ich habe erst gezögert, ohne sie hierherzufahren, denn in unsicheren Zeiten reise ich gern mit Übersezer:innen, die ich lange kenne. Mit Freund:innen zu arbeiten, hat seine eigenen Tücken. Wie redet man über die Bezahlung? Wie hart kann man Arbeit einfordern, die der andere offensichtlich nicht tun möchte? Wie spricht man an, wenn man hört, dass der Freund nicht alles übersetzt, was eine Gesprächspartnerin sagt? Solche Dinge. Aber am Ende ist mir Vertrauen immer wichtiger gewesen als professionelle Distanz. Im Norden wird Artur für mich übersetzen, der Bruder eines Freundes, den ich seit 2015 kenne.

Am Steuer unseres Autos sitzt Andriy, Arturs bester Kumpel aus Schultagen. Er fährt gerne schnell, und jedes zweite Wort ist »Suka Bljad«, eine russische Wendung, die unter anderem »Fuck« oder »Scheiße« bedeuten kann. Wir verstehen uns auf Anhieb.

Der Krieg ist ganz offensichtlich weitergezogen, nach Osten, das sieht man an den Straßenblockaden. Die Bollwerke aus Betonblöcken und Sandsäcken sind oft verlassen, gerade auf den Nebenstraßen und in den kleineren Dörfern. »Fuck, typisch Territorialverteidigung«, sagen Artur und sein Kumpel, wenn sie finden, dass ein Stützpunkt in der Mitte oder am Rand der Straße schlampig gebaut ist, die Tarnnetze so lässig drübergeworfen, dass sie nichts verbergen und allenfalls als Dekoration taugen.

Ich mag diese dilettantischen Schanzungen, sie geben mir kurz das Gefühl, dieser Krieg sei vielleicht doch nicht so ernst gemeint. Sondern ein surrealer Traum. Dann fällt mir Borodjanka wieder ein.

An den Blockaden, die besetzt sind, stehen oft sehr junge und dünne Männer. Oder sehr alte und dicke. Ihre Uniformen sind Mischwerke aus grünen Fleecepullovern, Hosen mit Camouflagemustern, Sandaletten, Turnschuhen, Wanderstiefeln. Zwei, drei Mal bin ich mir sicher, das Ein-Strich-Kein-Strich-Muster alter Uniformen der Nationalen Volksarmee zu erkennen.

Die ukrainische Armee und auch die Territorialverteidigung haben Probleme, die vielen Kämpfer:innen mit Kleidung zu versorgen, die sie seit Februar aufgenommen haben. Viele davon Freiwillige. Bauarbeiter:innen, Lehrer:innen, Balletttänzer:innen, Hausmeister:innen, die ihre Leben und das ihrer Familien verteidigen wollen. Dass sie ihre eigene Ausrüstung mitbringen müssen, ist kein Geheimnis, oder wenn es eins sein sollte, dann ein offenes.

In Lwiw hat Oleksandr Babakov mir die Märkte und die Geschäfte gezeigt, in denen er in den ersten Wochen des Krieges versucht hat, Uniformen für Soldat:innen zu besorgen. Stundenlang hat er dafür angestanden, und wenn er endlich an der Reihe war, gab es die offiziell beim Militär verwendeten Jacken und Hosen gar nicht, sondern nur Teile, die mit viel Glück so ähnlich aussahen und nicht in den nächsten Wochen auseinanderfielen.

Auch die Bewaffnung der Männer an den Straßen nach Norden ist ein Mischmasch: Kalaschnikows, alte Karabiner, Jagdgewehre mit riesigen Zielfernrohren. Angehalten und kontrolliert werden wir nur ein Mal.

Der Krieg ist also weitergezogen, jedenfalls der Krieg der Waffen und Uniformen. Auf den Feldern, an denen wir vorbeifahren, wird um etwas anderes gekämpft: die Ernte. Und gegen einen anderen Feind: den Hunger. Die Ukraine wird als »Kornkammer Europas« bezeichnet, weil, je nach Berechnungsgrundlage, ein Viertel bis ein Drittel der fruchtbarsten Schwarzerde-Böden weltweit auf ihrem Staatsgebiet liegen. Diese sogenannten Chernozem-Böden machen das Land zu einem der größten internationalen Exporteure von Weizen und Mais. Ein Zehntel des global gehandelten Weizens kam vor der Invasion aus der Ukraine. Jetzt sind viele Felder vermint, die Landarbeiter:innen geflohen oder an der Front. Russländische Schiffe blockieren die ukrainischen Häfen.

Steigende Lebensmittelpreise sind zu befürchten, und Hungersnöte. Eine konkrete Zahl wird David Beasley, der Leiter des Welternährungsprogramms der Vereinten Nationen, in einem Monat nennen, Anfang Juli. Da sagt er, dass etwa 50 Millionen Menschen wegen des Einmarsches der Truppen aus Russland und seiner Folgen zusätzlich hungern werden. Für ost- und nordafrikanische Länder wie Somalia, Ägypten und Libyen waren die Lieferungen aus der Ukraine besonders wichtig.

Wir freuen uns über jeden Traktor, den wir sehen. Über einen Mähdrescher, der ein gelbes Feld mit seinem Schneidwerk rasiert. Mir kommt diese Ernte allerdings sehr früh vor. Getreide, egal welcher Sorte, sollte man ernten, wenn der Gehalt an Feuchtigkeit in den Körnern unter 15 Prozent liegt. Seit ich in der Ukraine bin, scheint an den meisten Tagen die Sonne. Reicht das aus? Mehr als diesen einen Mähdrescher sehen wir nicht, und wenn ich mit dem Handy kein Video gemacht hätte, könnte ich glauben, er wäre Wunschdenken gewesen, eine Halluzination.

Noch anderthalb Monate wird es dauern, bis zum 22. Juli, dann vereinbaren die Ukraine, Russland, die Vereinten Nationen und die Türkei in Istanbul mehrere Verträge, die in Deutschland als »Getreideabkommen« bezeichnet werden. Sie sollen einen sicheren Transport von Getreide, anderen Nahrungsmitteln und Dünger gewährleisten. Die entsprechenden Schiffe sollen aus den ukrainischen Häfen in Odesa, Tschornomorsk und Juschne abfahren dürfen. Russland muss seine Seeblockade aufgeben, die Ukraine Minen in den Gewässern entschärfen. Dieses Abkommen wird den Hunger auf der Welt nicht verhindern, aber zumindest lindern.

All das wissen wir aber nicht in jenen Tagen des gerade frisch angebrochenen Juni. Da richten sich unsere Hoffnungen nicht auf internationale Vertragswerke und den sich als Vermittler im Krieg aufspielenden Autokraten Recep Tayyip Erdoğan, sondern auf staubige Trecker, mit Düngemitteln gefüllte zylinderförmige Anhänger, und eben diesen einen Mähdrescher auf dem gelben Feld.

## Tote an der Wand

Jahidne, Juni 2022

**Wo ist Dein Gesicht, Ivan?**
Auf dem Video, das ich von Dir gemacht habe, ist es nicht zu erkennen. Du stehst zu sehr im Schatten, im Dunkel des Kellers, in dem Du 27 Tage gesessen hast, in der Kälte des ukrainischen Frühlings. Du warst nicht alleine, Ivan. 350 Menschen auf 197 Quadratmetern, vielleicht waren es noch mehr, die Zahlen verändern sich immer ein bisschen, je nachdem, wer sie in Jahidne erzählt. Aber fest steht, Ivan, fast den gesamten März über drängt sich Dein ganzes Dorf zwischen die nackten Betonwände unter der Schule. Alte Stühle wurden hier normalerweise gelagert, Tische, die man oben in den Klassenräumen nicht mehr brauchte. Normalerweise heißt: vor der umfassenden russländischen Invasion, vor dem 24. Februar 2022. Als der Krieg auch zu Euch kam, in den Norden der Ukraine.

In diesem Normalerweise, aber auch noch in dem Seltsamerweise danach, der Unwirklichkeit des Krieges, liegt Jahidne, etwa 140 Kilometer nördlich von Kyjiw und 15 Kilometer südlich von Tschernihiw. Die Stadt ist das Zentrum des gleichnamigen

Bezirks, der sowohl an Belarus als auch an Russland grenzt. Jahidne hat 180 Häuser, alle hier kennen sich. Im Normalerweise mieteten sich Menschen aus Tschernihiw hier gerne mal ein, für die Feiertage oder die Ferien.

Die Truppen aus Russland begannen gleich nach der Invasion damit, Tschernihiw zu belagern, konnten es aber nicht einnehmen. Sie umgingen die Stadt, und sie kamen zu Euch, Ivan. Viele stießen weiter nach Süden vor, Richtung Kyjiw. Die anderen blieben und sperrten Euch in den Keller.

Wo ist Dein Gesicht, Ivan? Wie hast Du geschaut, als Du erzählt hast, dass Eure Toilette zwei Eimer waren, ganz hinten in der Ecke des größten Raums im Keller und dass Ihr auf Erwachsene und Kinder getreten seid, wenn ihr zu diesen Eimern musstet. So eng habt ihr beieinander gestanden und gelegen. Wieder und wieder hat die Erde gebebt, sagst Du, ist etwas explodiert, hat gerumst. Stickig war die Luft, vor allem den Alten fiel das Atmen schwer. Zu denen gehörst auch Du, Ivan, Du bist selbst jenseits der 60.

Und über Euch Schritte, Stiefel. Die Soldaten aus Russland. Sie wohnten in den Klassenräumen, im Zimmer für die Lehrer:innen.

Verziehst Du Dein Gesicht, Ivan, als Du auf einen Stuhl zeigst, einen Stuhl mit einer Sitzfläche aus Holz und einem Gestänge aus Metall, wie ich ihn aus meiner Dorfschule in der DDR kenne? Als Du sagst: »Das war mein Platz.« Es ist Anfang Juni, seit drei Monaten musst Du nicht mehr in den Keller, Ivan, und doch bist Du hier. Der Stuhl steht in einem Viereck mit drei anderen Stühlen, zwischen ihnen sind nur wenige Zentimeter Luft. Hier hast Du gesessen und geschlafen, fast einen ganzen Monat lang. Hier war Dein Platz.

Und ja, es ist Juni, Sommer, mehr als zwanzig Grad sind es

draußen, aber hier unten stellen sich die Haare auf unseren Armen auf, die Luft streichelt sie gänsehautkalt. Deine Nachbar:innen, Deine Freund:innen haben die Fenster im März aus Schutz vor Artilleriebeschuss verbarrikadiert. Es gibt jetzt ein paar Löcher, aber trotzdem schaffen es nur wenige Sonnenstrahlen an den zusammengeklebten Kartons und angebrochenen Brettern vorbei hier hinein.

Dein Gesicht fehlt, aber Du hast eine Stimme, Ivan, auf dem Video wird sie später ebenso zu hören sein wie in meinem Kopf. Sie hat eine raue Tiefe, aus der steigt sie hier unten im Dunkeln höher, Deine Stimme, es klingt fast so, als wolltest du singen. Aber für einen wirklichen Gesang ist sie zu brüchig, wie bei einem Teenager auf dem Weg ins Erwachsenwerden. Alles was Du im Keller erzählst, erzählst Du mit dieser Stimme, mit diesem Singsang, der immer kurz vor dem Singen bricht.

Du erzählst, dass Du der Hausmeister des Kindergartens bist, gleich nebenan, ihn und die Schule trennt nur eine Tür, für die man einen Schlüssel braucht, normalerweise, denn jetzt hängt die Tür schief im Rahmen und lässt sich nicht mehr schließen. Der Hausmeister der Schule ist nicht hier, aber Du, Ivan, Du sagst, Du kommst öfter, denn Du willst nach brauchbaren Dingen für eine neue Schule suchen. Du sagst, die hier soll abgerissen werden.

»Die Soldaten haben behauptet, sie sperren uns zu unserem Schutz ein«, sagst Du, Ivan, und Du sagst auch: »Aber ich glaube, es war eher zu ihrem.« Einen Schraubenzieher hältst Du in der rechten Hand, das spitze Ende in die Wand gebohrt, so stützt Du Dich ab, hier in dem Raum, in dem Dein Stuhl immer noch steht, wie er im März dort stand. Dein Platz. Du sagst, die russländischen Soldaten haben Euch hier eingesperrt, damit die ukrainische Armee die Schule nicht so heftig unter Feuer nahm.

Tote gab es dennoch. Du zeigst sie, Ivan, wenigstens ihre

Namen. Du gehst ein paar Schritte durch die Dunkelheit, einmal über den Flur, in einen anderen Raum. Hier habt Ihr die Toten aufgelistet, links und rechts der grünen Tür auf die Wand geschrieben, in kyrillischer Schrift, dick und schwarz. Wie mit Kohle. Links stehen die sieben Namen der Menschen, die von den Soldaten aus Russland exekutiert worden sind.

Diese Liste ist nicht vollständig. Sie kann es nicht sein, weil Ihr hier nur diejenigen verzeichnet habt, von deren Ermordung Ihr etwas gemerkt habt, gesehen. Und nur die Namen von Leuten aus Jahidne stehen hier, aber beispielsweise nicht der des Imkers aus dem Nachbarort, den die Soldaten auch erschossen haben.

Warum wurden sie getötet, Ivan?

Du sagst, der erste auf dieser Liste, »Janjuk T.«, habe sein Handy nicht hergeben wollen. Der zweite Tote auf der Liste, war eigentlich der erste, den sie erschossen haben. Vor seiner Pensionierung hat er bei der Polizei gearbeitet und galt den Besatzern als zu gefährlich, um ihn am Leben zu lassen.

Vor die Namen habt Ihr Zahlen geschrieben – das Datum oder der wahrscheinliche Zeitraum einer Exekution. Hinter »Schewtschenko T.« habt Ihr ein Fragezeichen gemalt, denn die Leiche des Mannes ist verschwunden. Aber Du bist Dir sicher, dass er tot ist, Ivan, denn Menschen aus dem Dorf haben seinen Körper an einem Seil vom Ast eines Baumes hängen sehen.

Du zeigst auf eine zweite Liste. Rechts von der grünen Tür habt Ihr die Namen der Menschen hingeschrieben, die nicht erschossen werden mussten, um zu sterben. Eine Frau brauchte Infusionen, die ihr die Soldaten nicht geben konnten. Oder wollten. »Wir haben sie schon für tot gehalten«, sagst Du, Ivan, und Du erzählst, wie Ihr die Frau die schmale Treppe nach oben geschleppt habt, und schleppen musstet Ihr. Du sagst, sie wog

150 Kilogramm. Ihr habt sie in einen Raum mit anderen Toten gelegt. Dort ist sie wieder aufgewacht.

Aber weil sie eben so viel gewogen hat, sagst Du in Deinem rauen Singsang, und die Treppe so steil ist, hättet Ihr sie nicht mehr in den Keller zurücktragen können. Du sagst auch, ein paar Tage später sei sie tatsächlich gestorben in diesem Raum dort oben, nun wirklich eine Tote unter Toten.

Hier im Keller kam der Tod manchmal plötzlich. In einem Video der US-amerikanischen Nachrichtenagentur Associated Press erzählt eine Frau von einem Mann, der immer gesund aussah. Sogar Übungen habe er gemacht. Und dann eines Tages setzte er sich hin und fiel einfach um.

Du hattest so viel Zeit im Keller, Ivan, wie hast Du das ausgehalten? Aber von Dir redest Du nicht gern, was nicht heißt, dass Du schweigst. Dein Mund steht bei unserer Begegnung im Keller nie still. Du hörst die Frage, aber Du erzählst lieber, was die anderen getan haben. Sie haben die Tage an die Wände geschrieben, sagst Du und zeigst zwei Kalender, einen an der Tür zwischen den Namen der Toten, und einen anderen an einer Wand im Flur. Beide beginnen mit dem 5. März, der letzte Eintrag im Kalender an der grünen Tür ist vom 31. März. »Naschi prischli« – »Unsere sind gekommen«.

Manche Dorfbewohner haben ihre eigenen Namen in die Wände geritzt. Sie wollten vorsorgen. Sie wollten, dass sich jemand an sie erinnert. Falls es hier für sie endet.

In Eurer Zeit habt Ihr auch die Zahlen an die Türrahmen der einzelnen Räume geschrieben, Ivan. 156 Menschen, 39 Kinder. 35 Menschen, 8 Kinder. Ja, nicht nur die Alten wie Dich, die schwer atmen konnten in der Kellerluft, haben die Soldaten hier eingesperrt. Die Jungen auch. Im März war der älteste Gefangene über neunzig Jahre alt und eines der Babys fünf

Monate. Die Kinder von Jahidne, Eure Kinder und Eure Enkel, waren hier unten, das sieht man an den Mauern. An den Kritzeleien und Zeichnungen. Ein Elefant in Blau, ein Hase in Grüngelb, eine Maus in Braun. Aber die farbigen Bilder sind selten und sie sind klein. Die großen wurden mit Bleistift gezeichnet. Ein Fußballspiel, die Strichmännchen von Desna Tschernihiw liegen null zu eins gegen die aus Dynamo Kyjiw zurück. Etwas Rundes fliegt über gezackten Wolken auf ein Haus zu. An dem Gebäude steht »Magasin«, also »Geschäft«. Neben dem runden fliegenden Ding steht »Meteorit«.

Deine Stimme wird rauer, als wir den Keller verlassen, Ivan, als wir die steile Treppe nach oben steigen ins Licht. Rauer und nicht mehr so brüchig. Du scheiterst nicht mehr am Singen, Du sprichst einfach. Du zeigst auf die Kellertür, nachdem sie hinter uns zugefallen ist. Dort steht mit roter Farbe: »Kinder«. Dieses Wort stand auch vor dem Theater in Mariupol, bevor Russland es bombardierte. Es steht auf Autos fliehender Menschen, die durch umkämpfte Gebiete fahren. Manchmal schützt es tatsächlich.

Rund um die Schule und das, was einmal der Schulhof war, zieht sich eine weiße Mauer. Wie ihre grauen Schwestern im Dunkel des Keller sieht sie aus. Wie ein Malbuch. Jemand hat Autos, einen Schmetterling und einen großen lachenden Marienkäfer darauf gezeichnet. Zwischen dem Schulgebäude und der Mauer ist die Erde an vielen Stellen aufgegraben. Du zeigst uns, wo die Soldaten ihr Essen gekocht haben und wo sie ihre Feuerstellungen hatten. Du sagst, manchmal durften junge Männer aus dem Dorf nach oben, um flache Gräber auszuheben für Eure Toten. Und wenn sie gebuddelt haben und der Beschuss durch die Artillerie wieder anfing, dann warfen sie sich in die Gräber. Auf die toten Körper.

Inmitten der aufgewühlten Erde steht eine Lok mit einem Anhänger aus Holz. Sie ist bunt gestrichen, in Blau, Lila und Rot.

Du zeigst Schule und Kindergarten, Du zeigst auf viel zerbrochenes farbiges Holz, das waren einmal Stühle, Tische, Schränke. Die Kästen mit den gesammelten Steinen im Geologiekabinett sind ebenso verwüstet wie das Zimmer des Direktors. In der Küche der Schule stehen große Einweckgläser mit Armeerationen aus Russland, vor allem Gurken und Kohl. Seiten aus der Zeitung *Komsomolskaja Prawda* liegen auf dem Boden, 1925 als Medium des sozialistischen Jugendbundes Komsomol gegründet, ist sie heute die zweitgrößte Boulevardzeitung der Russländischen Föderation. »Das haben sie uns zu lesen gegeben«, sagst Du und schüttelst mit dem Kopf. In der *Prawda* steht, der russländischen Regierung sei gar keine andere Wahl geblieben, als die Ukraine anzugreifen.

Vertrockneter Kot liegt in den Ecken. Der Gestank treibt ein Würgen in die Kehle. Die Toiletten waren zu wenige für die Soldaten und haben schnell aufgehört, zu funktionieren. Einige Männer haben sie trotzdem weiter benutzt. Deshalb steckt die abgeschnittene Plastikflasche unten im Keller auf dem Rohr, sagst Du. Dieses Rohr unter den Toiletten habt Ihr mit der Flasche abgedichtet, sonst wären Euch die Exkremente der Soldaten auf die Köpfe gefallen. Ihr habt diese Flasche geleert, in Eure Eimer.

Nochmal, wie hast Du das ausgehalten, Ivan? Woran hast Du gedacht? Wahrscheinlich wirst Du wieder von anderen erzählen. Aber Du sagst doch etwas über Dich. »An meine Enkelkinder.« Und Du sagst: »Vielleicht hätten echte Russen das nicht mit uns gemacht.«

Wie meinst Du das, Ivan?

Und Du sagst, die meisten Soldaten seien aus Burjatien gewesen. Oder aus Tuwa. Dass sie nicht so gut Russisch konnten wie Ihr hier im Dorf. Du sagst: »Sie haben uns oft nicht verstanden. Das hat sie noch misstrauischer gemacht.«

Das ist etwas, das viele in Deutschland gerade erst lernen, Ivan. Viele Soldaten, die Russland bis jetzt in die Ukraine geschickt hat, sind gar keine Russen, sondern Angehörige der Minderheiten, deren Gebiete sich Moskau im Laufe seiner imperialen Geschichte angeeignet hat – durch Eroberungen oder Verträge.

Burjat:innen sind eine mongolische Ethnie, ihre Autonome Republik liegt weit im Osten der Russländischen Föderation, in Sibirien. Die Autonome Republik Tuwa, die mehrheitlich vom Turkvolk der Tuwiner:innen bewohnt wird, hat im November 1991 während des Zerfalls der Sowjetunion sogar ihre Unabhängigkeit erklärt. Aber die Russländische Föderation erkannte das nicht an. Das ist eine der vielen Bitterkeiten in diesem Krieg: Die Regierung in Moskau lässt übermäßig viele Kolonisierte für sich kämpfen, um die Ukraine wieder zu ihrer Kolonie zu machen. Sie will die Männer im europäischen Teil ihres Landes, in der Hauptstadt und Sankt Petersburg bisher möglichst nicht rekrutieren. Sie müsste sonst fürchten, dass der Widerstand gegen den Krieg stärker wächst.

In den letzten Novembertagen wird der katholische Papst so etwas Ähnliches sagen wie Du gerade eben, Ivan. Aber ohne dieses Zögern in Deiner Stimme, dieses Suchen in Deinen Augen, oder wenn doch, dann wissen wir davon nichts. In einem Interview mit dem *America Magazine* formuliert Franziskus die Aussage, die grausamsten Truppen in der Ukraine »sind vielleicht die, die aus Russland kommen, aber nicht der russischen Tradition angehören, so wie die Tschetschenen, die Burjaten und so weiter.« Viele osteuropäische Kommentatoren werden das als Rassismus erkennen. Viele davon sind für einen Sieg der Ukraine.

Aber zurück zu Dir, Ivan. Willst Du wirklich hierbleiben? Willst Du warten, bis die Schule abgerissen wird und der Kindergarten auch? Und abgerissen werden sie, das sagst Du. Ihre Fenster sind nur noch leere Rahmen, an vielen Stellen fehlen die roten und weißen Steine, mit denen die Bauarbeiter die Mauern verkleidet haben, darunter Löcher und nacktes Grau, als hätte jemand die Pflaster von vielen Wunden abgezogen.

Was wird bleiben, Ivan, von Deinem Monat im Keller, wenn dieses Haus nicht mehr steht? Dein Dorf, das Dorf, das unter der Erde im Dunkel gefangen war, ist bekannt geworden in der Ukraine. Nicht so sehr, wie die Städte der Massaker und der großen Zerstörungen, wie Butscha oder Borodjanka, aber doch bekannter als andere. Ausländische Nachrichtenagenturen waren hier, die britische Zeitung *Guardian*, niederländische Journalist:innen, die deutsche *Tagesschau*. Wird nichts bleiben von Deiner Geschichte als ein paar Videos auf YouTube und Texte, die von anderen Videos und Texten abgelöst werden?

Willst Du bis zum Abriss wirklich immer wieder herkommen, in diesen Keller, Ivan, und nach dem suchen, was man in dieser neuen Schule brauchen könnte, von der Du sagst, sie wollen sie bauen. »Meine Familie bleibt auch hier«, antwortest Du, und Deine Stimme ist fest, »und ich bin doch viel zu alt, um nochmal umzuziehen.«

Wir sind an diesem Tag wieder weggefahren, Ivan, aber Lizza Smith, die Regisseurin, ist ein paar Wochen später auch nach Jahidne gekommen. Sie hat mir geschrieben, dass sie Dich getroffen hat, und dass Du ihr noch einmal Deine Geschichte erzählt hast und die Deines Dorfes. Sie sagt, Du hast die ganze Zeit auf Deinem Stuhl gesessen, dort im Keller, auf Deinem Platz. Es sah so aus, schrieb sie, als könntest Du nicht mehr aufstehen. Oder wolltest nicht.

# Ein Tag im Leben einer Sucherin

Slawutytsch und Jahidne, andere Dörfer im Gebiet Tschernihiw, Juni 2022

**11 Uhr 24**

Ein Traktor steht auf der Fahrbahn, ein grauer Lada daneben, die Motorhaube zerknüllt. Der Fahrer des Wagens, ein alter Mann, liegt in der Mitte zwischen den vier Fahrspuren auf einem Grasstreifen. Eine silberne Plane schützt seinen Kopf gegen die heißen Strahlen der Sonne. Die linke Seite des Traktors, da wo eigentlich ein Fenster sein sollte, ist mit Plastikplane und Gaffaband überklebt. Ein Mann in weißen Sandalen und schwarzem Jogginganzug steht daneben und telefoniert. Olena Toranova hat ihrem Fahrer gesagt, er soll anhalten, sie will fragen, ob sie helfen kann. Als der Besitzer des Traktors erklärt, er habe eben Krankenwagen und Polizei gerufen, steigt sie wieder in den grauen Daewoo Lanos. Weiter geht es mit 100 Kilometern pro Stunde auf der Straße von Prohres Richtung Jahidne. Es ist der erste Freitag im Juni und Olena Toranova, 51 Jahre alt, will heute noch einen Mann finden. Besser noch zwei.

11 Uhr 49

Olena riecht einen Toten. Ihr Fahrer Volodymyr, verheiratet mit einer Freundin aus ihrem Dorf und von dieser zu ihrer Hilfe beordert, hat den grauen Daewoo auf einem unbefestigten Feldweg geparkt. Rechts dieses Weges stehen einstöckige Häuser mit spitzen Dächern. Hinter diesen Häusern ist Hämmern und Sägen zu hören. Neue und alte Balken werden in Wänden und Dächern verbaut. Die Menschen reparieren, was Soldat:innen zerstört haben. Links des Weges liegen Felder. Und dahinter Wald. Olena schaut in Richtung dieses Waldes und sagt, sie rieche einen Toten. Wie riecht denn ein Toter? Olena schaut hoch, sie ist klein, sie muss meist nach oben gucken, wenn sie mit jemandem redet. Sie sagt: »Tote Menschen riechen so, als wenn dir etwas über die Zunge krabbelt, nachdem du etwas sehr Süßes gegessen hast.«

Olena hat schon viele Tote gefunden. Lebende zum Glück auch. 2015 haben sich Eltern das erste Mal an sie gewandt. Männer verschwanden im Donbas-Krieg, Soldat:innen ebenso wie Zivilist:innen. Sie wurden nach Kampfeinsätzen vermisst, nach Beschuss durch Artillerie, oder wenn eine Einheit der von Russland gesteuerten Volksrepubliken einen Ort erobert hatte. Wenn die Behörden überlastet waren mit der Suche, überfordert, oder sich nicht genug Mühe gaben, baten Väter und Mütter Olena Toranova, ihre Söhne zu finden. Sie war bekannt dafür, gute Verbindungen zu Einheiten der Armee zu haben.

Seit 2014 fuhr sie als freiwillige Helferin an die Front und brachte den Soldat:innen das, was der Staat ihnen zu wenig oder gar nicht gab: Munition, Schutzwesten, Kleidung. Sie hat viele Fotos auf ihrem Handy, die sie in Tarnkluft unter Uniformierten zeigen. Olena wollte als Mädchen selbst Soldatin werden. Sie sagt, ihre Mutter habe das nicht gewollt. Stattdessen machte Olena eine Ausbildung zur Agronomin und lernte alles über Traktoren, Pflüge und Mähdrescher. Später leitete sie eine Kolchose. Zwei ihrer drei Ehemänner arbeiteten beim Militär und beim Geheimdienst. Für den ersten zog sie sogar nach Turkmenistan, als er auf eine sowjetische Armeebasis dort versetzt wurde. Heute trägt sie eine lange Hose und ein T-Shirt in Camouflage.

Olena sucht zwei Männer. Der eine ist seit ein paar Tagen verschwunden. Seine Mutter hat Olena angerufen. Das letzte Mal als er gesehen wurde, war er zu Fuß unterwegs, von seinem Heimatdorf in Richtung eines anderen Ortes. Die russländischen Truppen haben sich Anfang April in Richtung Norden verzogen, die können ihn nicht verschleppt oder getötet haben. Aber er könnte auf eine Mine getreten sein. Die Wälder sind voll davon.

Mindestens 139 000 Quadratkilometer Boden müssten auf Minen untersucht werden, schätzt die Ukrainian Deminers Association, eine Nichtregierungsorganisation, im September 2022. Das ist eine Fläche größer als Griechenland. Im Januar 2023 spricht der ukrainische Premierminister Denys Shmyhal sogar von 250 000 Quadratkilometern, knapp 40 Prozent der Landesfläche, und bezeichnet die Ukraine als größtes Minenfeld der Welt.

Eventuell hat der Vermisste sich als Soldat bei der Armee gemeldet und seiner Mutter nichts davon gesagt, so wie einer von Olenas Söhnen es 2014 gemacht hat. Die ganze Verwandtschaft hat das vor ihr geheim gehalten. Ein halbes Jahr lang. Angeblich, um sie zu schonen. Als ob Olena Schonung bräuchte, die Wahrheit interessiert sie viel mehr. Vielleicht will der Vermisste auch gar nicht gefunden werden und hat sich in einem der vielen leeren Häuser der Gegend eingerichtet, verlassen von jenen, die geflohen sind vor dem Krieg. Oder er hatte einen Unfall, denn Unfälle gibt es auch im Krieg.

Den anderen Mann sucht Olena schon länger. Er ist während der Zeit verschwunden, als die russländischen Truppen noch hier waren. Wenn er tot ist, will sie Hinweise auf sein Grab finden. Lebt er noch, dann haben ihn die Eindringlinge wahrscheinlich gefangen genommen. Auch das lässt sich mit etwas Glück herausfinden.

Fest steht jedenfalls, um Hinweise über das Schicksal der beiden zu bekommen, muss sie in die Orte fahren, in denen die Männer zuletzt gesehen worden sind.

## 11 Uhr 58

Olena spricht mit Ivan, dem Hausmeister des Kindergartens von Jahidne, damit der mit diesem Journalisten aus Deutschland redet. Also mit mir. Sie hört ihm eine Weile im Keller zu, dann geht sie nach draußen. Sie kennt die Geschichte schon. Sie hat einige der Toten, deren Namen links und rechts der Tür im Keller stehen, gesucht und gefunden. Einige waren rings um die Schule im Wald vergraben. Einen Mann auf diesen Listen hat sie allerdings noch nicht aufgespürt. Den Mann nämlich, von dem die Dorfbewohner sagen, sie hätten seinen Körper an einem Seil von einem Baum hängen sehen. »Vielleicht habe ich den vorhin gerochen«, sagt Olena.

## 13 Uhr 43

Ivan zeigt mir den Schulhof, die vielen Löcher in der Erde, die Feuerstellungen der russländischen Soldaten. Olena spricht mit einer jungen Frau. Deren lange schwarze Haare werden von einem Reif streng zurückgehalten. Diese Frau erzählt Olena, wie andere im Dorf über sie reden. Sie werfen ihr vor, mit Soldaten aus Russland geschlafen zu haben. »Dabei ist sie eine Heldin«, sagt Olena später. »Sie hat die anderen Frauen im Dorf gerettet.«

Es ist still in Jahidne, nur zwei Vögel sind zu hören. Dafür umso mehr Mücken. Das liegt an den Überflutungen. Die Ukrainer:innen haben einige Dämme gesprengt, um das Vorankommen der Invasoren zu behindern. Als Ivan über zwei vermisste Männer aus dem Nachbarort Zolotynka spricht, holt Olena ihre Bücher aus ihrem großen schwarzen Rucksack mit dem weißen Adidas-Logo und schaut nach, ob sie deren Geschichte schon notiert hat. Russländische Soldaten haben die beiden mitgenommen, sagt Ivan.

Zwei Notizbücher hat Olena. Eines davon ist hellblau und mit kreisförmigen glänzenden Ornamenten verziert. Jede beschriebene Seite in diesem Buch ist ein toter Mensch, den Olena gefunden hat. Sie schreibt Namen in das Buch, Alter, Fundort, die Umstände ihres Todes, soweit sie die kennt. Bisher hat Olenas Buch der Toten 34 beschriebene Seiten.

Das andere Notizbuch ist rosa. Das ist das Buch der Vermissten, der ungelösten Fälle und der Hinweise. Hier notiert Olena die Angaben über die Menschen, die sie sucht und deren Schicksal sie noch nicht klären konnte.

Zu dem Mann, den seine Mutter als vermisst gemeldet hat, weiß sie beispielsweise, dass er 32 Jahre alt ist und Engelsflügel auf seinem Rücken tätowiert sind. Er hat einen schwarzen Rucksack dabei. Vor seinem Verschwinden wohnte er im Dorf Sloboda, etwa 15 Minuten von Jahidne entfernt. Olena hat auch schon telefonisch und per Messenger in Erfahrung gebracht, welche Straßen er entlanggegangen sein könnte. 40 Kilometer weit ist es von ihrem Heimatdorf Prohres hierher. Sie will vorbereitet sein, bevor sie auf die Suche geht. Heute wird sie sich in die Dörfer an diesen Straßen fahren lassen und die Menschen befragen, die dort wohnen.

14 Uhr 05

Abfahrt aus Jahidne. Olenas Fahrer steuert den Daewoo zwischen Meeren aus Hell- und Dunkelgrün, das erste ist Getreide mit langen Grannen, das zweite Gras. Olena kann selbst Auto fahren. »Aber falls ich Tote finde, besonders unsere Soldat:innen, dann sollte ich danach besser nicht hinter einem Steuer sitzen«, sagt sie. Im Daewoo begleitet sie noch ein zweiter Mann mit kahl geschorenem Kopf. Er guckt finster, wenn man sich Olena nähert, als wäre er ihr Bodyguard.

Links und rechts der holprigen Straßen sieht das Trio ausgebrannte Militärfahrzeuge sowjetischer Produktion: Einen gepanzerten Transporter vom Typ BTR-60P zum Beispiel. Mit diesem Modell, dessen Silhouette aussieht wie ein riesiger stählerner Keiler, haben schon die Armeen des 1991 aufgelösten sozialistischen Militärbündnisses Warschauer Pakt Soldat:innen transportiert. Bis zu 16 Menschen könnten in dem Wrack gesessen haben.

Sie fahren durch ein Dorf mit Häusern aus weißen Steinen und anderen aus braun gestrichenem Holz. Über den Gebäuden thront ein Storchennest. Ein junger Wald aus dünnstieligen Birken. Ein rußgeschwärztes Gebäude aus rötlichen Steinen. Keine Menschen auf den Straßen und vor den Häusern. Sind die Dörfer verlassen? Nach zwanzig Minuten Fahrt kommt Olenas grauem Daewoo eine Frau mit grauen Haaren auf einem Pferdefuhrwerk entgegen.

14 Uhr 31

Halt an einer Kirche aus weiß gestrichenen Steinen. Durch die Farbe schimmert es backsteinrot. Ein vergoldeter Zwiebelturm krönt das Gebäude. Die Fenster sind nicht mehr da, und der große rundgemauerte Bogen des Seitenschiffs sieht aus wie angenagt. Teile der Blechverkleidung des Daches liegen neben der Kirche auf dem Gras. Die Gerippe dreier LKWs stehen ebenfalls dort, räderlos und so fugenlos rotbraun als wären sie aus Rost gebaut.

Gibt es hier eine Spur der vermissten Männer? Nein, sagt Olena, aber wenn sie schon mal in der Gegend ist, will sie nachsehen, ob sie hier noch etwas von Wert für die ukrainische Armee findet. Eine Einheit der russländischen Artillerie nutze diese Kirche als Kommandozentrale. So lange, bis die ukrainische Armee das Gebäude mit Raketen aus Mehrfachwerfern des Typs Grad beschossen hat. Um die Kirche herum liegen Überreste dieser Raketen, als hätte es Ofenrohre geregnet. Der Boden im Inneren des Gebäudes ist übersät von Steinen, die einmal Teil des Daches waren.

Olena breitet die Arme aus. Sie ruft »Ich suche einen Keller.« Sie ist sich sicher, dass es einen geben muss. Aber sie findet ihn nicht. Plötzlich hält sie einen Militärausweis der russländischen Armee in den Händen. Das überbelichtete Passbild zeigt ein schmales Gesicht mit kurzen dunklen Haaren und breiten roten Lippen. Amir K., so steht es in dem Pass, wurde im Frühjahr 1994 in Kysyl geboren. Das ist die Hauptstadt von Tuwa, der offiziell autonomen Republik der Russländischen Föderation im südlichen Sibirien an der Grenze zur Mongolei. Olena sagt, dass sie den ukrainischen Behörden auch russländische Tote meldet. Jeder Mensch habe das Recht auf ein Grab.

15 Uhr 25

Olena und ihre beiden Begleiter kommen ins erste Dorf, durch das der erst kürzlich verschwundene Mann gelaufen sein könnte. Ihr Fahrer lenkt den grauen Daewoo langsam an Häusern vorbei, schaut, ob jemand im Garten arbeitet. Manchmal lässt sie das Auto anhalten und klopft auf Verdacht. Hinter einem grünen Zaun aus Blech wird sie fündig, bei Hausnummer 54, da füttert ein Mann mit raspelkurz geschnittenen grauen Haaren und rundem Bauch ein paar weiß gefiederte Hühner. Er trägt schwarze Jogginghosen und Sandalen aus Gummi, so wie die meisten Dorfbewohner:innen, denen wir noch begegnen werden.

Sie sagt die Worte, die sie in Variationen ab jetzt zu jeder Person sagen wird, der sie begegnet: »Mein Name ist Olena Toranova, ich bin Volontärin und suche nach einem jungen Mann aus Sloboda. Er muss über die Straße gekommen sein, durch euer Dorf.«

Der Hühnerfütterer kommt aus seinem Garten und setzt sich mit verschränkten Armen auf eine kleine Bank vor seinem grünen Zaun. Olena bleibt stehen, ihr Fahrer setzt sich auch auf die Bank. Sie gibt eine kurze Beschreibung des Vermissten: das Tattoo aus Engelsflügeln auf dem Rücken, der schwarze Rucksack. »Er ist einen halben Kopf kleiner als er«, sagt sie und zeigt auf ihren zweiten Begleiter, den Mann mit dem finsteren Blick. Der hält seine flache Hand auf Höhe seines Kinns. Die Männer reden fünf Minuten miteinander, aber der Besitzer von Haus Nummer 54 weiß nichts über den Vermissten.

Das Gespräch zeigt schon die Muster, nach denen auch spätere Begegnungen verlaufen werden. Erstens: Anfangs sind die Menschen oft reserviert, wenn Olena unangemeldet bei ihnen auftaucht. Nach kurzer Zeit aber hören viele gar nicht mehr auf zu reden und erzählen teilweise sehr private Dinge. »Die sehen in mir eine Mutterfigur«, das sagt sie über die Soldat:innen, die sie seit acht Jahren im Donbas besucht. Und etwas von dieser Aura merkt man auch hier und heute. Olena kann ihr Gesicht, an dem alles rund ist, außer dem kantigen Kinn, mit einem Lächeln Verständnis und Fürsorge ausstrahlen lassen.

Zweitens: Olena überlässt das Reden mit Männern nach ihren einleitenden Fragen meist ihren Begleitern. Wenn möglich, konzentriert sie sich auf die Frauen.

Drittens: Auch wenn die Gespräche nichts zu ihrer aktuellen Suche beitragen, so wie das hier gerade, versucht Olena Nützliches für ihre Bücher zu sammeln. Sie sagt, auch wenn eine Information nicht für ihre aktuelle Suche relevant ist, ergibt sie vielleicht später, in einem anderen Zusammenhang, doch noch Sinn.

Der Mann vor dem grünen Blechzaun erzählt von einem zerschossenen Panzer außerhalb des Dorfes. Dort in der Nähe, da ist er sicher, liegt noch der Körper eines Toten. Woher er diese Information hat, wird nicht so wirklich klar, jemand hat erzählt, dass jemand davon erzählt hat. Er selbst war jedenfalls nicht dort. Olena nickt. Sie wird sich das mal ansehen und den Toten auf jeden Fall der Polizei melden, falls da wirklich jemand liegt. Eine letzte Frage hat sie noch: »Wo finden wir noch Leute, mit denen wir reden können?« Der Mann zeigt die Straße hinunter.

15 Uhr 37

Olenas Daewoo hält vor einem Haus, das man sich mit seiner Farbe zwischen Orange und Apricot auch in der Toskana vorstellen könnte. Wären da nicht das Dach und der Zaun aus Wellasbest. Der Zaun hat Einschusslöcher. Ein Paar wohnt hier. Olena hat sich die Frau geschnappt, sie zum Rauchen mitgenommen auf die linke Seite des Hauses. Die Frau stemmt die rechte Hand in die Hüfte. Mit der linken stützt sie ihr Kinn, ihr linker kleiner Finger findet den Weg zu ihrem Mund, schiebt die Oberlippe zurück und tippt einen Takt auf ihren Zähnen, so sehr versucht sie sich zu erinnern. Sie sagt: »Es gibt hier nur diese eine Straße, auf der ihr fahrt. Euer Mann muss hier langgekommen sein.« Gesehen hat auch sie ihn allerdings nicht.

Vor dem Haus erklärt ihr Mann Olenas Begleitern, wo dieser Panzer sein soll, von dem der Dorfbewohner aus Nummer 54 gesprochen hat. Er ist sich auch sicher, dass da ein Toter liegt. Die Stelle sei mit Zweigen abgesteckt. So wie die Menschen hier die tiefen Löcher in den Straßen markieren, um Autofahrer:innen zu warnen.

15 Uhr 42

Weiterfahrt. Ein Mann lehnt an einem glänzenden blauen Trecker. Sein freier Oberkörper besteht nur aus Muskeln, kein Gramm Fett. Er lacht und zeigt die Straße hinunter, in Richtung des Panzers. Er sagt, 90 Prozent der Häuser hier seien verlassen oder zerstört. Spuren auf der Straße, sie sehen aus, als hätte ein Tier mit sehr langen Krallen seine Pfoten in den heißen Teer gedrückt. Das war Streumunition, sagen Olena und ihre beiden Begleiter. Der Begriff bezeichnet Geschosse, die kleinere Sprengkörper in sich tragen. Manche splittern, manche sollen Panzerung zerstören, andere brennen. Viele dieser kleinen Bomben explodieren allerdings überhaupt nicht und gefährden als Blindgänger Zivilist:innen besonders, weil sie so schwer zu entdecken sind. 110 Staaten haben 2010 ein Abkommen geschlossen, welches verbietet, bestimmte Arten von Streumunition herzustellen, einzusetzen und weiterzugeben. Die Länder, in denen der Großteil dieser Munition produziert wird, erkennen dieses Abkommen allerdings nicht an, darunter neben den USA und Brasilien auch Russland.

15 Uhr 57

Den zerstörten Panzer gibt es tatsächlich. Olenas Begleiter stolzieren auf seiner ausgebrannten rostroten Hülle herum wie zu groß geratene Jungs. Es ist ein T-72, das Modell wurde seit 1972 in der Sowjetunion produziert und könnte der meist genutzte Kampfpanzer der Welt sein. Sein Turm liegt abgerissen neben der Wanne. Das ist ein typisches Ende für Panzer sowjetischer Bauart in diesem Krieg. Die Granaten für die Kanone des T-72 werden unter dem Turm gelagert. Bei einem Treffer kann diese Munition explodieren. Ihre Sprengkraft reißt nicht nur den Turm ab, sie tötet auch die dreiköpfige Besatzung in der Regel sofort. Das Problem ist spätestens seit den Irakkriegen 1991 und 2003 bekannt, als viele Panzer der irakischen Armee auf diese Weise zerstört wurden. Die Konstrukteur:innen in Russland designen aber auch ihre neuen Panzer so, dass die Granaten innen gelagert werden. Das spart Platz, der Panzer kann flacher gebaut werden und ist deshalb im Kampf schwerer zu treffen.

Dieser T-72 hier wurde auch an der linken Kette getroffen, sie liegt wie ein ausgerollter Teppich aus Metallgliedern hinter dem Wrack. Olena schaut kurz in die verwüsteten Eingeweide des Panzers, dann läuft sie über das Feld links von ihm. Sie geht einen sanft abfallenden Hang hinunter, bis zum Saum eines Waldes. Immer auf Beton laufen oder doch wenigstens auf sichtbar befahrenen oder begangenen Wegen, das ist eine der ersten Regeln, die ich in verminten Gebieten gelernt habe. Olena sicher auch, aber sie ignoriert das. Dabei wäre sie vor Kurzem beinahe gestorben.

Zusammen mit anderen hat sie in den Wäldern nach Toten gesucht, zwischen Schützengräben, die die Soldaten der russländischen Armee zwischen den Bäumen zurückgelassen haben. Sie ist einen kleinen Hügel hochgelaufen, sie hat nach unten geschaut und nicht nach vorn. Wo könnten Körper liegen? Wo sieht der Boden anders aus als sonst? Wo schaut ein Arm, ein Knochen hervor, weil das Grab nur flach ausgehoben wurde, aus Mangel an Zeit oder Mühe? Sie hörte ein Geräusch, Olena sagt, eigentlich hat sie es eher gefühlt. Sie ist zur Seite gesprungen, den Hügel hinunter und in einen Graben gerollt. Etwas explodierte über ihr, eine Granate. Die war mit einem Draht verbunden, gegen den Olena beim Suchen gelaufen ist. »Hätte ich auf der gleichen Ebene gestanden, wäre ich jetzt tot.«

Olena spaziert über das Feld zurück zum Panzer. Eine Leiche hat sie nicht gefunden. Keinen Platz, der mit Zweigen abgesteckt ist, keinen Körper.

Sie zündet sich eine Zigarette an, raucht mit der rechten Hand und tippt mit der linken eine Nummer in ihr Telefon. Sie ruft die lokale Militärkommandantur an, um zu fragen, welche ukrainische Einheit hier noch stationiert war. Hat sie den Namen der Einheit, spürt sie über ihre Kontakte bei der Armee die Soldat:innen dieser Einheit auf. Olena wird sie fragen, ob sie etwas über die beiden vermissten Männer wissen, die sie sucht. Jeder Hinweis, der ihre Suchen eingrenzt, wäre hilfreich. Sie erreicht aber niemanden, der ihre Frage beantworten kann oder will.

16 Uhr 07

Das nächste Dorf. Wieder viele Häuser, die verlassen aussehen. An einigen stehen Leitern. Wie in Jahidne sind auch hier Hämmer und Sägen zu hören. Olena spricht mit einem Mann, der einen riesigen blauen Imkerhut mit Netz trägt. Wie ein

Raumfahrer sieht er aus. Hinter den Maschen des Netzes glänzt eine goldene runde Brille über einem grauen Bart. Als er mit leiser Stimme anfängt zu sprechen, flutscht eine Ziege durch ein loses Brett im Gartenzaun neben ihm und rennt die Straße hinunter. Der Imker weiß nichts über die beiden Vermissten, die Olena sucht. Sie fragt, wo hier ukrainische Soldat:innen stationiert waren. Er sagt, irgendwo da, die Straße hinunter, aber er wisse nicht, wo genau. Das mag merkwürdig erscheinen, denn das Dorf ist klein. Aber viele Menschen sind erst nach den Gefechten und der russländischen Besetzung zurückgekehrt. Diejenigen, die geblieben sind, haben ihre Keller in dieser Zeit oft kaum verlassen.

Da kommt ein junger Mann die Straße entlang. Er ist braungebrannt, seine Kleidung schmutzig, und er trägt einen Eimer in der rechten Hand. Er sagt, sein Stiefvater habe jemanden getroffen, auf den die Beschreibung des Mannes passen könnte, den seine Mutter vor Kurzem als vermisst gemeldet hat. Sein Stiefvater sei allerdings in der Stadt. In Tschernihiw. Olena fragt nach Adresse und Telefonnummer, sie wird sich melden.

16 Uhr 25

Olena und ihr Trupp laufen über eine Wiese. Sie wollen zu einem Stück Wald, etwa 200 oder 300 Meter von der Straße entfernt. Ein Nachbar des Mannes mit dem Imkernetz hat gesagt, dort zwischen den Bäumen seien Soldat:innen gewesen, eine Stellung. Er weiß nicht, ob sie zu einer russländischen Einheit oder zu einer ukrainischen gehörten. Wenn es Männer aus Russland waren, könnten sie Sprengfallen zurückgelassen haben.

Ich habe Olena gefragt, ob sie keine Angst hat, bei ihren Suchen doch noch von einer solchen Sprengfalle verletzt oder getötet zu werden. Gestern war das, da haben wir uns schon einmal getroffen, in Slawutytsch. Das ist eine Stadt nordwestlich Jahidne. Dort habe ich mehrere Stunden sowohl mit Olena und als auch mit einem anderen Volontär geredet, der im Gebiet um Tschernihiw ebenfalls nach Vermissten sucht. Das war für mich auch eine Gelegenheit, das Erzählte der beiden miteinander abzugleichen und mir Videos und Fotos von ihren Smartphones zeigen oder schicken zu lassen. Olena hat mir keinen Grund gegeben, an ihr zu zweifeln, aber Erinnerungen sind trügerisch. Als Journalist will ich das, was sie mir erzählt, so weit wie möglich prüfen. Auf meine Frage, ob sie sich vor einer weiteren Granate fürchtet, hat sie gesagt: »Von Artillerie beschossen zu werden, ist viel schlimmer. Da hast du keinerlei Kontrolle.« Ihr ist das schon öfter passiert, auch hier in der Gegend, als sie mit Hilfskonvois unterwegs war. »Eigentlich musst du dann raus aus dem Auto und dich so tief wie möglich eingraben«, hat Olena gesagt. »Aber ich versuche dann immer, zumindest das Wertvollste doch noch zu retten.«

17 Uhr
Die Sucher:innen kommen zurück. Alle drei schlagen mit langen Zweigen um sich, grüne Blätter zischen durch die Luft, wie die Striemen einer Peitsche. Im Wald sind die Mücken unerträglich. Als ich frage, ob sie etwas gefunden haben, macht Olena den Mund auf und will etwas sagen. Die beiden Männer schauen sie finster an. Sie macht den Mund wieder zu.

»Genießt du die Gefahr, Olena?« Sie lässt die beiden Männer vorlaufen. Als sie ein paar Meter weit weg sind, sagt sie: »Ich mag das Adrenalin.« Und sie sagt, natürlich ist das hier gefährlich, aber Detektivin zu sein, liege ihr nun einmal. Und sie könne etwas Gutes für ihre Mitmenschen tun. Was gäbe es Besseres in diesem Krieg, als etwas Sinnvolles zu tun, das einem auch noch Spaß macht? Ich denke an Olga Rudenko, die Chefredakteurin des *Kyiv Independent*. Jeder Mensch sucht nach Sinn in diesen Zeiten, hat sie gesagt. Wer keinen findet, verzweifelt leichter.

17 Uhr 20

Endlich weiß Olena, in welchen Häusern sich ukrainische Soldat:innen einquartiert hatten. Eine Frau mit Kopftuch hat ihr den Tipp gegeben. Nun stehen Olena und ihre Begleitmänner vor einem blechernen Tor in einer Mauer aus weißen Steinen. Auf dem Briefkasten steht die Nummer 59. Kein Mensch ist zu sehen, auch vor den Nachbarhäusern nicht. Auf Olenas Rufe reagiert niemand. Sie sagt etwas zu dem kahlköpfigen Mann mit dem finsteren Blick. Er klettert über die Mauer, wird unsichtbar für uns. Dann ruft er etwas und wir klettern hinterher.

Wir laufen durch einen wilden Garten voller Bäume und Sträucher. Zwischen ihrem satten Grün ist der gespannte Stacheldraht manchmal nicht zu sehen, bevor man in ihn hineinläuft. Olena lässt sich auch hier eher von Neugier treiben, als von Vorsicht bremsen. Zwei Minen liegen über dem Eingang zu einem Keller, sie sehen aus wie zwei kleine grüne Töpfe mit einem Loch im Deckel. »Entschärft«, sagt sie und nimmt eine in die Hand.

Hinter den in Blau und Weiß gestrichenen Türen des Hauses herrscht warmes Halbdunkel. Olena läuft über rote Auslegware und ornamentverzierte Teppiche. Alle Vorhänge sind zugezogen, die Fenster mit Tüchern und dunkler Folie verklebt. Tücher hängen hier ohnehin viele, auch über Schränken, über dem gemauerten Kachelofen, auf den man sich setzen, ja sogar hinlegen kann. An die Türklinke eines Zimmers ist ein schmales blau-gelbes Band geknotet. Olena trägt ein ähnliches um ihr Handgelenk.

Aluminiumgeschirr, Chipstüten, Schokoladenpapier und die Verpackungen von Militärrationen der ukrainischen Armee quellen aus weißen Plastiktüten. Auf dem Herd stehen Töpfe, die schmalen Essensreste darin sind teilweise verschimmelt. Zigarrenstummel liegen in Aschenbechern oder daneben. Der Geruch erinnert mich an Borodjanka – süßlich, vergoren, verwest, rauchig, Urin, Ratten –, aber in einer sehr viel sanfteren, freundlicheren Variante. Hier fehlt der Tod. Olena schaut in alle Räume, klettert auf den Dachboden. Dort oben fragt sie Artur, den Übersetzer: »Genießt du das auch so wie ich?«

Olena kriecht in den Unterstand, den die zeitweiligen Bewohner dieses Hauses in die Erde des Gartens gegraben haben. In friedlicheren Zeiten könnte man glauben, Kinder hätten hier eine Bude gebaut, mit sehr viel Ausdauer, Spaten und Brettern.

Während sie erkundet, scheucht sie Fahrer und Mitfahrer durch die Gegend. »Chlopsi«, ruft sie, ein ukrainischer Ausruf, dessen Bedeutung irgendwo zwischen »Jungs!« und »Männer!« changiert. Chlopsi, schaut mal hinter dem Schuppen nach! Chlopsi, versucht mal die Kellertür aufzukriegen! Chlopsi, klettert mal noch zum Nachbarhaus rüber und schaut nach. Chlopsi, hierhin, Chlopsi, dorthin.

Und die Chlopsi machen, was sie sagt, obwohl sie heute gerne mal so tun, als hätten sie hier die Hosen an.

Gegen Olenas Erfahrung als Volontär:in ist allerdings auch schwer zu argumentieren. Sie hat nicht erst seit 2014 im Donbas angefangen, Hilfe zu organisieren, sondern schon in den 1990er-Jahren. Krebs hat sie damals bekommen, sie glaubt, der Grund dafür war der Tod ihres zweiten Mannes. Über ihn will sie immer noch nicht sprechen, nicht einmal seinen Beruf verraten.

»Das nimmt mich zu sehr mit«, sagt sie. Jedenfalls gaben ihr die Ärzte damals nur noch Monate.

Es waren die 1990er-Jahre, eine Zeit der Arbeitslosigkeit, Gewalt, Unsicherheit, des Jeder ist sich selbst der Nächste. Wie in Ostdeutschland, aber auf Speed. Die Medikamente, die Olena braucht, gab es kaum, jedenfalls nicht für Menschen, die so wenig verdienten wie sie. Die Zivilgesellschaft in der Ukraine mit ihren ungezählten NGOs existierte damals noch nicht, die Orangene Revolution von 2004 war noch ein paar Jahre entfernt. Und die Idee, Menschen über das Internet zu vernetzen, existierte für viele allenfalls als Ahnung. Aber Freund:innen und andere Kranke haben ihr geholfen, sie riefen Krankenhäuser und Ärzte im Westen an, schrieben Briefe, besorgten Medikamente. Sie wurde gesund. Und hat dann anderen Kranken geholfen.

»Wir haben Kontakt zu Hilfsgruppen in Westeuropa aufgebaut, über Leute, die andere Leute kannten«, hat mir Olena gestern bei unserem Gespräch in Slawutytsch erzählt. »Wir haben Versorgungsketten etabliert, offizielle Dokumente besorgt, Geld für kranke Kinder gesammelt.« Die Netzwerke, die sich damals fanden, sagt Olena, die haben ihr auch später geholfen, die nötige Logistik auf die Beine zu stellen, um Soldat:innen in der Ostukraine zu helfen. Oder Zivilist:innen während der russländischen Besetzung dieser Gegend hier von Ende Februar bis Anfang April. In dieser Zeit hat sie Lebensmittel transportiert, Kleidung, Menschen unter Artilleriebeschuss evakuiert. In ihrem Haus in Prohres schliefen an manchen Tagen fünfzig Leute, bevor sie mit anderen Volontär:innen wie Olena weiterfuhren in Richtung Kyjiw. Es gibt viele Videos aus dieser Zeit auf ihrem Handy und auf dem des anderen Freiwilligen, den ich gestern getroffen habe.

17 Uhr 59

Olena sitzt auf der Motorhaube des Daewoo und blättert in ihren beiden Büchern. Dass ukrainische Kämpfer:innen hier waren, weiß sie nun. Wahrscheinlich auch für längere Zeit, wenn sie sich die Mühe gemacht haben, einen Unterstand zu bauen und die Umgebung des Hauses mit Stacheldraht zu sichern. Dem Zustand der Essensreste nach sind sie bis vor Kurzem auch noch dort gewesen. Diese Kämpfer:innen sind wahrscheinlich am besten informiert über das, was passiert ist, als die russländischen Truppen noch hier waren. Sie konnten sich nicht einfach im Keller verkriechen, waren vielleicht sogar hier, um den Feind auszuspähen. Sie könnten etwas über den seit Längerem verschwundenen Mann wissen. Und wenn sie tatsächlich bis vor Kurzem noch hier waren, können sie Olena vielleicht auch etwas über den Vermissten sagen, dessen Mutter sie vor ein paar Tagen angerufen hat.

18 Uhr 31

Olena hält eine Frau im Arm, die nicht mehr aufhört zu weinen. Sie hat das Auto wieder an einem Zaun anhalten lassen, hat sich wieder vorgestellt, hat wieder erzählt, wie der vermisste Mann aussieht, Engelsflügeltattoo, schwarzer Rucksack, zu Fuß unterwegs. Die Frau hat ein paar lose Haarsträhnen zurück unter ihr weißes Kopftuch mit den darauf gedruckten Blumen gesteckt und nachgedacht. Aber auch sie hat niemanden aus einem anderen Ort gesehen. Dann hat Olena gefragt, ob sie weiß, welche ukrainischen Kämpfer:innen in dem Haus gewohnt haben, in dem wir gerade waren. Und die Frau hat angefangen zu weinen. Nach und nach bekommt Olena aus ihr heraus, dass sie für diese Soldat:innen gekocht hat. Sie gehören zur Teroborona, wie viele in der Ukraine sagen, eine Abkürzung für das lange

Wijska terytorialnoi oborony, zu Deutsch Territorialverteidigung. »Wenn die Unsrigen mal zurückkehren, koche ich für alle«, sagt die Frau, nachdem sie aufgehört hat zu weinen und umarmt Olena noch einmal. Telefonnummern oder Emailadressen von den Soldat:innen hat sie nicht.

18 Uhr 56
Nachdem Olena mit noch einer anderen Frau gesprochen hat, die einige der Soldat:innen in dem Haus kennengelernt hat, aber weder mehr zu ihnen noch zu den Vermissten sagen kann, bricht sie die Suche für heute ab. Sie will noch zurück nach Jahidne, bevor es dunkel wird. »Nur zwei Hinweise heute«, sagt sie. Der Stiefvater des Mannes mit dem Eimer und die Bestätigung, dass Männer von der Territorialverteidigung hier stationiert waren. Das sind allenfalls Anfänge von Spuren, Anfänge von Anfängen.

Sie will jetzt mit ihren beiden Begleitern zu Freund:innen nach Jahidne fahren, Kaffee trinken und einen neuen Plan machen, um diese beiden Männer zu finden. Wartet zu Hause niemand auf sie? Olena hat einen Mann, vier eigene Kinder, drei hat ihr jetziger Mann, zwei Waisenkinder hat sie auch noch mit aufgezogen. Bei ihr im Haus lebt noch die jüngste Tochter, die ist 17 Jahre alt. Die kann sich sehr gut selbst beschäftigen, sagt Olena. »Und mein Mann ist 22 Jahre älter als ich, der kann nicht verlangen, dass ich zu Hause bleibe.«

November/Dezember/Januar
Ob Olena die beiden Männer gefunden hat? Artur, mein Übersetzer, schreibt ihr im November mehrere Nachrichten und telefoniert auch kurz mit ihr. Die Verbindung ist allerdings schlecht und sie schwer zu verstehen. Sie sagt, sie ist in Bachmut,

einer Stadt, die in dieser Zeit massiv von russländischen Truppen angegriffen wird. Olena bringt den ukrainischen Soldat:innen dort Kleidung und andere Ausrüstung, die sie im Winter brauchen. Sie sagt, dass der Mann, der im Juni schon seit Längerem vermisst wurde, sehr wahrscheinlich in russländischer Kriegsgefangenschaft sitzt. In Brjansk, etwa 370 Kilometer nordöstlich von Jahidne.

Dann bricht die Verbindung ab. Artur fragt noch mehrmals nach, aber es kommt kein neues Telefonat zustande.

Olena schickt zwei Videos. Das erste dauert 28 Sekunden. Sie liegt im kalten Gras und zielt mit dem in der Ukraine hergestellten halbautomatischen Scharfschützengewehr UAR-10. Es ist noch recht neu, das ukrainische Militär will damit die alten sowjetischen Modelle ersetzen. Oben auf der Waffe ist ein schwarzes Zielfernrohr montiert, vorn kurz vor der Mündung steht sie auf einem Zweibein. Olena zielt 20 Sekunden lang, bevor sie einen Schuss abgibt. Das zweite Video ist halb so lang wie das erste. Dieses Mal steht Olena. Sie schießt vier Mal mit einer mattschwarzen Kalaschnikow. Sie ruft: »Für die Ukraine. Für unsere Jungs. Für unsere Kinder. Putin ist ein Arschloch.«

In der zweiten Dezemberhälfte ruft Artur fast jeden Tag bei ihr an, aber eine Stimme in seinem Telefon sagt, Olenas Nummer sei nicht zu erreichen. In der ersten Januarwoche zeigt ihr Profil bei Telegram, dass sie zwei Wochen nicht online war. »Ich hoffe, sie hat einfach nur technische Probleme«, schreibt Artur. Es kann natürlich auch sein, dass wir ihr einfach auf die Nerven gehen oder sie die Nummer gewechselt hat. Er wird es weiter versuchen.

# Rückkehr der Fliegerin, Teil 1

Kyjiw, Juni 2022

**Wieder dieses Bürohaus,** es ist immer noch zu vermieten, noch immer steht die gleiche Telefonnummer auf dem Banner wie vor sechs Jahren. Noch immer hofft irgendwo irgendwer, dass sich irgendjemand für einen Raum in diesem grauen Klotz am Rande von Kyjiw interessiert und deswegen anruft. Links vom Gebäude steht noch dieselbe Tankstelle, die der Schule für angehende Drohnenflieger:innen damals umsonst Benzin gegeben hat. Okay, das dürfte jetzt anders sein, auf der Säule, die üblicherweise die Preise für die Kraftstoffe anzeigt, stehen nur Nullen. Und zwischen Tankstelle und Hochhaus führt immer noch dieser Weg auf die gleiche große Wiese, über der auch heute wieder das gleiche dunkle Brummen schwebt, als gäbe es hier ein Nest überschwerer Hummeln.

Im Sommer 2016 habe ich Maria Berlinska auf diesem Feld getroffen. Sie brachte Soldat:innen und Freiwilligen das Fliegen von Drohnen bei. Der ukrainischen Armee fehlte es damals im Donbas-Krieg an entsprechend ausgebildetem Personal.

Seit Russlands Überfall im Februar 2022 sind Drohnen ein so elementarer Bestandteil dieses Krieges, dass auch viele in Deutschland den Namen »Bayraktar« schon einmal gehört haben. Das ist eine türkische Drohne, mit der ukrainische Soldat:innen in den ersten Wochen und Monaten der Invasion viele Fahrzeuge der russländischen Armee zerstört haben. Das ukrainische Fernsehen zeigte ständig Bilder davon, Facebook, Telegram und Twitter waren voll von Videos darüber. Der Musiker Taras Borovok schrieb ein Lied über die Drohne, die fünfte Strophe geht übersetzt in etwa so:

»*Sie dachten, sie würden uns alle besiegen im Handumdrehen*
*Aber dann wehrten wir uns mit Molotow-Cocktail und*
   *Backstein*
*Jetzt sind sie nichts als Geister, die nicht sehr weit kommen*
   *werden*
*Bayraktar! Bayraktar!*«

Der Song wurde in der Ukraine ein Hit. In deutschen Zeitungen und Internetportalen schrieben Kolleg:innen wiederholt das in der Propaganda der Nationalsozialisten so oft verwendete Wort »Wunderwaffe«.

Auch das russländische Militär setzt auf Drohnen. Sein Arsenal galt dem ukrainischen vor der Invasion als weit überlegen. Weltweit bekannt werden während des Überfalls aber nicht die technisch hochentwickelten Modelle, wie die Kronstadt Orion, die mit ihren Raketen Flugzeuge abschießen kann. Sondern iranische Selbstmorddrohnen der Typen Shahed-131 und 136. Russlands Militär nennt sie Geran-2 und wird mit ihnen ab dem Herbst 2022 Elektrizitätswerke, die Wasserversorgung und andere Infrastruktur des täglichen Lebens angreifen.

Bei einer der ersten Attacken mit den Shaheds auf Kyjiw Mitte Oktober tötet die russländische Armee eine schwangere Frau, ihren Mann und drei weitere Menschen. Die Drohnen sind fliegende Bomben, die Russland in Schwärmen losschickt, um die nach Monaten der Bombardements und des Raketenbeschusses sehr geübte ukrainische Flugabwehr zu überwältigen und sie dazu zu zwingen, ihre knappe Munition aufzubrauchen. Zynisch gesagt, startet Russland eine Art Unterbietungswettbewerb. Seine Armee versucht, zu einem möglichst geringen Preis möglichst viel Schaden anzurichten. Die iranischen Drohnen sind sehr viel billiger als die Cruise-Missiles, die Moskau vorher auf die Ukraine abgeschossen hat. Zudem gehen Russland schlicht die Raketen aus, auch wegen der internationalen Sanktionen.

Auch die Taktik des billigen Drohnenterrors wird sich wahrscheinlich wieder ändern, wenn das ukrainische Militär einen Weg findet, die Shaheds effizient und preiswert zu bekämpfen. Im November starten Ukrainer:innen eine Crowdfunding-Kampagne, um von Tschechien Pick-ups mit darauf montierten Maschinengewehren zu kaufen. Die sollen sich besonders gut dafür eignen, die russländischen Drohnen abzuschießen.

Maria Berlinska hat die Bedeutung von Drohnen schon 2015 erkannt, viele Jahre vor den Liedern über Bayraktars und den Angriffen mit fliegenden iranischen Bomben. Um bewaffnete Geräte ging es ihr 2016 jedoch ausdrücklich nicht. Sie wollte erreichen, dass die ukrainische Armee zivile Drohnen für Aufklärungsflüge nutzt, damit weniger ihrer Soldat:innen sterben, zum Beispiel bei gefährlichen Erkundungsmissionen. Die Drohnen, mit denen Maria Soldat:innen und Freiwilligen das Fliegen beibrachte, kosten auch keine zwei Millionen Euro pro Stück wie eine Bayraktar. Sie sind teilweise schon für wenige hundert Euro bei Onlinehändlern zu haben.

Nach unserem Treffen auf dieser Wiese im Sommer 2016 fuhren Maria Berlinska und ich an einen der vordersten der von den ukrainischen Truppen kontrollierten Posten der Frontlinie. Sie brachte dem Kommandanten des Unterstandes eine Drohne mit und flog für ihn eine Aufklärungsmission.

Damals war es Marias größter Traum, endlich reisen zu können, andere Länder zu sehen, und das hat sie inzwischen. Sie hat sogar für eine Weile in den USA gewohnt. Bei unserer ersten Begegnung konnte sie ein paar Worte Englisch, jetzt spricht sie es fließend. Sie liebt die freundliche Offenheit vieler Menschen in den Vereinigten Staaten und die unterschiedlichen Landschaften vom Grand Canyon bis zu den Sümpfen Floridas. Sie mag New Nork – »dort kannst du die ganze Welt in einer Stadt sehen« –, und sie weiß, dass New York nicht die USA ist.

Nachdem Russland die Ukraine überfallen hat, ist sie von dort zurückgekommen. Und wir haben uns wieder verabredet an diesem Ort. Ich will sie fragen, was genau sie hier tut, was sie anders macht als damals. Was den Krieg seit dem Februar 2022 von dem Krieg davor unterscheidet. Um 12 Uhr wollen wir uns treffen. Sie ist noch nicht hier. Dass sie später da ist als ich, hat sich auch nicht geändert.

Auf der Wiese trainieren sie schon. 16 Menschen sind heute gekommen, sieben davon in Camouflage, eine Frau. Es wird viel gelacht, die Stimmung ist freundlich und gelöst. Ein junger Mann, fast noch ein Teenager, von oben bis unten in ausgewaschenes Grau gekleidet, zeigt zwei Männern in Tarnkleidung, wie die Fernsteuerung einer Drohne funktioniert. Das Gerät ist schwarz, hat in der Mitte einen Bildschirm und links und rechts zwei

Joysticks, die sich mit dem Daumen bedienen lassen, wie die auf den Controllern der Playstation. Der Junge in Grau lenkt eine kleine Drohne mit vier Rotoren ein paar Meter über den Köpfen seiner beiden Schüler von rechts nach links und wieder zurück. Eine dunkelblonde Frau holt zwei Fußmatten aus ihrem Auto, legt sie auf das Gras der Wiese und stellt eine weitere Drohne mit vier Rotoren darauf. Diese Quadrokopter benutzen hier die meisten zum Üben. Sie sind preiswerter und einfacher zu bedienen als die sechsrotorigen Hexakopter oder die Drohnen, die aussehen und fliegen wie kleine Flugzeuge. Das Hummelbrummen, das ich vorhin gehört habe, kommt von den Drohnen. Alles wie damals.

Zwei Trainer erkenne ich wieder, sie mich offensichtlich nicht. Trotzdem sagt keiner etwas, als ich kurz auf Russisch grüße, freundlich nach allen Seiten nicke und mich einfach dazustelle. Das Training läuft schlicht weiter, was ich krass finde in diesem Krieg, in dem ukrainische Behörden ständig vor russländischen Spionen und Kollaborateuren warnen. Ukrainische Freund:innen haben mir erzählt, dass sie selbst oder ihre Verwandten von der Polizei, manche auch vom Geheimdienst SBU, befragt wurden, weil sie angeblich oder tatsächlich Fotos in der Nähe von Straßensperren, Verwaltungsgebäuden oder Militäreinrichtungen gemacht haben. Es gibt ein Fotoverbot an solchen Orten. Die russländische Armee soll so wenig wie möglich über die ukrainische Verteidigung und lohnende Ziele erfahren. Wäre dieser Trainingsplatz nicht auch ein lohnendes Ziel? Das Misstrauen der Drohnenflieger:innen hier scheint jedenfalls nicht mit dem Krieg gewachsen zu sein.

Um 12 Uhr 52 kommt Maria. Gemessen wie die Queen steigt sie aus dem blauen Auto, das sie hergebracht hat. Sie muss langsam machen, sie braucht mit ihren 34 Jahren schon einen

Gehstock, wegen ihren alten Verletzungen. Sie ist dünner geworden, aber die dunklen Augenringe sind geblieben, sie arbeitet viel. Sie trägt eine gelb-weiß gestreifte dünne Jacke zu hellblauen Jeans. Das Faible für militärisch anmutende Kleidung, das viele Volontär:innen zeigen, die mit dem Militär zu tun haben, hatte Maria Berlinska abseits der Front nie.

Sie umarmt ein paar Menschen, einige kennt sie schon sehr lange, sie nickt dem Rest zu, und lehnt sich dann erst einmal an ein Auto. Sie bleibt am Rand des Geschehens, als wäre sie nicht sein Zentrum, als hätte nicht sie die Organisation »Unterstützungszentrum für Luftaufklärung« gegründet und als ginge dieses Training hier, wie so viele andere vorher, nicht auf sie zurück.

Nach zwanzig Minuten hält sie eine Rede. Sie atmet vorher tief durch, seufzt, wie oft hat sie das hier schon gemacht? Sie stellt sich breitbeinig hin, sie wartet nicht, bis sich ihr die Gesichter zudrehen, sie spricht einfach. Sie redet laut und klar, aber sie schreit nicht. Sie hält ihre Sonnenbrille in der rechten Hand, damit durchschneidet sie beim Reden drei, vier Mal die Luft vor sich. Sie gestikuliert sparsam. Die meisten hören ihr zu. Sie hatte sich das schon 2016 gut antrainiert, diesen Gestus von Autorität und Jetzt-rede-ich, den man wohl braucht in einer männlich dominierten Welt, um Gehör zu finden. Beim Militär noch mehr. Sie ist souveräner geworden in dieser Art zu sprechen, lockerer, sie macht ihre Haare in der Mitte der Rede auf.

Maria spricht über die Ausbildung, darüber, dass ihre Organisation jetzt nicht mehr wie früher nur Pilot:innen trainiert, sondern Lehrer:innen. Die geben ihr Wissen dann in Odesa, Dnipro, Charkiw an andere weiter. Zu oft passiere es noch, dass Volontär:innen Drohnen an eine Einheit liefern, sagt Maria, und dann, nach zwei Monaten, jemand aus dieser Einheit bei ihr nachfrage, ob sie auch Ausbilder:innen schicken könnte, denn niemand könne die Drohnen bedienen. Das Ziel der Trainings ist also ein größeres geworden. Maria will erreichen, dass so viele Soldat:innen wie möglich mit Drohnen umgehen können. Das ist eine Veränderung zu 2016, die hier sichtbar wird. Eine andere ist in den Minuten nach der Rede zu beobachten. Da spricht Maria Berlinska mit dem Waffenhändler.

Der Mann ist mir schon vorher aufgefallen, als sie noch nicht da war. Nicht wegen seines Aussehens – helle Jeans, graues Polohemd, verspiegelte Sonnenbrille mit regenbogenfarbenen Gläsern, dicker Bauch –, das passt alles gut zu den anderen Männern hier. Sondern wegen seines Geruchs, ein rauchiges Väterparfüm, das einen Hauch schwerer Geborgenheit über die ganze weite Wiese legt. Und seine Stimme prägt sich mir ein. Sanft und leise ist sie und durchdringt doch mühelos das aufgeregte Schwatzen der Trainer und ihrer Schüler:innen. Mit einem breiten Lächeln in seinem breiten Gesicht hat er sich Marias Rede angehört. »Hol mal deine besonderen Drohnen«, sagt einer der Männer in Camouflage, und der Händler holt einen Plastikkasten aus seinem Auto, wie ein sehr großer Angelkoffer sieht er aus. Er stellt den Kasten auf den Rasen und klappt ihn auf. Drohnen liegen darin, schwarze Kopter mit türkisen Rotoren. Auf den ersten Blick ist nichts Besonderes an ihnen, auf den zweiten sieht man die Bomben.

Zigarrenförmig sind sie, aber bauchiger, und zwischen 20 und 30 Zentimetern lang. Der Händler mit dem Rauchparfüm klickt sie in Halterungen unterhalb seiner Drohnen. Er sagt, so eine Bombe kann Menschen in einem Radius von zehn Metern töten. Gegen gepanzerte Ziele seien sie jedoch so gut wie nutzlos. Ein paar Männer nehmen die Kopter in die Hand, drehen sie hin und her, brummen, nicken. Ein Mann ganz in Schwarz, Maria und er kennen sich schon lange, schüttelt den Kopf und geht weg. Er sagt: »Diese Drohnen sind nichts für mich, dabei können Menschen verletzt werden.«

2016 war das noch Konsens hier auf der Wiese. Maria Berlinska und andere haben mir lang und breit erklärt, warum sie Quadrokopter und andere Drohnen, die man sich leicht online bestellen kann, auf gar keinen Fall mit Granaten und anderen Sprengsätzen bewaffnen wollten. Erstens hätten sich schon zu viele ukrainische Soldat:innen verletzt, als sie das versucht hätten, ein paar wären sogar getötet worden. Zweitens seien handelsübliche Drohnen gar nicht geeignet, Bomben zu tragen, das lasse ihre Größe, ihr Gewicht, ihre Balance nicht zu. Und drittens, das sprach zwar niemand so klar aus, aber es spielte die ganze Zeit eine Rolle, wollten die Drohnentrainer:innen und ihre Schüler:innen der ukrainischen Armee zwar bei der Aufklärung helfen. Aber so direkt am Töten beteiligt sein, wollten viele nicht. Maria hatte sich das als Freiwillige an der Front sogar von ihrem Kommandanten zusichern lassen. 2016 hätte der nett lächelnde Händler hier kein Publikum gehabt, vielleicht wäre er weggeschickt worden. Aber an diesem Dienstag im Juni 2022 verteilt er Flugblätter aus Glanzpapier. Vorn sind Waffen abgedruckt, Schrotflinten und Sturmgewehre, hinten Drohnen und in roter Schrift eine Adresse und eine Telefonnummer.

Maria geht zu ihm, hockt sich hin, holt ihr Smartphone heraus. Er tut das gleiche, sie tauschen Telefonnummern aus. »Wie viel kostet eine?«, fragt Maria Berlinska und nickt mit dem Kopf hinüber zu dem aufgeklappten Kasten auf der Wiese. Die besonderen Drohnen liegen wieder darin, alle üben wieder mit ihren eigenen Koptern. »800 Dollar«, sagt der Händler. Maria nickt. »Wir melden uns.«

In diesen Minuten begreife ich, dass sich etwas entscheidend geändert hat hier auf dem Feld. Aber dass das, was ich hier sehe, auch eine größere Dimension haben könnte, erschließt sich mir erst später. Ende Juni, also einen Monat nach dieser Begegnung mit Maria, werden unter anderem das US-amerikanische Magazin *Forbes* und das deutsche Portal *T-Online* über das Verschwinden der einst so gefeierten Bayraktar-Drohnen aus dem von der Öffentlichkeit wahrnehmbaren Kriegsgeschehen schreiben. Russland hat den Kampf in den Donbas verlagert. Dort verfügen die Angreifer über eine besser organisierte und ausgestattete Luftabwehr, die die großen und relativ langsamen Fluggeräte aus der Türkei erfolgreich abschießt. Andere ukrainische Drohnen teilen dieses Schicksal. Im November schreiben Analyst:innen des britischen Think Thanks Rusi, die ukrainische Armee könne eine Drohne etwa sechsmal einsetzen, bevor sie abgeschossen wird. Die Verluste seien »extrem hoch«. Eine mögliche Reaktion der ukrainischen Seite darauf wäre, die Kosten ihrer Drohneneinsätze zu minimieren, indem sie kleine, billige und relativ leicht zu beschaffende Maschinen verwendet.

»Das hast du also gesehen«, sagt Maria. Wir sitzen in einem Auto, sie vor mir als Beifahrerin. Ein Mann in Uniform steuert. Er fährt runter vom Übungsfeld, vorbei an der Tankstelle auf eine große mehrspurige Straße Richtung Stadtzentrum. Maria Berlinska muss schnell zu einem Termin. Sie trifft sich mit Leuten vom Verteidigungsministerium. Ich habe sie eben nach ihrem Gespräch mit dem Drohnenhändler gefragt. Das hast du also gesehen. Vielleicht ist ihr das unangenehm, sie sagt nichts weiter dazu. Sie sagt statt dessen, dass sie zwar dankbar ist für Militärhilfe aus dem Westen Europas und den USA, aber dass zu viele Politiker:innen dort weder Ja noch Nein sagen, wenn die Ukraine um Unterstützung bittet. »So viele Menschen sterben hier, während dort bei euch keine Entscheidungen getroffen werden.«

Militärhilfe gehört jetzt auch zu den Dingen, mit denen Maria Berlinska sich beschäftigt. Die Staaten, die der Ukraine Waffen schicken, wollen, dass die Armee dokumentiert, was mit den Lieferungen geschieht. Maria soll der Regierung helfen, ein System für diese Dokumentation aufzubauen. Sie findet das richtig: »Wir bekommen Hilfe, also müssen wir unsere Hausaufgaben machen.« Auch das ist eine Entwicklung. Vor sechs Jahren suchte sie mit Männern aus Regierung und Militär oft den Konflikt. Persönlich, auf Social Media, im Fernsehen. Zu langsam, zu ineffizient, zu sexistisch, zu korrupt, die Liste der Gründe, aus denen Maria Berlinska sich mit Autoritäten stritt, war lang.

Viele Aktivist:innen, die wie sie im Winter 2013/2014 auf dem Maidan waren und dort politisch sozialisiert wurden, hatten grundsätzlich ein distanziertes Verhältnis zu Politik. Sie galt ihnen als dreckiges Geschäft, als Hort der Korruption. In langen Posts auf Facebook kritisiert sie Ineffizienz und Vetternwirtschaft bisweilen immer noch, auch wenn ihr Kommentatoren vorwerfen, sie würde mit ihrer Kritik Russland nützen. Aber an ihrem Beispiel wird dennoch sichtbar, was im ganzen Land gesellschaftlich passiert: Die Invasion presst Menschen, Fraktionen, Strömungen zusammen, die sich in der Zeit vor dem Überfall gegenüberstanden, auseinanderstrebten, entgegengesetzte Ziele verfolgten. »Ich berate hier nicht in erster Linie die Regierung«, sagt Maria Berlinska, während sie auf der Navigations-App ihres Smartphones einen Weg durch die Kyjiwer Staus sucht, »ich berate meine Leute, damit wir diesen Krieg gewinnen.«

Sie sagt auch, dass sich durch den Krieg nicht nur die Volontär:innen auf die politischen und militärischen Führungsleute zubewegen würden. »Der Respekt vor unserer Arbeit und unserer Expertise ist auch dort gewachsen«, sagt sie. »Das Land hat sich sehr verändert. Dieser Krieg ist bei allem Leid, das er bringt, auch eine Chance, unsere Seelen zu retten.«

Der Fahrer setzt Maria Berlinska im Kyjiwer Zentrum ab, in einer kleinen Straße hinter dem Chreschtschatyk, der Prachtstraße der Stadt. In einem kleinen Park wartet eine andere bekannte ukrainische Aktivistin auf sie, die beiden umarmen sich zur Begrüßung. Sie gehen ein paar Schritte zu einer grauen hohen Tür in einem hell gestrichenen Altbau, klingeln und verschwinden dahinter.

Im Herbst sehe ich auf Telegram und auf Twitter Videos, die ukrainische Kleindrohnen beim Abwurf von Bomben zeigen sollen. In den kurzen Filmen sind Menschen von oben zu sehen, es sollen russländische Soldaten sein. Sie tragen Uniformen und Helme. Und was in diesen Filmen auf sie hinunterfällt, ähnelt sehr den hölzernen Attrappen des Drohnenhändlers vom Trainingsfeld. Ein Video zeigt eine Gruppe von Soldat:innen. Ein paar versuchen aus ihrem Erdloch zu klettern, etwas explodiert. Danach bewegt sich niemand mehr. Ein anderes Video zeigt ebenfalls ein Loch. Dieses Mal sitzt nur ein uniformierter Mensch darin. Er versucht nicht einmal wegzulaufen, als die Bombe fällt.

# Drohnen fliegen im Donbas

Kyjiw/Awdijiwka, Juli 2016

**Am Abend eines heißen Juli-Tages,** *als am Fuße des Hügels die Kalaschnikows knattern, sucht Maria Berlinska nach dem Wind. Sie stapft durch das hüfthohe sommertrockene Gras, hält den rechten Arm hoch, spürt nach Regungen in der Luft, geht weiter den Hügel hinauf, und die Soldaten, die für sie eine große Holzkiste schleppen, laufen hinter ihr her wie Küken einer Henne. Maria Berlinska bleibt nicht mehr viel Zeit. Den ganzen Tag war der Wind zu stark, bald wird die Sonne untergehen. Auf das hier hat sich Berlinska seit Wochen vorbereitet, sie wurde erwartet, hier an der Front. Heute lässt sie ihre Drohne fliegen.*

Maria Berlinska, 28 Jahre alt, erkundet für die ukrainische Armee, wo der Feind steht. Der Feind, das sind die Truppen, die für die von Russland gesteuerten und international nicht anerkannten Kleinstaaten Donezk und Luhansk kämpfen, zwei Zipfel Land im Osten der Ukraine. Berlinska steht in Awdijiwka, einem der am schwersten umkämpften Orte an der Front, die in der Diplomatensprache dieser Zeit aber nicht »Front« heißt, sondern »Kontaktlinie«. Awdijiwka liegt etwa 13 Kilometer nördlich von Donezk und wird von der ukrainischen Armee kontrolliert. Mit ihrer Drohne, einem kleinen Flugzeug aus Styropor, will Maria Berlinska auskundschaften, was ukrainische Soldat:innen am Boden nicht sehen. Von wo kommen die Mörsergranaten der anderen? Haben sich feindliche Kämpfer:innen irgendwo dort drüben in einer Grube versteckt?

Maria Berlinska läuft hier in T-Shirt und Hose mit Flecktarnmuster herum, aber sie ist keine Soldatin. Seit anderthalb Jahren fährt sie freiwillig und ohne dafür Geld zu bekommen an die Front, immer wieder für ein paar Wochen.

Zwei Monate bevor sie auf dem Hügel bei Awdijiwka ihre Drohne steigen lassen wird, sitzt sie auf dem Küchenboden ihrer Wohnung in Kyjiw. Sie teilt sie sich mit einem Mann, der im ukrainischen Wirtschaftsministerium arbeitet. Durch das Balkonfenster scheint die Maisonne. Zuhause trägt Berlinska kein Camouflage, sondern einen Strickpullover mit Eisbären darauf, hockt auf einer Decke und umklammert eine Tasse Tee. Um ihre Augen ziehen sich Schatten, ihre Stimme klingt rau. Sie ist gerade an der Front gewesen. Bald fährt sie wieder hin.

Warum macht sie das?

»Ich möchte das, was Putin und seine Leute die russische Welt nennen, nicht in Kyjiw haben. Deshalb muss ich helfen, sie im Donbas aufzuhalten.«

Was ist das, die russische Welt?

»Totale Kontrolle, Homophobie, es ist eine Welt, in der es nur um Macht geht.«

Ist Russland böse?

»Unsinn. Ein Teil meiner Vorfahren kommt aus Russland, Russ:innen haben meine kugelsichere Weste bezahlt. Es leben gute Menschen dort. Aber Vladimir Putin hat ihren Staat gekapert.«

Sie könnte die Ukraine verlassen. Weggehen.

»Und dann? Einen aggressiven Diktator kann man nicht damit zufriedenstellen, dass man vor ihm zurückweicht. Heute sind wir dran, morgen ein anderes Land in Europa.«

Wenn Maria Berlinska eine Ansage machen will, öffnet sie die Lippen nur so weit, wie es unbedingt nötig ist, als wären ihre Mundwinkel blockiert.

Ihre Eltern kommen aus der Ostukraine, aber sie wohnen seit Langem im Westen des Landes. Maria Berlinska wächst als Kind in einem Dorf nahe dem Ort Kamjanez-Podilskyj auf, 400 Kilometer südwestlich von Kyjiw. Eine alte Stadt, gegründet im 12. Jahrhundert, einst bewohnt von Juden, von Pol:innen, Ukrainer:innen und Armenier:innen. Die Deutschen erschossen hier im Sommer 1941 über 20 000 Jüd:innen. Es ist das bis dahin größte Massaker im sogenannten Holocaust durch Kugeln, in dessen Zuge Soldaten der Wehrmacht, Polizisten, SS-Leute und ukrainische Helfer überall auf ukrainischem Boden Jüd:innen ermorden. Berlinska wächst bei Eltern und Großeltern auf, sie sagt, ihre Verbindung zu ihrem Land rühre aus dieser Zeit, aus den Geschichten und Liedern der Kindheit. Langsam entsteht ihre Liebe zur Literatur – Gedichten von Schadan und Goethe, Büchern von Dante, Tschechow und Salinger.

Nach dem Abitur studiert sie jüdische Geschichte in Kyjiw, an der Mohyla-Akademie, einer der ältesten Universitäten des Landes. Nebenbei organisiert sie Festivals mit, holt feministische Bands in ihre Heimatstadt. Dann beginnt der Maidan, die Revolution zwischen November 2013 und Februar 2014, die den Präsidenten Janukowytsch ins Exil treibt.

*Maria Berlinska dreht sich zu den Soldaten um, zeigt mit der rechten Hand ins Gras. Hier sollen sie die Kiste abstellen. Berlinska klappt den Deckel hoch, eine Tragfläche liegt dort, eine zweite daneben, darunter der Rumpf des Flugzeugs. Einer der Männer nimmt die Teile heraus. Maria Berlinska ist die Pilotin, er der Operator. Er hilft ihr, die Drohne zu starten, kümmert sich um technische Schwierigkeiten. Jetzt steckt er die Tragflächen in die Seiten des Flugzeugrumpfes. Die Drohne ist fertig.*

Im Februar 2014, dem vierten Monat des Protests, eskaliert die Gewalt auf dem Maidan in Kyjiw. Heckenschützen schießen auf Demonstranten. Über einhundert Menschen sterben, auch viele Polizisten. Maria Berlinska ist auf dem Platz.

Seitdem lebe sie von Frühling zu Frühling, sagt sie. Sie mache keine Pläne mehr. Das Leben könne jederzeit vorbei sein.

In diesen Monaten sieht Maria Berlinska, wie Fremde ihr Essen teilen, wie freiwillige Sanitäter Wunden verbinden. Das Maidan-Prinzip: Jeder fasst mit an.

Lange hätten die Menschen in der Ukraine versucht, sich so gut wie möglich durchzuschlagen, was auch bedeute, wegzusehen, wenn anderen Ungerechtigkeiten passieren. Erst der Maidan, sagt Maria Berlinska, habe den Leuten das Gefühl gegeben, es könne einen anderen Weg durchs Leben geben als den, zu versuchen, sich gegenseitig auszutricksen. Eine Alternative zu den offiziellen kaputten Strukturen. Zu einem Staat, in dem sich Minister:innen genauso bestechen lassen wie zu viele bei der Polizei.

Maria Berlinska kämpft nicht nur gegen die russländische Armee und gegen die von Russland gesteuerten »Volksrepubliken« im Osten, sie kämpft auch darum, welches Land die Ukraine einmal sein wird. Sie ist Teil einer Bewegung, die größer ist als die Unterstützer des Militärs. Im Wissenschaftsministerium schreibt eine Quantenphysikerin ehrenamtlich Papiere für eine Bildungsreform, in Kyjiw organisiert eine Regisseurin Weihnachtsfeiern für Binnenflüchtlinge. Viele Volontär:innen sehen sich als eine Art bessere Parallelgesellschaft.

Als 2014 in der Ostukraine die ersten Kämpfe zwischen der Regierungsarmee auf der einen und Milizen und russländischen Soldaten auf der anderen Seite ausbrechen, sitzt Berlinska in ihrer Wohnung und liest ständig neue, widersprüchliche Meldungen. Alles erscheint ihr möglich. Die russländische Armee könnte bald in Kyjiw stehen, die ukrainische Armee den Donbas zurückerobern, ein dritter Weltkrieg ausbrechen. Klar ist: Hunderte Ukrainer:innen sterben. Sie raucht Kette, kann nachts nicht schlafen, spricht viel mit Freund:innen. Soll sie kämpfen?

Sie zögert, weil sie nicht töten will. Weil sie weiß, dass in diesem Krieg keiner von denen sterben wird, die ihn angefangen haben. Aber nichts zu tun, kommt ihr wie Mithilfe bei Putins Krieg vor. »Gewalt lässt sich nicht mit Büchern und Blumen aufhalten«, sagt Maria Berlinska in ihrer Küche in Kyjiw.

Sie ruft also 2014 bei verschiedenen Einheiten an. Die wollen sie nicht, weil sie eine Frau ist. So kommt sie zum Bataillon Aidar, einem Freiwilligenverband. Dessen Mitglieder gehen schlecht ausgerüstet an die Front, manche haben nur Jagdgewehre oder keine Waffen. Sie nehmen sich, was getötete Freund:innen und Feinde zurücklassen. Für viele Menschen in der Ukraine sind sie Held:innen.

Beim Bataillon brauchten sie jemanden, der Drohnen fliegen kann, der aufklärt, wie sich die feindlichen Soldaten bewegen. Berlinska lernt, kleine Rotordrohnen zu steuern.

Am 1. September 2015 kommt sie an der Front an, tags darauf fährt sie nach Schtschastja, auf Russisch heißt das »Glück«. Dort hört sie den Krieg zum ersten Mal. Die Kalaschnikows klingen, als würde jemand auf Blech trommeln. »Ich hatte Angst, weil es wirklich fürchterlich ist im Krieg«, erzählt sie im Mai 2016 in ihrer Küche in Kyjiw. »Ich wollte wegfahren und niemals zurückkommen. Zugleich schämte ich mich, weil ich solche Angst hatte und weil ich nicht früher gekommen war.«

Maria Berlinska fliegt Kopter-Drohnen an der Front, sie liebt das Gefühl, die kleinen Maschinen in der Luft zu kontrollieren. Auf dem Maidan hat sie gelernt, dass Menschen ihr Schicksal selbst in die Hand nehmen können. In den Wochen des Kriegsanfangs hat sie entschieden, dass sie sich nicht raushalten will. Die ersten Tage an der Front zeigen ihr, wie viel Angst sie hat, aber sie zeigen ihr auch etwas anderes: Sie hat Spaß an der Macht über den Himmel. Noch schöner wäre es nur noch, selbst zu fliegen. Zum ersten Mal denkt sie daran, einen Flugschein zu machen, wenn der Krieg vorbei ist.

Sie bittet ihre Kommandeure darum, nicht auf Menschen schießen zu müssen. Sie trifft ein Arrangement, in dem ihr Wunsch, andere nicht selbst zu verletzen, der Wille, ihr Land zu beschützen, und der Spaß am Fliegen einen Platz haben sollen. Das funktioniert natürlich nur, wenn alles nach Plan läuft. Was in einem Krieg so gut wie nie der Fall ist.

»Ich würde mein Gewehr benutzen, wenn jemand mich angreift, wenn ich muss.« Ihr gefällt die Rolle als Aufklärerin, die ihren Soldat:innen beim Überleben hilft. »Aber mir ist absolut klar, dass Aufklärung auch eine andere Seite hat«, sagt sie. »Ein Teil meiner Aufgabe ist es, Menschen zu töten.«

Maria Berlinska möchte gut sein in dem, was sie macht. Sie möchte besser werden. Die kleinen Kopter können nicht sehr hoch fliegen und nicht sehr lange in der Luft bleiben. Es gibt bessere Drohnen, sie sehen aus wie Miniaturflugzeuge. Die will Berlinska steuern können.

*Die Drohne thront auf einem dreibeinigen Campinghocker. Sie sieht aus wie eines dieser rundlichen Flugzeuge aus Donald-*

*Duck-Comics. Maria Berlinska hockt im Schneidersitz vor einem aufgeklappten Koffer, in den ein Computer eingebaut ist. Der Bildschirm zeigt, was die Kamera an der Spitze der Drohne sieht. Im Moment ist es der Bauch ihres Kollegen. Der Computer soll jetzt erkennen, wo sich die Drohne befindet, aber die Verbindung klappt nicht. Berlinskas Kollege, der Operator, hält die Drohne an den Flügeln und läuft ein paar Schritte zurück. »Stopp, stopp, stopp«, ruft Maria Berlinska. Am Fuße des Hügels, hinter den Bäumen, schießen sie wieder.*

Dmitri Starostin hat Maria Berlinska beigebracht, wie man so ein kleines Flugzeug steuert. Im Herbst vor zwei Jahren war das, auf einer Wiese am Rand von Kyjiw hinter einer alten Druckerei und einer Tankstelle.

Nun, zwei Sommer später, steht der Fluglehrer wieder auf diesem Feld in Kyjiw, aus den benachbarten Gärten steigt Rauch auf, es riecht nach verbrannten Pflanzen. Dmitri Starostin schaut zu, wie zwei Soldat:innen lernen, eine Drohne zu landen. Das weiße Flugzeug zündet einen Fallschirm, zuckt zurück, dann schwebt es langsam zur Erde. Starostin ist 47, Art Director bei einem Fernsehsender, seine nackten Füße stecken in Sandalen, »Road Tripping« steht auf seinem T-Shirt.

Dmitri Starostin arbeitet mittlerweile als Lehrer für das Zentrum für Luftaufklärung, das Maria Berlinska gegründet hat und leitet. Er bringt Menschen, die an die Front gehen, kostenlos all das bei, was er vor fast zwei Jahren Berlinska gelehrt hat. 150 Schüler:innen sind inzwischen hier gewesen, etwa zehn davon Frauen. Berlinska war Starostins erste Schülerin.

Es ist Oktober 2014, als sie zu ihm kommt. Sie trainieren zwei Wochen lang. Ständig stürzen die kleinen Flugzeuge ab, jeden Abend repariert er eines oder zwei. Das Schwierigste sei gewesen, Maria Berlinska beizubringen, niemandem die Drohne auf den Kopf fallen zu lassen. »Niemanden damit umzubringen«, sagt er.

Aber töten – genau das tun Sie doch, oder?

»Wir unterrichten unsere Soldat:innen, damit sie am Leben bleiben«, sagt Dmitri Starostin, »die Armee ist miserabel ausgestattet, viele junge Männer und Frauen sind schlecht ausgebildet in den Kampf gezogen und gestorben, weil sie nicht wussten, wo der Feind steht.« Ja, er weiß, die Informationen, die seine Schüler sammeln, sind tödlich für Menschen auf der anderen Seite der Front. »Ich hätte gern eine bessere Wahl«, sagt Starostin, »aber im Zweifelsfall wähle ich das Leben unserer Leute.«

Meist bekommt Starostin für seinen Unterricht kein Geld. Aber die Tankstelle am Rande des Feldes schenkt Maria Berlinskas Schule im Monat 60 Liter Sprit.

Auch Berlinska verdient kein Geld mit der Schule, die sie gegründet hat. Sie muss die 500 Dollar, die sie im Monat etwa braucht, anders zusammenbekommen. Ab und zu organisiert sie noch Konzerte oder recherchiert für wissenschaftliche Untersuchungen.

Die Struktur der freiwilligen Helfer:innen, die Unterstützung der Vielen – sie funktioniert gut im Enthusiasmus des Moments. In den Zelten des Maidan, die nach ein paar Monaten wieder abgebaut werden. Aber zu dieser Zeit ist überhaupt nicht klar, ob und wie lange sich diese auszehrende Freiwilligkeit in einer bewaffneten Auseinandersetzung durchhalten lässt, von der niemand sagen kann, wie lange sie noch dauern wird. Alle, die sich irgendwo auf der Welt engagieren ohne dafür Geld zu bekommen, kennen das Problem: Das Anliegen bleibt immer gleich wichtig, aber die eigene Energie, die Ressourcen, die werden weniger. Ab wann kann man nicht mehr? Ab wann brennt man aus?

*Maria Berlinska blickt zurück zu den Autos, mit denen ihre Truppe heute den Hügel hinaufgefahren ist. Die Jeeps und Kleinbusse sind neben einem Friedhof geparkt. Ein Kleintransporter hat ein rotes Kreuz auf der Seite, sie nennen diesen Wagen die Tablette. Darin wartet ein fast zahnloser alter Mann, der Sanitäter. Er ist hier, falls etwas passiert.*

Aus dem Hin und Her des Krieganfangs 2014 wird mehr und mehr ein Stellungskampf. An der 500 Kilometer langen Front in der Ostukraine stehen sich im Sommer 2016 etwa 40 000 ukrainische Soldat:innen und circa 38 000 russländische Soldaten und mit ihnen verbündete Milizen der sogenannten Volksrepubliken gegenüber. Diese Zahlen stammen von der ukrainischen Regierung, sie lassen sich nicht unabhängig überprüfen. Laut den letzten Waffenstillstandsabkommen müssen beide Seiten ihre schweren Waffen abziehen. Die OSZE, die überwachen soll, dass beide Seiten nicht gegeneinander kämpfen, stellt immer wieder Verstöße fest.

In dieser Lage ist das Verhältnis von Freiwilligen und Regierungsmilitär kompliziert. Viele Freiwillige verachten die höheren Offiziere, weil sie sie für die Niederlagen der ukrainischen Armee verantwortlich machen. Die Freiwilligen trauen den Generälen häufig nicht, so wie sie staatlichen Institutionen oft nicht trauen. Viele Offiziere wiederum verachten die Freiwilligen, weil sie nicht richtig ausgebildet sind, nicht aus dem Militär kommen und sich nicht an dessen Befehlsketten und Gepflogenheiten halten.

Amnesty International beschuldigt Mitglieder von Freiwilligenbataillonen, Menschen beraubt und entführt zu haben. In einem Bericht kommt auch das Bataillon Aidar vor, in dem Maria Berlinska gekämpft hat. Darin steht, die Soldat:innen hätten Zivilist:innen gefoltert, denen sie Kollaboration mit den »Volksrepubliken« vorwarfen. Mitglieder von Aidar hatten faschistische Symbole auf ihre Körper tätowiert oder an ihre Autos gemalt.

Inzwischen sind die Freiwilligen in die Armee oder die Truppen des Innenministeriums integriert. Länder wie die USA, Kanada und Deutschland hatten das gefordert, aber die Regierung in Kyjiw musste auch selbst befürchten, die Milizen könnten zu eigenständig agieren, in manchen Gebieten zu mächtig werden.

*Ein Soldat mit einer Kalaschnikow hat sich ins Gras gelegt und schaut in den Himmel. Wie einen riesigen Papierflieger hält der Operator die Drohne in seiner rechten Hand, »auf drei«, sagt Maria Berlinska, und er läuft los, ras, dwa, tri, eins, zwei, drei, und dann schnurrt der Propeller los, und zwei Sekunden später verschwimmt das Weiß des Fliegers vor den Wolken und dem Blau des Abendhimmels. Das Brummen der Drohne ist noch zu hören, aber zu sehen ist sie nicht. Gut, sagt Maria Berlinska. Alle hocken sie jetzt neben ihr vor dem Bildschirm. Die Kamera der Drohne zeigt Bäume, von der Sonne verbrannte Wiesen, ein See blendet wie flüssiges Gold.*

So ein Mini-Flugzeug wie das, was sie hier gerade in den Himmel steigen ließ, besorgt sich Maria Berlinska zum ersten Mal im Winter 2015. Sie bestellt Einzelteile für umgerechnet 3600 Euro im Internet, Freiwillige bauen sie zusammen. Zur selben Zeit gründet Berlinska die Schule für Luftaufklärung. Sie beschafft Geld und überredet Drohnenflieger, Ingenieure, Elektronikfachleute, ihre Schüler:innen zu unterrichten. Mit den Monaten, die der Krieg dauert, werden auch die Freiwilligen professioneller.

Sie bauen sogar eine Website auf, über die man für für Waffen spenden kann, für militärisches Training, für die Reparatur von Marinebooten. Eine Liste zeigt, wie viel Geld gesammelt werden soll, wie viel Prozent schon da ist und wie viele Menschen gespendet haben. So soll auch die erste militärische Spähdrohne finanziert werden, die in der Ukraine gebaut wird. »First People's UAV Complex« heißt das Projekt. 478 Menschen haben für sie knapp 30 000 US Dollar gespendet.

Spendenwebsites, Drohnenschulen – die freiwilligen Helfer:innen schaffen sich immer mehr Strukturen. Aber die können nicht darüber hinwegtäuschen, dass Freiwilligkeit auch bedeutet, jederzeit aussteigen zu können. Die Spenden sind vor allem dann hoch, wenn viele ukrainische Soldat:innen sterben. »No blood, no money«, das sei eine Regel dieses Krieges, sagen die Freiwilligen.

Aber warum müssen Freiwillige Geld für eine militärische Spähdrohne sammeln?

»Die Ukraine hatte vor dem Krieg keine funktionstüchtigen Drohnen«, sagt ein Ingenieur bei einem Treffen in einem Café in Kyjiw. Er ist an der Entwicklung der Spähdrohne beteiligt. Tatsächlich war die ukrainische Armee vor dem Donbas-Krieg schlecht ausgerüstet, obwohl die Ukraine moderne Militärtechnik herstellt. Und sie ist es immer noch. Selbst an der vordersten Front, in Awdijiwka, wo Maria Berlinska ihre Drohne steigen lässt, steht veraltete und kaputte Sowjettechnik in den Stützpunkten. »Mein Eindruck ist, dass dieser Verfall vor dem Maidan politisch gewollt war«, sagt der Ingenieur. »Die damalige Elite wollte vielleicht eine friedliche, wenn auch nicht freundliche Übernahme durch Russland erleichtern.«

Beim Militär sehen sie das anders. Schon vor dem Krieg habe die Armee Drohnen besessen, schreibt das Verteidigungsministerium in Kyjiw per Mail. Zwei Modelle nennen sie, beides meterlange raketenartige Monstren aus den 1970er- und 1980er-Jahren, aber das Ministerium behauptet, sie würden auch heute noch eingesetzt.

*Maria Berlinska muss tief fliegen, damit die Männer erkennen können, was die Kamera zeigt. Die Sonne blendet. Sie hat den Daumen auf dem rechten Hebel des Steuerpults, linker Daumen und Zeigefinger am linken Hebel. Der Wind weht stark, die Drohne wackelt. Berlinska starrt auf den Bildschirm.* »Bis zur Straße und dann nach rechts«, *dirigiert einer der Soldaten, der Aufklärungsoffizier. Sie soll zu einer Grube zurückfliegen. Von dort ist eine ukrainische Einheit beschossen worden.*

An einem Sonntagmorgen im Juli sitzt Maria Berlinska in einer kurzen weißen Hose auf einem Haufen Holzkohle und sagt, es gehe nun an die Front. Heiß wird es heute wieder werden, bis zu 40 Grad. Die Tankstelle hat ihr Grillsortiment aufgebaut, die Säcke mit Kohle gehören dazu. Neben Berlinska lehnt ein hölzerner Gehstock, sie hatte eine Operation nach mehreren Stürzen auf dem Maidan, im Krieg, eine Geschwulst hatte sich gebildet.

»Alles, was ich sage, wird gemacht«, sagt Berlinska zu ihrem Team. »Verstanden?« Dann fahren sie los.

Im Jeep hinter Maria Berlinska sitzt Julia Tolopa, 21. Sie will an der Front das Drohnenfliegen lernen. Sie hat schon für die Ukraine gekämpft, sie sagt, Panzer fahren kann sie bereits. Tolopa kommt aus dem Nordkaukasus, aus Russland. Sie zeigt Fotos auf ihrem Smartphone, abgerissene Teile eines Lada Niva, mit dem sie auf eine Mine gefahren sind, dann wischt sie die Bilder durch. Ein lächelnder Mann mit Kurzhaarfrisur in einem roten T-Shirt: tot. Ein Mann mit Mütze und Schal: tot.

Sie hat überlebt, sie lächelt, dann zerdrückt sie das Lächeln mit ihren Lippen wieder, sie redet stolz, sie redet leise, nein, für sie sind diese Tode und ihr Weiterleben noch nicht das waghalsige Abenteuer geworden, von dem sich leicht erzählen lässt. Alle in Berlinskas Team lieben Geschichten vom glücklichen Entkommen. Man kann es überleben, wir haben überlebt. Das ist die Botschaft, für andere ebenso wie für sie selbst.

Vorbei an Sonnenblumenfeldern und Bushaltestellen, auf die »Slawa Ukrajini« gesprüht ist, Ruhm der Ukraine, 200 Kilometer gen Osten, und die Straßen werden immer löchriger. An einem Gasthaus halten die Autos: Mittagessen, es gibt eine Suppe aus Kefir mit Ei, Kartoffeln und Dill, dazu Kriegsgeschichten.

Viele Freiwillige haben Menschen sterben sehen, auf dem Maidan und im Krieg. »Helden sterben nicht«, hat Julia Tolopa auf ihren Arm tätowieren lassen. Viele Volontär:innen gestatten es sich nicht, innezuhalten, zu trauern. Sie sagen, das dürften sie erst, wenn es das Land gibt, für das die Toten gekämpft haben. Aber welches Land wäre das?

Vor dem Krieg gab es Köchinnen und Sanitäterinnen in der Armee, viele Jobs waren Frauen verwehrt. Weil Tausende Männer in den Kämpfen gestorben sind, rücken Frauen nach.

Das ist ein weiterer Kampf von Maria Berlinska: Sie setzt sich dafür ein, dass Frauen beim Militär gleiche Rechte bekommen und genauso bezahlt werden wie Männer. Neben der Drohnenschule ist das ihr anderes großes Projekt, »Unsichtbares Bataillon« heißt es. Zusammen mit einer Soziologin hat sie die Situation von Frauen an der Front untersucht, eine Broschüre zu dieser Studie zeigt Schwarz-Weiß-Fotos der Frauen, stolz in ihren Uniformen.

Auf dem Weg Richtung Donezk hören sie im Jeep immer mehr die Spuren, die die Panzer hinterlassen haben. Wie Zahnarztbohrer klingt es, wenn Autoreifen die Rillen treffen.

Sie rauchen ein bisschen Haschisch, halten ihre Füße aus den

Fenstern. In einer Pause sagt Maria Berlinska ein Gedicht auf, Serhiy Zhadan, einer der bekanntesten Dichter der Ukraine. »Sie beißt sich leicht in die Haut, ohne zu merken, dass es meine ist«, zitiert Maria Berlinska und wippt dabei mit den Fußgelenken auf und ab, »falls sie aufwacht, wäre es schön, ihren Namen zu erfahren.«

Es ist nicht mehr weit bis zur Frontlinie, nur noch die Checkpoints, die sie passieren müssen. Schön langsam mit dem Jeep an die Barrieren heranfahren, Licht ausmachen, die Soldat:innen nicht blenden.

Die Kaserne, in der sie die nächsten Tage schlafen werden, war vor dem Krieg eine Poststation. Ein Spähpanzer steht dort auf vier wuchtigen Rädern, daneben ein Pick-up, bei dem sich die Einschusslöcher über Motorhaube und Frontscheibe ziehen.

Plastikflaschen liegen herum, im Flur häuft sich Dreck, an den Wänden der Zimmer hängen Schutzwesten, Kalaschnikows und Scharfschützengewehre, daneben Antennen aus Drahtgeflecht, mit denen die Soldat:innen versuchen, den Fernsehempfang zu verbessern. Die Fenster stehen offen, es ist heiß, 35 Grad, nackte Männeroberkörper, Schweiß, es riecht muffig nach alten Decken und säuerlich nach Rindfleisch im eigenen Saft. Das Mittagessen kam heute aus Konserven.

»Das ist unsere reguläre Armee«, sagt Maria Berlinska und deutet mit dem Kopf nach hinten, auf die jahrzehntealten kaputten Fahrzeuge, auf den Müll, auf den grauen Gummischlauch, der als Dusche für alle reichen muss. Sie kniet auf einem Bett, schaut aus einem Fenster ins Schwarz der Nacht, eine Scheibe ist noch heil, die andere wurde durch Pappe ersetzt. Dass es in der Basis so unordentlich aussieht, hat auch etwas mit der Zusammensetzung der ukrainischen Armee zu tun, erklären mir ehemalige Offiziere später in Kyjiw. Viele Männer und Frauen aus ehemaligen Freiwilligenverbänden sind keine achtzehnjährigen Wehrpflichtigen. Sie sind älter und lassen sich nicht widerstandslos mal so eben von ihren oft jüngeren Vorgesetzten zum Putzdienst verdonnern. Als ich Armeestützpunkte in Armenien und Nagorny-Karabach besuche, sehe ich junge Männer das Gras aus den Ritzen im Beton der Parkplätze zupfen. In einer ukrainischen Basis wie dieser wäre das eher unwahrscheinlich. Draußen im Dunkel um Awdijiwka schießen Mörser und Granatwerfer. Es klingt mal wie Donner, mal wie Fürze in der Badewanne. Es hört nicht auf, man gewöhnt sich daran. »Was für ein sinnloser Krieg«, sagt Maria Berlinska.

Warum sinnlos?

»Wenn es nach mir ginge, gäbe es gar keine Länder. Menschen sind mir wichtig, keine Staaten. Aber ich lebe nicht in einem Traumland, ich lebe jetzt und in dieser Situation, und in der muss ich handeln.«

Hat sie Angst?

»Ja, natürlich.«

Am nächsten Morgen dauert die Fahrt vom Frieden in den Krieg drei Minuten. Auf der einen Seite der Bahnstrecke liegt die Stadt, in der tagsüber Männer und Frauen am Imbiss Coca-Cola und Lawasch kaufen und in der großen Fabrik Kohle veredeln. Der Alltag sickert in jede Ritze, die der Krieg offen lässt.

Vor der anderen Seite der Bahnstrecke setzt Maria Berlinska einen Helm auf und zieht ihre Schutzweste an. Geschwindigkeit ist der beste Schutz vor Scharfschützen, also rasen sie los, schnelle Kurven um Barrikaden aus Beton, Büsche rechts und links am Straßenrand kratzen quietschend über den dunkelgrünen Lack des Jeeps. Ein Haus, die zweite Etage fehlt, die erste verbirgt sich hinter Sandsäcken und Barrikaden aus Straßenschildern.

Maria Berlinska wird erwartet, Soldat:innen servieren Fischsuppe auf weißen Plastiktellern. Dann fängt draußen das Schießen an, erst eine Kalaschnikow, dann zwei, dann werden es so viele, dass auch die Veteran:innen hier in diesem vordersten Stützpunkt der Front nicht mehr sagen können, wie viele dort draußen kämpfen. Zwanzig Leute wurden hier im vergangenen Monat verwundet, erzählt der Kommandant, drei sind tot. Als das Feuer aufhört, rennen zwei Männer mit Schutzwesten und Kalaschnikows in das Gebäude, der Kommandant schüttelt ihnen die Hände. Er sagt, sie seien aus einer Grube in der Nähe beschossen worden. Man kann den hellen Sand sehen, wenn man aus der rechten offenen Seite des Hauses schaut.

*Maria Berlinska soll noch mal zu der Grube zurückfliegen. »Dort, dort.« Sie schafft es, ihr Flugzeug gegen den Wind zu steuern. »Sehr gut«, sagt der Aufklärungsoffizier. Dann wird der Bildschirm schwarz. Blaue Schrift. Nemaje Syhnalu. Kein Signal. Der Operator läuft zur Antenne, dreht sie, wendet sie, hält sie hoch. »Was ist los?«, fragt der Soldat. Maria Berlinska lässt sich auf den Hintern fallen, gerade hatte sie die Zähne noch zusammengebissen, nun fällt der Kiefer nach unten. Alle Spannung ist von ihrem Gesicht gewichen. Sie setzt sich auf den Hocker, auf dem vor einer halben Stunde noch ihre Drohne lag. Sie zündet sich eine Zigarette an. Sie sagt gar nichts. Mögen die anderen noch an eine elektronische Störung glauben, sie weiß, was los ist. Zum ersten Mal haben die Kämpfer von drüben, hat der Feind, ihre Drohne abgeschossen.*

Es klingelt. Maria Berlinska holt ihr Smartphone aus der Brusttasche, drückt einen Knopf und wirft es auf die graue Kiste. Stimmen sind zu hören, Lachen, wir sind die Besten, sagt einer auf Russisch. Maria Berlinska hat ein Mikrofon an der Drohne angebracht, es überträgt die Stimmen der Männer, die ihr Flugzeug abgeschossen haben. Julia Tolopa springt zur Kiste, fotografiert mit ihrem Smartphone die letzten Koordinaten der Drohne, zwei achtstellige Zahlen. Die ukrainischen Soldat:innen, die mit Maria Berlinska hier hoch gekommen sind, haben jetzt Telefone in der Hand. Sie wollen, dass die Stelle, von der die Schüsse auf ihre Drohne abgefeuert wurden, mit Artillerie beschossen wird.

Als die schwere graue Kiste von Maria Berlinska gerade im Jeep verstaut ist, macht es plötzlich wumm, wumm, wumm, drei Donnerschläge.

Alle rennen durcheinander, Julia Tolopa, die anderen Soldat:innen, egal wie viel Erfahrung sie haben, was schützt sie das vor der Angst? Artillerie schießt viele Kilometer weit. Ukrainer:innen haben in diesem Krieg schon öfter die eigenen Leute getroffen. Oder was ist, wenn der Feind schießt, dem Wumm Wumm hört man nicht an, von wo es kommt. Selbst Maria Berlinska versucht kurz loszulaufen, sie kann nur nicht, wegen ihres verletzten Beins.

Können Sie sich ein Leben nach dem Krieg vorstellen, Maria Berlinska?

»Natürlich. Ich will reisen, ich war doch bisher nur in vier Ländern.« Sie zählt auf: Ukraine, Russland, Slowakei, Großbritannien.

Vier Tage später veröffentlicht eine Nachrichtenseite der Donezker Volksrepublik eine Meldung: »Bitte beachten Sie die vorgestellten Teile der ukrainischen Drohne des Typs ›Furie‹. Sie wurde am 18. Juli 2016 von den Unterabteilungen unserer Schützenwaffe im Awdijiwkaer Industriegebiet abgeschossen.« Neben dem Text zeigt ein Bild Maria Berlinskas Drohne. Die rechte Tragfläche fehlt.

# Rückkehr einer Fliegerin, Teil 2

Kyjiw, Mai 2022

»**Schau da, Berlinska lacht**«, sagt Maria Berlinska und tippt mit den rechten Zeigefinger auf den Bildschirm ihres Mobiltelefons. Dann spult sie das Video nochmal zurück und drückt wieder auf Play. Es zeigt sie allein im Cockpit eines kleinen Flugzeugs, sie steuert es vom Start bis zur Landung. Die Kamera filmt sie von vorn, sieben Minuten und elf Sekunden lang. Maria ist konzentriert, ihr Gesicht fest, die Mundwinkel eingerastet in Abwärtsposition. Doch da, bei Minute 5:54, da bewegen sich ihre Lippen nach oben, ein Augenblickslächeln lang. »Berlinska lacht«, sagt Maria und lacht jetzt tatsächlich, laut und rau. 2016 hat sie mir von ihrem Traum erzählt, fliegen zu lernen, und den hat sie kurz danach auch wahr gemacht. Fünf Jahre ist das Video alt. Sie sagt, dort oben in der Luft war sie wirklich glücklich.

Damals als der Krieg nur im Osten stattfand und man ihm ausweichen konnte. Nach Westen, nach Kyjiw. Nach oben in die Luft. Als es Pausen gab von der Furcht, getötet zu werden.

Inzwischen ist ihr Fluglehrer gestorben, »er hatte so ein großes

Herz«, sagt Maria und streckt Hände und Arme weit nach beiden Seiten aus, um zu zeigen wie groß dieses Herz war. Der Lehrer ist gestorben, Maria hat in den USA gelebt und ist wieder zurück in der Ukraine, und der Krieg hat sich ausgebreitet, überallhin.

Sie sitzt neben mir auf einer Bank, und diese Bank steht an einem See, und dieser See ist umgeben von Bäumen. Der See ist groß genug, um für einen kühlen Zug in der stehenden warmen Luft zu sorgen. Am Ufer rufen Kinder, sie fahren Roller und Fahrrad, und wenn sie dabei der Straße zu nahe kommen, warnen die Eltern laut: »Auto, Tanya, Auto!« Die Kleidung hier im Holosijiwski Park im Südwesten Kyjiws ist legerer als in der Innenstadt: mehr Jogginganzug, mehr Turnschuh, mehr Radlerhose.

Aus einer schwarzen Imbissbude der »Veterano«-Kette verkauft eine freundliche junge Frau mit runder Brille eine Limonade für 93 Hrywnja, etwas weniger als drei Euro. Sie macht das Getränk in fünf Minuten selbst, aus frischer grüner Minze und irgendwas sehr Süßem. »Veterano« betreibt solche Kioske überall in der Ukraine, dazu Pizzerien. Das Franchise heißt so, weil es von Veteran:innen des Donbas-Kriegs gegründet wurde und betrieben wird. Daneben hat ein Café mit heller Fassade seine weiß überdachte Terrasse am Wasser geöffnet.

Es wird langsam dunkel und Maria sieht wieder einmal müde aus. Fast zweieinhalb Stunden lang hat sie ein Interview gegeben. Eine Frau in einem leuchtend gelben Kleid hat die Fragen gestellt, eine andere das Gespräch aufgenommen. Es ging um Marias Lebensgeschichte, auch das wieder einmal.

Nataliia Kalmykova, die Interviewerin, ist die Direktorin der ukrainischen Veteran:innenstiftung. Wie Maria kämpft sie für die Gleichberechtigung von Frauen in der Armee. Sie hat das schon auf verschiedenen Posten gemacht, 2021 unter anderem als Gender-Beraterin des Kommandeurs der Bodentruppen. Nataliia will dieses Interview veröffentlichen, weil Maria ihrer Meinung nach ein Beispiel ist. Ein Beispiel dafür, was Frauen geleistet haben bei der Verteidigung des Landes. Das könnte helfen im politischen Ringen mit den ukrainischen Männern, die noch immer finden, Frauen dürften nicht kämpfen.

Maria ist allerdings müde davon, ein Beispiel zu sein. Müde von Interviews. Sie sagt, sie redet heute erst dann mit mir, wenn ich ihr verspreche, sie danach nie wieder irgendetwas als Journalist zu fragen. Sie möchte lieber übers Fliegen reden, sich ein bisschen selbst verarschen für ihr angespanntes Gesicht, sogar in Momenten der Freude.

Glaubt sie, dass die Ukraine den Krieg gewinnen kann?

Sie zögert keine Sekunde mit ihrer Antwort: »Natürlich werden wir gewinnen. Die Frage ist nur, wie hoch der Preis dafür sein wird.«

Maria Berlinska sagt, dass sie mit einer ukrainischen Delegation in den USA war, um für Waffenlieferungen zu werben. Sie sagt, dass Politiker:innen, denen sie dort begegnet ist, Angst vor einem Atomkrieg mit Russland haben. »Deswegen zwingen sie unsere Artillerie, wie im Zweiten Weltkrieg zu kämpfen.« Vor Kurzem hat das Verteidigungsministerium der Vereinigten Staaten bekannt gegeben, fast 90 Haubitzen des Typs M777 an die Ukraine geliefert zu haben. Allerdings ohne Zielcomputer, welche die Chance eines Treffers erhöhen. Im Pentagon will niemand das Fehlen dieser Technik kommentieren. Maria vermutet den Grund in der Furcht vor Russland. »Ich kenne amerikanische Senatoren, ich kenne sogar Nancy Pelosi«, sagt sie. »Aber was nützt mir das, wenn ich die nicht überzeugen kann, meinen Leuten zu helfen?«

50 bis 100 ukrainische Soldat:innen würden jeden Tag sterben, hat der ukrainische Präsident Volodymyr Zelenskyy vor einigen Tagen bei einer Pressekonferenz mit dem polnischen Präsidenten Andrzej Duda gesagt. »Es sind viel mehr«, sagt Maria. Ihr Bild der Lage an der Front ist weitaus blutiger und düsterer, als es ukrainische Offizielle zeichnen.

An einen Sieg über Russland glaubt sie trotzdem. Maria erzählt von Partisanenangriffen in den besetzen Gebieten, von Attentaten mit Sprengstoff auf Politiker:innen, die mit den russländischen Invasoren kooperieren. Von nächtlichen Attacken gegen Patrouillen der Besatzungstruppen. Überprüfen kann ich das meiste davon nicht, deswegen belasse ich es bei dieser groben Schilderung. Und dann sagt sie einen Satz, der sich mir erst bei unserem zweiten Treffen wirklich erschließt, im Juni auf dem Trainingsfeld: »Notfalls bombardieren wir sie mit Drohnen. Mit kleinen Drohnen.«

Dass ich dieses erste Treffen mit Maria Berlinska nach der Februarinvasion, dieses Treffen im Mai 2022 an das Ende ihrer Geschichte in diesem Buch stelle und nicht das im Juni auf dem Drohnenfeld, liegt an dem, was sie sagt, als es dunkel wird, die beiden Interviewerinnen gegangen sind und die Bäume des Parks nur noch Schatten im gelbwarmen Licht der Laternen sind.

Ob sie Angst hat vor dem Tod?

»Nicht mehr. Ich versuche zufrieden und glücklich zu sterben wie ein Kind.«

Bei diesen Worten läuft ein Jogger in schwarzen kurzen Hosen vorbei, ein großer Hund mit gelbem Fell begleitet ihn. »Schön«, sagt Maria auf Englisch und nickt dem Labrador hinterher. Beautiful. Im Ukrainischen gebe es so viele Wörter, um »beautiful« zu sagen: harnui, wrodliwui, leps'kij…

Ob sie den Menschen in Russland den Tod wünsche?
»Ich will nicht, dass sie sterben. Ich will, dass sie in vollem Umfang erkennen, was sie uns angetan haben, und das bereuen.«
»Hasst du sie?«
»Ich kämpfe dagegen an. Weil ich nicht will, dass der Hass mich auffrisst. Wenn das passiert, hat Russland gewonnen.«
Der Hass. Viele Ukrainer:innen müssen sich mit diesem Gefühl auseinandersetzen. Manche, denen ich hier begegne, sprechen darüber, in langen Monologen genauso wie in unvollendeten Sätzen. Sie schreiben darüber auf Social Media. Sie merken, dass der Krieg sie verändert. Dass die Gewalt sie in Richtung Hass drückt. Manche heißen das Gefühl willkommen, wie ein älteres Geschwister, an das man sich anlehnen kann in mörderischen Zeiten und das einem beisteht, auch wenn die Gegner zahlenmäßig überlegen sind. Es gibt auch den Hass, der nur bestätigt, was man vor der Invasion schon zu wissen glaubte: dass Russen von Natur aus Barbaren sind, zum Beispiel. Oder dass die Russen eben nicht die eigentlichen Bestien sind, sondern die von ihnen einst kolonisierten Ethnien, deren Männer Moskau in diesem Krieg massenweise an die Front schickt. Es gibt auch den Hass des Hasses wegen – also Ukrainer:innen, die die russländische Führung und ihre Soldaten verabscheuen für das Verlangen nach Rache, das diese mit ihren Taten in ihnen auslösen. Wie Maria Berlinska wollen sie so nicht sein, sich nicht verschlucken lassen. Aber das wird immer schwerer, je mehr Tote Russland mit seinem Einmarsch zu verantworten hat.

Bei den Menschen, denen ich hier näher gekommen bin, sehe ich, wie sich diese Zustände abwechseln. Manchmal mehrmals am Tag. Je nachdem, ob Russland gerade Raketen und Drohnen schickt, ob ukrainische Polizist:innen in befreiten Gebieten neue Gräber finden, neue Folterkammern. Diese Wechsel erschöpfen die Menschen noch zusätzlich zur Angst um das eigene Leben, also fühlen sie bisweilen auch eine innere Taubheit oder schlicht Leere.

Es fühlt sich beim Schreiben ein wenig unfair an, dieses große Thema, dieses überwältigende Gefühl und die Auseinandersetzung in einem ganzen Land damit an die wenigen Sätze von Maria Berlinska zu hängen, die sie natürlich nicht so bedeutungsschwer aufgeladen gesagt hat. Andererseits weiß ich aus unseren Begegnungen seit 2016, dass es sie seit damals beschäftigt, sich vom Krieg und seinen Grausamkeiten nicht unterkriegen, sich nicht gefangen nehmen zu lassen, auch nicht von den verständlichen Gefühlen, die er auslöst. Das verbirgt sich für mich auch hinter ihrem Wunsch, dass, wenn sie denn schon sterben müsste, das wie ein Kind tun will, also frei.

Als Maria und ich versuchen, per App bei Uber und Bolt Taxis zu bestellen, zeigt mein Handy zehn vor zehn. Gleich beginnt die Ausgangssperre. Wir laufen schnell in Richtung Straße, und ich stelle ihr noch eine letzte Frage: Ob es dieses Mal für sie okay sei, wenn ich schreibe, dass sie Frauen liebt. 2016 habe ich das gesehen, aber Maria bat mich damals, das nicht öffentlich zu machen. Sie hatte schon genug Kämpfe auszufechten. Inzwischen hat sie mit einer Frau zusammengelebt, in den USA. Und ukrainische Schwule, Lesben, trans Menschen kämpfen noch sichtbarer in der Armee als damals. Leute, die vor der Invasion Pride-Paraden organisiert haben, sind nun Scharfschütz:innen, Sanitäter:innen, Infanterist:innen, und sie zeigen Bilder aus Schützengräben, zerschossenen Häusern und Feldküchen auf ihren Social Media Accounts. 2018 haben Soldat:innen die Gruppe »LGBTIQ-Military« gegründet, ihr Logo ist der Kopf eines Einhorns. Kämpfer:innen tragen ihn als Aufnäher an ihrer Uniform. Mehrere Initiativen fordern Präsident Volodymyr

Zelenskyy in diesem Sommer auf, gleichgeschlechtliche Ehen anzuerkennen. Auch, damit Partner:innen in homosexuellen Beziehungen die gleichen Rechte haben wie heterosexuelle Paare, falls eine:r im Krieg verletzt wird oder stirbt. Im August wird Zelenskyy versprechen, das Anliegen zu prüfen. Er macht viele Worte um Menschenrechte und Freiheit, es klingt so, als wäre er für die gleichgeschlechtliche Ehe. Er sagt allerdings auch, die Verfassung könne in Kriegszeiten nicht geändert werden. Und dort gibt es die Ehe nur zwischen Mann und Frau.

Maria Berlinska sagt, es ist ihr dieses Mal egal, ob ich darüber schreibe, wen sie liebt. Ein Symbol will sie auch in dieser Sache nicht sein. Schon als Kind habe sie das Einteilen, das Kategorisieren gehasst. »Du bist Junge, du bist Mädchen, ich konnte damit nicht wirklich etwas anfangen«, sagt sie, als wir an der Stelle stehen, wo uns die Taxis abholen sollen. »Ich hab dann manchmal gesagt, ich bin der Himmel, ich bin die Sterne, ich bin ein Baum.«

Obwohl wir beide ein Auto gerufen haben, kommt nur eins. Eine Frau in einem bulligen Jeep mit hohen Rädern. Der andere Fahrer hatte vielleicht Angst. Nur noch fünf Minuten bis zur Ausgangssperre. Die Frau bringt erst Maria nach Hause, dann mich. Sie flucht, während wir durch die leeren Straßen Kyjiws rasen und fragt ständig, ob ich die Polizei irgendwo sehe. Sie lacht laut, als ich endlich aus ihrem Auto springe.

# Erleichterung

Charkiw, Juni 2022

**Unsere Ankunft in Charkiw** ist filmreif. Kaum sind Olena und ich ein paar Schritte aus dem großen, in hellem Gelb gestrichenen Bahnhof gelaufen, explodiert links von uns etwas. Zwei Mal höre ich es knallen. Dann steigt Rauch hinter den Häusern auf.

Von den paar Menschen auf dem Vorplatz schaut kaum jemand hoch. Charkiw ist in dieser Zeit einer der gefährlichsten Orte des Landes. Die russländischen Truppen sind nahe. Sie wollen die Stadt einnehmen, die vor dem Krieg vielen als so russlandfreundlich galt, aber sie schaffen es einfach nicht und schießen fast ununterbrochen mit Artillerie, Grad-Werfern, Mörsern, Panzern und Raketen.

In die Notiz-App meines Telefons, mit der ich auf dieser Reise so viel wie möglich schreibe, tippe ich:

»13 Uhr 14: Ankunft, kaum aus Bhf raus, 2 dumpfe Explosionen, endlich!!!!, dann erstmal nichts, dann steigt grauer Rauch auf.«

Endlich!!! Erst verstehe ich überhaupt nicht, was ich da empfinde, dann merke ich, dass es Erleichterung ist. Erleichterung, endlich den Krieg zu sehen, ihm nicht mehr auszuweichen. Später schäme ich mich und will den Eintrag löschen und entscheide mich dann doch dagegen.

Es ist wohl so: Wenn man so viele Wochen durch ein Land fährt, in dem es Bomben regnet und Raketen und man selbst immer nur die Warnungen hört, nie einen Angriff erlebt und nur die Bilder sieht, dann zweifelt man irgendwann an seinem Verstand. »Man« ist übrigens das brandenburgische »ich«.

Vor ein paar Tagen zum Beispiel, da habe ich mit Lizza, ihrem Mann und ihrem fünfjährigen Sohn in der Stuhna gebadet, einem kleinen Zufluss des Dnipro. Wir haben ein Feuer am Strand gemacht und Würstchen und Maiskolben gegrillt. In Kyjiw, nur wenige Kilometer weit weg, sind an diesem Tag Raketen eingeschlagen. Wir haben davon weder etwas gesehen, noch gehört. Allein auf Twitter und Telegram habe ich Fotos gesehen, wieder mal, Bilder von dicken Rauchwolken, zertrümmerte Steine, zerbrochenes Holz, gesplittertes Plastik. Etwas Ähnliches ist mir auch an anderen Orten passiert. Russland greift an, ich bin gerade nicht da, und dann sehe ich hinterher die Bilder zerstörter Gebäude und verletzter oder getöteter Menschen. Ich fahre mitten durch einen Krieg und doch fühlt er sich oft nicht real an, wie eine Show im Fernsehen. Im Zug nach Charkiw schreibe ich das:

»*11 Uhr 10: Bahnhof, großes weißes Gebäude mit großen weißen gebogenen Fenstern/Rundfenstern.*
*Ist diese Stadt angegriffen worden? Ich sehe nichts.*
*11 Uhr 29: Fabriken mit Eingängen wie weiße Märchenschlösser, Zinnen, Türmchen, dahinter Schornsteine, mal glänzende,*

*mal rostende Rohre, auf alles drückt der Sommer, 30 Grad, dumpfes Grollen im Magen, das Gefühl aus mir heraus zu schweben & andere Bilder zu sehen – und zwar die des zerschossenen Donbas 2015/16.*

*12 Uhr 03: Drei Frauen in weiten weißen Blusen stehen an einer Schranke, ihre Blusen flattern im Wind, idyllisch, wie kann das sein?*

*12 Uhr 48: Keine zerstörten Dächer bisher in den Dörfern auf dem Weg nach Charkiw, Menschen auf Fahrrädern, Menschen in Gärten, Solarzellen auf einem roten, in der Sonne glänzenden Dach, alles ist heil, ich erwarte Explosionen, statt dessen Druck auf den Ohren.«*

Weil die Gefahr real ist, aber zugleich so irreal wirkt, überdreht mein Gehirn. Der Zug nach Charkiw war schon nicht voll, als wir in Kyjiw losgefahren sind, in den letzten Stunden ist er quasi leer. Eine Freundin, die mir von dieser Fahrt abgeraten hat, schreibt mir auf Signal: »Bist du sicher?« Ich schreibe mit Smiley zurück: »Ich hoffe doch.« Cool soll das klingen, und ein Teil von mir fühlt sich auch völlig unberührt, der andere notiert:

*»Klo, enge Kabine, wenn Rakete einschlägt, überlebe ich hier dann eher? Würde ich aus dem Zug kriechen oder nur daliegen und schreien, wenn die Rakete kommt?«*

Als Olena und ich eine Stunde nach unserer Ankunft ein Interview mit einer Lehrerin führen, in einem der oberen Stockwerke ihrer Schule, beuge ich mich währenddessen immer wieder nach links, bis ich aus dem Fenster gucken kann. Dann sehe ich den Rauch der beiden Explosionen von heute Mittag.

Nach dem Gespräch sagt mir Olena, dass die Explosionen tatsächlich Grund zur Erleichterung waren. Die ukrainische Luftabwehr hatte eine Rakete aus Russland abgeschossen.

# A & O

Charkiw, Juni 2022

**Die Schule von O. ist ein** großer Klotz in rötlichem Grau. Dicke Mauern, eckige Säulen, wuchtige Portale, der sowjetische Klassizismus der Stalin-Zeit. Das Gebäude verfügt über einen großen Bunker. Die kränklich grünen Wände werden weiß übermalt, Kabel liegen herum. Der Hausmeister renoviert. Wenn die Schüler:innen ab dem 1. September wirklich wieder in der Schule unterrichtet werden sollen, muss der Bunker fertig sein. Auf dem Parkett der breiten Flure stehen in Abständen von ein paar Metern Eimer und Flaschen voller Wasser. »Aus dem Zweiten Weltkrieg wissen wir, wie gefährlich Feuer ist«, sagt O. Auf einem Tisch liegt ein Lippenstift neben Wimperntusche und einer Tasse Kaffee. Die Direktorin der Schule ist hier eingezogen. Sie wohnt hier sicherer als zu Hause.

O. geht über breite Treppen nach oben, fast bis unters Dach. Sie läuft in einen Klassenraum, setzt sich vorn an den Lehrertisch, ihren Tisch. In einer gläsernen Vase stehen sechs lila Blumen, die aussehen wie die Puschel, mit denen Cheerleader in US-amerikanischen Filmen herumwedeln. Ein Überraschungsgeschenk von A., ihrer Tochter. O. hätte auf diese Überraschung lieber verzichtet. Dann wäre A. nämlich nicht im gefährlichen Charkiw, sondern im sicheren Belgien. Von den 24 Schüler:innen in O.s Abschlussklasse sind inzwischen fast alle in Portugal, Deutschland, Polen, im Westen der Ukraine. Aber A. ist hier.

An der Tafel hinter O. hängt eine große Karte der Ukraine. Sie lehrt Geografie und Wirtschaft. Seit der Invasion hat sie an den meisten Tagen online unterrichtet, aber seit zwei Wochen läuft sie Montag bis Freitag von ihrer kleinen Wohnung wieder hierher. 35 Minuten am Morgen hin, 35 Minuten am Nachmittag zurück. So ist sie schneller als mit der Metro, und ein Auto kann sie sich von ihren 200 Euro Monatsgehalt nicht leisten. O. muss hierherkommen, um die Dokumente für den Abschlussjahrgang fertig zu machen. Die Papiere sind hier im Keller unter diesem Klotz aus Stein sicherer als bei ihr zu Hause. O. hat viel zu tun, denn eine Kollegin ist nach Putins Überfall geflohen.

Draußen heult eine Sirene. In Charkiw haben sie für Anfang und Ende der Alarme den gleichen Ton.

O. ist klein, hat schmale Schultern und breite weiche Oberarme, sie trägt ein ärmelloses Sommerkleid in Schwarz und Weiß. Die Lachgrübchen auf beiden Seiten ihres schmalen Mundes verschwinden auch dann nicht, wenn O. streng guckt. Sie redet gern, klar und präzise. Menschliche Erinnerung ist weder fest noch verlässlich. Die Leute formen sie ständig neu. Traumatische Ereignisse wie Kriege können das befördern. O. spricht kontrolliert über ihr Leben, sie nennt Daten und Quellen. Sie sagt, was sie selbst erlebt hat und was nur im Fernsehen gesehen. Selbst bei sehr emotionalen Themen, wie Russland oder dem Donbas-Krieg.

O. war 2010 das letzte Mal in Russland. Schon als Studentin zur Zeit der Sowjetunion ist sie dort viel gereist. Von Karelien an der Grenze zu Finnland im Westen bis zur Halbinsel Kamschatka, weit im Osten. Auto, Wandern, Ski, Boot, hat sie alles gemacht. Sie liebt die Landschaften immer noch. So wie sie es sieht, wissen die meisten Ukrainer:innen wenig über das Nachbarland. »Viele hier stellen sich Russland so vor wie Moskau oder das Gebiet Belogrod, das ziemlich wohlhabend ist«, sagt O. »Ich würde sie am liebsten in Busse setzen und dorthin schicken, wo es keine Straßen gibt, leere Geschäfte und viele Menschen ohne Arbeit.«

Sie erinnert sich auch an die Toleranz in der Sowjetunion. Auf ihren Reisen ist sie fast überall gut behandelt worden. Aber O. spricht nicht wehmütig darüber, sondern kühl. Sie sagt: »Wenn die Menschen, die damals zu uns freundlich waren, uns heute töten wollen, müssen sie ideologisch auf diesen Krieg vorbereitet worden sein.« Eine russische Freundin aus Studientagen hat O. angerufen, so Ende März. »Sie hat mich gefragt, ob ich hier bedroht werde, weil ich Kontakt zu ihr habe, einer Person aus Russland. Das haben sie ihr dort eingeredet.« O. lacht, es klingt bitter. Ihre Freundin hat über 30 Jahre in Charkiw gewohnt. Sie weiß, das hier im Nordosten der Ukraine viele Menschen mit russischen Eltern und Großeltern leben, fast jeder kennt jemanden in Russland.

Aber diese Freundin hat immerhin gefragt, wie es ihr geht. Anders als O.s Ex-Mann. Der Vater von A. hat mit ihnen hier gelebt, in der Wohnung, von der aus O. fünf Tage die Woche zu dieser Schule läuft. Nach der Trennung ist er nach Kirow gezogen, in den europäischen Teil Russlands. Er schreibt ihr manchmal Nachrichten auf Telegram: »Sei vorsichtig!« Und: »Alle leiden jetzt.«

O. seufzt. Ihr Ex-Mann glaubt, das hier sei einfach nur ein Krieg zwischen Armeen. Sie hat ihm ein Video geschickt, von den Zerstörungen des Krieges, toten Zivilist:innen. Sie sagt: »Ich hätte mehr erwartet. Mehr Interesse.«

Sie schaut zur Tür ihres Klassenraums. Sie sagt: »Das ist meine Tochter.«

Auftritt A., und ein Auftritt ist es. A. betritt O.s Klassenraum mit der zielgerichteten, aber noch mit zu viel Pose vermischten Lässigkeit eines jungen Popstars. Sie ist klein wie ihre Mutter, sportlich, drahtig, der raspelkurze Pony betont das Rechteckige ihres Gesichts. A. hat ihr T-Shirt über dem Bauch zusammengeknotet und trägt abgeschnittene Jeans, man sieht die vielen Tattoos, vor allem Tiere, zwei Fledermäuse sind dabei. Die mag A., seit sie ein Kind war, weil viele Menschen die fürchten und A. eben nicht. So ist sie Fledermausforscherin geworden. Als sie noch zusammengewohnt haben, hat O. die abgeschnitten Köpfe der Tiere im Kühlschrank gefunden. »Sezieren gehörte eben auch zum Studium«, sagt A.

Sie war viel in Russland, wenn auch nicht so oft wie ihre Mutter. Für ihren Studienaufenthalt in St. Petersburg musste sie kein Englisch lernen oder Polnisch, Russisch konnte sie schließlich, das sprechen die meisten in Charkiw als erste Sprache. Im Sommer 2015 hat sie Gänse im Norden Sibiriens beobachtet, sie erinnert sich, wie dunkel es dort war. A. hat ein schlechtes Gewissen. Denn im Donbas starben damals schon Ukrainer:innen im Krieg gegen Russland und seine Stellvertreterrepubliken. Sie sagt: »Ich habe damals nicht gemerkt, dass dorthin zu gehen ein Fehler war.«

Sie macht sich Vorwürfe, weil sie doch eigentlich schon politisch bewusst dachte damals. Seit dem Maidan eigentlich. Mit Feminist:innen und Anarchist:innen hat sie in Charkiw ein

Haus besetzt, als der Krieg im Donbas begann. Sie wollten, dass Menschen darin wohnen können, die vor den Kämpfen geflohen sind. A. hat Steine auf Rechtsextreme geworfen, die das Haus attackiert haben. Auch nachdem sie ihr Studium abgeschlossen hatte und wissenschaftlich arbeitete, blieb A. Aktivistin. Sie organisierte die erste Kharkiv Pride mit, die Parade der Schwulen, Lesben, trans Menschen, der Leute, die etwas anderes wollen als ein heterosexuell normiertes Leben. A. bittet später bei einem zweiten Gespräch in ihrer Wohnung darum, diese Geschichte so zu schreiben, dass ihre Mutter nicht gleich mit ihr in Verbindung zu bringen ist. A.s politischer Aktivismus gefällt einigen in Charkiw nicht. Sie will ihre Mutter schützen, die manchmal Geld spendet, aber nicht politisch aktiv ist, keine Volontärin, auch jetzt nicht. Deshalb das Kürzen ihrer beider Vornamen auf die ersten Buchstaben, A. und O., die eine ist 58 Jahre alt, die andere 29.

In dem Alter war O., als sie A. geboren hat.

»Jetzt will meine Mutter unbedingt Enkel«, sagt A. und lacht. Sie geht zum Fenster des Klassenraums und fotografiert den Rauch der beiden Explosionen von heute Mittag.

»In Charkiw hast du jederzeit die Gelegenheit zu sterben«, sagt O., »das hier trage ich nicht zum Scherz.«

Sie holt eine dünne goldene Halskette aus dem hochgeschlossenen Ausschnitt ihres Kleides. An der Kette ist ein mit Tesafilm abgeklebtes Stück Papier befestigt. Zwei Telefonnummern stehen darauf, die einer engen Freundin und die von A. Falls O. verletzt wird. Oder getötet.

Hat A. so etwas auch?

»Nein, aber ein neues Tattoo«, sagt sie und zieht den Kragen ihres weißen T-Shirts so weit herunter, dass man das Schlüsselbein sehen kann. »A(II)Rh+« steht dort mit blauer Tinte. Ihre Blutgruppe, falls die Sanitäter:innen keine Zeit hätten für einen Test.

Warum bist du hier? Im Krieg. Warum bist du nicht in Belgien geblieben, in Sicherheit? Das hat O. ihre Tochter gefragt, als sie hier vor zwei Tagen plötzlich aufgetaucht ist. Mit den lila Blumen, die jetzt hier auf O.s Schreibtisch stehen. A. war wegen ihrer Fledermäuse in Belgien, zehn Tage vor dem Einmarsch ist sie aufgebrochen, sie hat dort geforscht, den Krieg überlebt. O. hat sich gefreut, irgendwie. Aber sie versteht es nicht. Nach Monaten Krieg, Bomben, Raketen, Granaten, Toten will O. weg von hier. Sie wird Charkiw verlassen und dann weit nach Westen reisen, so weit es geht in Europa. Nach Irland wird O. fahren, bis September will sie bleiben. Andere Menschen haben das Geld dafür aufgetrieben, falls nötig, wird sie dort arbeiten, putzen. O. muss hier raus.

Was machst du hier, A.?

A. hat mehrere Antworten auf diese Frage.

»Es ist wegen der Fledermäuse in Charkiw. Der Krieg stört ihr Jagdverhalten. Sie finden hier nichts zu fressen, sie kümmern sich nicht um ihre Jungen. Ich will das erforschen.«

»Es ist, weil ich Ukrainerin bin. Wir sind alle im Krieg. Ich helfe meinem Land, wo ich kann. Je weiter du hier nach Osten gehst, desto weniger Menschen können gut Englisch. Ich helfe US-amerikanischen Organisationen. Die wollen Geld sammeln und die Stadt mit Medizin versorgen.«

»Ich habe es erst in Lwiw versucht, als Übersetzerin am Bahnhof. Nachts lag ich die ganze Zeit wach. Der Sommer wird richtig schlimm, die Aufmerksamkeit für diesen Krieg lässt nach.

Drei Monate Beachtung sind schon viel in dieser Welt. Wir steuern auf abgefuckte Zeiten zu, ich will einfach hier sein, bei meinen Leuten.«

»Tut mir leid, ich werde emotional bei dieser Frage und kann mich nicht richtig ausdrücken«, sagt A. im Klassenraum über den Straßen ihrer Stadt. Sie sagt auch, sie will ihrer Mutter nicht die Show stehlen. Bevor sie geht, gibt sie O. einen Kuss auf die linke Wange. Auf der Tonaufnahme unseres Gesprächs hallt sein Schmatzen durch den großen Raum. A. spricht Ukrainisch, als sie sich verabschiedet. Bis später, sagt O. auf Russisch.

Was A. auf keinen Fall will, das sagt sie später am Abend, bei dem Gespräch in ihrer Wohnung, ist zur Armee zu gehen. Sie liegt auf ihrem Bett, über ihr hängt ein selbst gemaltes Transparent, dort steht auf Ukrainisch die Losung: »Queere Menschen in alle Bezirke.« »Ich komme aus einem anarchistisch-feministischen Umfeld«, sagt A. »Ich bin nicht bereit für das Militär.« Zugleich glaubt sie, nur ukrainische Soldat:innen können Russland aufhalten. Einen medizinischen Lehrgang würde sie vielleicht machen. Darüber denkt sie nach. Sanitäterin werden.

A. merkt, wie dieser Krieg ihre politischen Überzeugungen angreift. Sie zeigt ein Video, das hat sie heute gemacht, bevor sie zu ihrer Mutter in die Schule gegangen ist. Der Film zeigt nichts Spektakuläres, nur einen Mann, der seine Arme um A. legt, ein paar Sekunden lang. »Uns verbindet eine lange Geschichte gegenseitigen Hasses«, sagt A. Der Mann gehört zur rechtsextremen und gewalttätigen Tradytsiia I Poriadok, zu Deutsch Tradition und Ordnung, und ist wie seine Gruppe ein harter Gegner von gleichen Rechten für Schwule, Lesben, trans Menschen und anderen, die heterosexuellen Normen nicht entsprechen wollen. A. sagt, er sei im Gegensatz zu anderen seiner Gruppe einer, der eher redet oder schreit als schlägt. Aber er ist auch in das Haus eingebrochen, das A. und ihre Freund:innen für Geflüchtete besetzt haben.

Die Begegnung war Zufall, die Millionenstadt Charkiw ist in diesen Tagen so leer, dass jeder jeden sieht in der Weite zwischen den Häusern. Sie ist über den Freiheitsplatz gelaufen, das Telefon vor dem Gesicht für einen Videoanruf mit einer Freundin, A. wollte hinunter in die U-Bahn. Und da stand dieser Mann. Er hatte eine Gehirnerschütterung, weil eine Granate neben ihm explodiert ist. Er ist jetzt bei der Armee. »Das ist ein Teil von ihm, den ich unterstützen kann«, sagt A. Und dann diese Umarmung.

Sie wollen sogar ein Bier trinken gehen, falls sie beide die russländische Invasion überleben.

Echt jetzt?

A. sagt: »Ich würde den Mann nicht heute Abend in meine Wohnung zum Bier einladen« Er sei schließlich ihr politischer Gegner. Und sie will nicht, dass er ihre Adresse kennt. In der Zeit nach dem Krieg, sagt A., werden wir wieder Gegner:innen sein. »Ich hoffe, dass wir unsere politischen Differenzen dann zivilisierter besprechen können. Aber wer weiß.«

A. hat durch ihren Aktivismus Kontakte zu Linken in Westeuropa, auch zu deutschen. Sie sagt, sie weiß, wie ihre Sätze in deren Ohren klingen würden. »Die haben das Privileg zu sagen, dass sie nicht mit Rechten zusammen arbeiten wollen.« A. hat das Gefühl, sie hätte dieses Privileg nicht, jedenfalls nicht so wirklich. In ihren Augen verteidigt der Rechtsextreme, der ihr und ihren Freund:innen das Existenzrecht abspricht in diesem Krieg auch sie und riskiert dafür sein Leben.

Wie damit umgehen?

»Ich habe ein Moratorium für mich ausgerufen, dass ich solche Fragen nicht diskutiere«, sagt A. »Bis dieser Krieg vorbei ist.«

Am 31. August meldet sich A. zur Armee.

Am 26. September feiert sie ihren dreißigsten Geburtstag in Uniform. Auf ihrem Instagram-Account zeigt sie sich neben einem zerstörten Panzer. A. will keine Geschenke zu ihrem Geburtstag, sie sammelt Spenden. 300 000 Hrywnja möchte sie für ihre Einheit, knapp 8 000 Euro. Sie schreibt, sie habe sich für den kämpferischen Weg entschieden, um einen Völkermord zu beenden und das Ökosystem zu schützen. Was tut sie genau? Sie antwortet nicht.

Im Januar postet sie ein Foto aus einem Abteil eines Schlafwagens. A. liegt auf ihrer Pritsche, sie trägt keine Uniform. Sie streckt das rechte Bein nach oben, der Ballen ihre Fußes berührt die Decke des Waggons. Darüber steht auf Ukrainisch: »nach Hause«.

# Eine halbe Geschichte

Ternopil, 2022, und Cherson, 2018

**Am 24. März 2022 brechen** und schneiden 13 Männer die zwei Metalltüren zu einer Wohnung im von russländischen Truppen besetzten Cherson auf. Sie seien vom FSB, Moskaus Inlandsgeheimdienst, sagen sie den Nachbar:innen, jedenfalls zwölf von ihnen. Der dreizehnte Mann ist ein Zivilist, vielleicht von der Verwaltung der Besatzungstruppen in Cherson. Er erklärt sich nicht. Die Dreizehn suchen etwas in dieser Wohnung, es gibt Fotos durchwühlter Schränke. Hinterher fehlen ein Computer und ein Drucker. Sie gehörten der Anti-Korruptionsaktivistin Katya Handziuk.

Dass der russländische Staat in den von ihm besetzten Territorien Jagd auf ukrainische Aktivist:innen macht, die meist durch die Revolution der Würde, den Maidan, politisiert wurden, ist da bereits mehrfach dokumentiert. Aber Katya Handziuk ist zum Zeitpunkt, als die vermeintlichen oder tatsächlichen FSB-Männer in die Wohnung einbrechen, längst tot. Seit drei Jahren und vier Monaten, um genau zu sein.

Diese Geschichte interessiert mich, seit ich die Posts auf Facebook dazu gesehen habe. Ukrainische Aktivist:innen und Freund:innen von Katya veröffentlichen sie. Schon am 24. März stehen Beiträge mit den Fotos von der verwüsteten Wohnung online.

Mich interessiert dieser Fall besonders, weil ich über Katya Handziuks Tod eine lange Geschichte für die *taz* geschrieben habe. Über ihre Ermordung. Am 31. Juli 2018 hat ein Mann die damals Dreiunddreißigjährige fünf Meter vor ihrer Haustür mit einem Liter Schwefelsäure übergossen. Sie überlebt schwer verletzt noch ein paar Monate und stirbt dann im November. Der Grund für ihre Ermordung ist wahrscheinlich, dass sie Korruption von mächtigen Männern aufgedeckt und angesprochen hat. Diese Männer hatten unter anderem ein Kartell aufgezogen, das Waldbrände legte, um danach das Holz der beschädigten Bäume verkaufen zu können. Wenn Sie das näher interessiert, googeln Sie »taz« und »Ein Mord kostet 500 Dollar«.

Also: Warum interessiert sich der russländische FSB oder Männer, die sich als FSBler ausgeben, für eine Aktivistin, die vor Jahren von ukrainischen Kriminellen umgebracht wurde?

In der Ukraine versuche ich Menschen aufzutreiben, die mir mehr zu dem Aufbrechen der Wohnung sagen können. In Cherson erreiche ich niemanden. Die meisten Menschen, die Katya kannten, sind Aktivist:innen wie sie und geflohen. Die Anwältin, die sich nach dem Anschlag ihres Falls annahm, war schon vor dem Einmarsch schwer zu erreichen. Danach ist sie der Armee beigetreten und antwortet nicht mehr. Eine enge Freundin will mir nicht einmal sagen, wo sie nach ihrer Flucht wohnt. Sie hat Angst, dass irgendjemand sie findet. Eine andere Freundin sagt zu, mich in der Westukraine zu treffen und sagt dann wieder ab. Dann erreicht Olena Katyas Vater, Viktor

Handziuk. Er ist ebenfalls geflohen, nach Ternopil, im Westen der Ukraine. Mehr als zwölf Autostunden liegen zwischen Cherson und dieser Stadt, knapp 800 Kilometer. Viktor Handziuk will uns treffen, auf meinem Rückweg nach Deutschland.

Wir verabreden uns in einem Café in Ternopil. Er nimmt sich lange Zeit für dieses Gespräch in dieser für ihn immer noch fremden Stadt. Er hat auch Zeit. Er ist Chirurg, in Cherson hat er eine Abteilung im Krankenhaus geleitet. Hier sitzt er in seinem neuen Zuhause und tut nichts. Er hat sich bei Krankenhäusern hier im Westen beworben, sagt er. »Aber die sehen wohl nur mein Alter und sagen dann ab.« Viktor Handziuk ist 67, klein und dünn, aber zerbrechlich wirkt er nicht. Er spricht sehr leise, in kurzen Sätzen, seine Tonlage hat kaum Höhen und Tiefen. Am Anfang unseres Gesprächs verschluckt er viele Worte, der Tod seiner Tochter schmerzt ihn immer noch sehr. Fast jeden Tag postet er etwas über sie auf Facebook. Später redet er sehr klar.

Er spricht ein bisschen über seine Flucht. Er hat im Krankenhaus gearbeitet, als klar wurde, dass die russländischen Truppen Cherson einnehmen werden. Viktor Handziuk hat, wie viele in der Stadt, nicht mit dem schnellen Vordringen des Feindes gerechnet. Er sagt: »Ich wusste, die haben meinen Namen auf ihren Listen. Ich hatte 15 Minuten, um zu gehen.« Woher er das mit der Liste wissen will, bleibt unklar, klar ist, dass Viktor Handziuk völlig unvorbereitet losfährt. Er hat nicht einmal die Notfalltasche gepackt, die zu dieser Zeit eigentlich jede:r Ukrainer:in parat haben soll. Er fährt zuerst nur die 540 Kilometer bis Winnyzja, dann geht ihm der Sprit aus. Danach Lwiw. Dort wohnt er im Hotel und darf wenigstens ein bisschen arbeiten. Nur Verbände anlegen, Beratung von Patient:innen, nichts, was seiner Spezialisierung entspräche. Dann findet er eine Wohnung in einem Dorf bei Ternopil. Aber eben keine Arbeit. Sich nutzlos zu fühlen, obwohl doch Ärzt:innen gebraucht werden. Das ist schlimm.

Was hat die Durchsuchung des Apartments zu bedeuten?

Viktor Handziuk hat mit seiner Tochter zusammengelebt, bis zu dem Anschlag auf ihr Leben. Als ich mit ukrainischen Kolleg:innen nach dem Tod von Katya Handziuk im Winter 2018 in Cherson recherchiere, sehen wir noch die Flecken der Säure im Beton vor der Wohnung der Handziuks.

Viktor sagt, die Merkwürdigkeiten fingen schon vor dem Einbruch in die Wohnung an. Als er noch auf der Flucht war, eine Wohnung suchte, meldete sich jemand mit Katyas alter Mobilfunknummer plötzlich bei Messengern wie Viber an.

»Dann wurde ich auf meinem Mobiltelefon angerufen, und jemand fragte mich, ob ich zu Hause bin«, sagt Viktor Handziuk. Das passiert öfter. Mal geht Viktor ans Telefon, mal lässt er es bleiben.

Dann ruft Katya selbst an.

»Mir war klar, wer das sein muss. Ihr Telefon lag in Kyjiw, das haben die Ermittler:innen untersucht nach ihrem Tod«, sagt Viktor Handziuk. Er geht trotzdem ran. Aber niemand fragt ihn, ob er zu Hause ist. Am anderen Ende ist einfach nur Stille.

Am Tag, als die 13 Männer vor seiner Wohnung auftauchen, bekommt Viktor Handziuk wieder einen Anruf. Dieses Mal sind es Nachbarn. Sie sollen ihm von der Truppe ausrichten, er solle vorbeikommen und seine Türen aufschließen. Sonst müsse man die – im Namen der Russländischen Föderation – leider aufbrechen. Viktor kommt nicht.

Als die Männer fertig sind, lassen sie die Wohnung durchwühlt und die Türen offen. Nachbar:innen nageln sie später zu.

Sie sind es auch, die die Zimmer fotografieren. Viktor zeigt ein paar Bilder, nicht alle davon sind auf Facebook zu sehen. Einige Leute löschen die Nachrichten mit den Fotos ein paar Stunden später wieder. Der russländische Staat hat ihnen schließlich gerade gezeigt, wie er seine Interessen vertritt.

Aber warum das Ganze?

Viktor Handziuk sagt: »So denken die Russen. Das ist ihre Psychologie. Als sie nach Cherson gekommen sind, haben sehr viele Menschen demonstriert. Und da haben sie nach Anführer:innen gesucht, denn ohne Anführer:innen können sie sich das nicht vorstellen.«

Nach toten Anführer:innen?

Ich frage ihn, ob die mächtigen Männer, deren Machenschaften Katya damals aufgedeckt hat, mit den Besatzungstruppen kollaborieren. Russland hat die während und nach dem Maidan politisierten Aktivist:innen quasi zu Staatsfeinden erklärt. Das russländische Militär zieht oft die alten und korrupten ukrainischen Eliten für die Verwaltungsarbeit in den besetzten Gebieten heran. Wollen ein paar Angeklagte die Situation nutzen und Beweise verschwinden lassen? Oder Katyas Andenken schaden?

Viktor Handziuk schüttelt den Kopf. Die Männer, die damals die Drecksarbeit gemacht haben, den Kauf der Säure, den Angriff auf Katya, das waren ukrainische Soldaten. Und die sollen, so hat es Viktor gehört, wieder an der Front sein. Die Hintermänner sitzen im Gefängnis, ihre Prozesse laufen noch, einer ist verschwunden. »Ich weiß nicht, ob die Männer, die in der Wohnung waren, direkte Verbindungen zu Katyas Mördern haben«, sagt Viktor. Und wenn, dann kennt er sie nicht.

Vielleicht ist an seiner ersten Antwort doch etwas dran, und die Männer haben nach Daten gesucht, alten Kontakten, nach

Katyas Netzwerk. Vielleicht dachten sie wirklich, sie finden noch Leute aus dem Netzwerk in Cherson.

Es gab ja nicht nur Demonstrationen dort. Partisan:innen haben russländische Soldaten getötet und Menschen, die mit ihnen zusammenarbeiten.

Aber das sind Spekulationen. Ich weiß nicht, wen ich aus Cherson noch fragen könnte, ohne die Person in Gefahr zu bringen. Eine Anfrage bei den russländischen Behörden wäre möglich, aber darauf eine Antwort zu bekommen, dauerte schon vor der Invasion Ewigkeiten, und ich bin mir auch hier unsicher, wem ich damit schaden würde, auf wen ich vielleicht Aufmerksamkeit lenke, ohne es zu wissen.

Ich frage nach der Befreiung Chersons nochmal bei Katyas Freund:innen nach, bei einem Journalisten, der damals geholfen hat, über ihren Fall zu berichten. Bei Viktor Handziuk selbst. Aber sie antworten nicht oder wissen nicht mehr über die Hintergründe der Durchsuchung.

Deshalb die Überschrift. Es ist nur eine halbe Geschichte. Vielleicht bleibt sie das immer.

Viktor Handziuk findet im August übrigens doch noch Arbeit als Chirurg in der Nähe von Ternopil. Aber Ende November kehrt er nach Cherson zurück. Er schreibt das per WhatsApp am 23. Dezember. Er schreibt auch, dass Russland gerade mit Mehrfachraketenwerfern die Stadt beschießt.

Er bricht die Türen zu seiner Wohnung auf und bringt Ordnung in das Chaos. Er fängt wieder an, in seinem alten Krankenhaus zu arbeiten, leitet seine alte Abteilung.

Im Januar telefoniert Olena mit Viktor. Er sagt, sie operieren immer noch weiter dort, trotz der von russländischen Angriffen verursachten Stromausfälle. Sein Krankenhaus besitzt Generatoren, die bei einem Blackout automatisch anspringen. Sie operieren auch unter Beschuss, denn da die russländischen Truppen sich nur auf die andere Seite des Flusses Dnipro zurückgezogen haben, können sie Cherson mit allem unter Feuer nehmen, was sie haben. Luftalarme gibt es, sie sind nur völlig bedeutungslos geworden, denn sie gehen nur bei Raketen oder Drohnen los.

Wer kann, hält sich an das Gesetz der zwei Wände und versucht zwei Mauern zwischen sich und das Draußen zu bringen, wenn die Einschläge sehr nahe kommen.

»Ich werde in Cherson bleiben«, sagt Viktor Handziuk.

Katya ruft nicht mehr an.

# Neun Dinge, die einem sofort auffallen, nachdem man die Ukraine verlassen hat

Przemyśl – Krakau – Berlin, Polen und Deutschland, Juni 2022

1. Flugzeuge. Dieses sanfte Brausen, wenn sie über einen hinwegfliegen.
2. Keine Sirenen. Obwohl man sie hört, sind sie nicht da.
3. Du kannst nach drei Bier einfach von der Straße runter auf ein Feld gehen, um zu pinkeln. Du wirst sicher nicht auf eine Mine treten.
4. Man kann in einem Zug in einen Bahnhof hineinfahren, ohne sich zu fragen, ob gleich eine Rakete aus Russland einschlägt.
5. Polizist:innen tragen keine Sturmgewehr.
6. Die Straßen. Es stehen keine ausgebrannten Panzer daneben und keine Panzersperren darauf. Es stecken auch keine Raketen darin.
7. Du kannst alles fotografieren, ohne, dass Dich jemand fragt, wer du bist und was du hier tust.
8. Menschen reden über Krankheiten.
9. Der Kaffee ist mies.

# Danksagung

**Ich danke**

meinen ukrainischen Gesprächspartner:innen und Freund:innen für ihre Zeit, ihr Vertrauen und ihre Geduld.

Meinem Lektor Florian Fischer und meinem Verlag für die Zusammenarbeit, das Vertrauen, die Geduld und die Gelassenheit.

Meiner Agentin Franziska Günther, ohne die ich nicht darauf gekommen wäre, doch noch ein Buch über die Ukraine zu schreiben.

Meinen Kolleg:innen und Übersetzer:innen Olena Makarenko und Artur Sardarian für Zusammenarbeit, Beistand und Widerspruch.

Marco Zschieck, Oksana Grytsenko, Volodymyr Kuchar, Steffi Unsleber, Bernhard Clasen, Anastasia Tikhomirova und

Christina Spitzmüller für gemeinsame Recherchen bei der *taz* und Hilfe bei allen Fragen.

Den aktuellen und vorangegangenen Chefredakteur:innen der *taz*, den Leiter:innen der Auslandsredaktion, meinen Kolleg:innen im Wochenende und im Rechercheressort für ihre Unterstützung und die Gelegenheiten, auf Reisen zu gehen.

Pia Stendera für das beste Jägerschnitzel der Welt.

Alice Bota für ihr Lachen in Kyjiw.

Enrico Ippolito für die Spaziergänge.

Tupoka Ogette für das Training.

Carl und Claudia Ziegner für die Uckermark.

Mandy Fiedler für den schönsten Preis und die Feuer.

Nino Haratischwili, Nino Kokolia, Elza Javakhishvili und Lela Chingarishvili für gutes Zureden.

Beliban zu Stollberg für die Schwesternschaft.

Julia für alles.